JN325345

Challenged Books in US Courts:
freedom to read in public schools and libraries

アメリカで裁かれた本

公立学校と図書館における本を読む自由

上田伸治 著

大学教育出版

アメリカで裁かれた本
―― 公立学校と図書館における本を読む自由 ――

目　次

ii

序　章 …………………………………………………………………… 1

第1部　人種差別をめぐる本 ………………………………………… 13

第1章　『ヴェニスの商人』の表現の自由と読む権利の制限 ……… 14
はじめに　14
『ヴェニスの商人』に描かれるユダヤ人像　15
ユダヤ人人権団体の『ヴェニスの商人』に対する見方　16
歴史的に見る反ユダヤ主義　18
アメリカにおける『ヴェニスの商人』の排除　21
『ヴェニスの商人』をめぐる裁判
　— Rosenberg v. Board of Education of the City of New York（1949）—　22
『ヴェニスの商人』をめぐる1980年代の事件　26
『ヴェニスの商人』が法学に与えた影響　28
まとめ　33

第2章　教科書として拒否されたミシシッピ州の歴史書 …………… 38
はじめに　38
ミシシッピ州の歴史の教科書選定　39
裁判— Loewen v. Turnipseed（1980）—　43
1970年代のミシシッピ州の社会背景　47
まとめ　51

第2部　宗教と科学の対立をめぐる本 ………………………………… 57

第3章　ダーウィンの進化論を読む権利 1
　　　　—「モンキー裁判」と進化論を教える自由 — ……………… 58
はじめに　58
ダーウィンの進化論　59
アメリカにおける進化論への反論　61
テネシー州における「モンキー裁判」　63
1967年のバトラー法の破棄　69
アーカンソー州での進化論をめぐる裁判　72
まとめ　76

第4章　ダーウィンの進化論を読む権利 2
─天地創造説を教える自由─ …………………………………81
はじめに　*81*

1980年代の天地創造説の復興　*82*

アーカンソー州の第2次「モンキー裁判」　*84*

同時間法をめぐる裁判─公判─　*86*

同時間法の裁判─判決 *McLean v. Arkansas*（1982）─　*89*

ルイジアナ州の同時間法の成立と裁判
　── *Edwards v. Aguillard*（1987）──　*92*

天地創造説は科学か、もしくは宗教の教義か　*95*

教科書『パンダと人々について』を科学で使用できるか　*96*

知性的計画説は科学なのか？　─公判と判決─　*99*

選挙による政治的解決　*104*

まとめ　*105*

第5章　非宗教的な人間主義を裁いた事例 ……………………………111
はじめに　*111*

教科書の内容に反対した人たち　*112*

ジョン・デューイのアメリカの教育における影響　*116*

問題とされた教科書の内容　*119*

非宗教的な人間主義を「宗教」と認めた地方裁判所での判決　*121*

控訴裁判所での逆転判決　*123*

判決後の原告と被告の反応　*127*

まとめ　*128*

第3部　宗教と道徳をめぐる本 ……………………………………………135

第6章　『スローターハウス5』を読む権利 ……………………………136
はじめに　*136*

『スローターハウス5』を教室で教えることは憲法に反するのか　*137*

各地の学校での禁書・焚書　*141*

なぜ学校区は図書館から本の排除を決定したのか　*142*

学校区を告訴した生徒と地方裁判所の裁判　*147*

控訴裁判所での判決─学校区が排除した本を読む権利は認められる─　*150*

歴史的判例となった最高裁判決

　　　　　── Board of Education, Island Trees Union Free School District v. Pico（1982）── *152*
　　　最高裁判所での反対意見の重要性　*154*
　　　問題があるとされた本への裁判後の対応　*158*
　　　まとめ　*162*

　第7章　アメリカの学校と図書館における『ハリー・ポッター』を
　　　　　読む権利と制限……………………………………………*171*
　　　はじめに　*171*
　　　『ハリー・ポッター』と社会現象　*172*
　　　『ハリー・ポッター』を批判した市民グループ　*175*
　　　『ハリー・ポッター』をめぐるアーカンソー州での裁判事件　*178*
　　　ジョージア州における保護者の『ハリー・ポッター』への反対行動　*182*
　　　まとめ　*188*

　第8章　同性愛を扱った児童向けの本を読む権利……………*196*
　　　はじめに　*196*
　　　同性愛を紹介する児童向けの本　*199*
　　　1992年のニューヨーク市における学校のカリキュラムについての論争　*201*
　　　オレゴン州の図書館における反対規則　*204*
　　　同性愛の本にまつわる裁判　*210*
　　　同性愛に関する子供向けの本に対する裁判　*212*
　　　判決文── *Sund v. City of Wichita Falls*（2000）──　*213*
　　　同性愛者の結婚は法的に認められるべきか　*216*
　　　まとめ　*217*

第4部　国際政治をめぐる本……………………………………………*225*

　第9章　キューバを紹介する本を読む自由……………………*226*
　　　はじめに　*226*
　　　キューバ移民が抗議した子供向けの本　*227*
　　　米国自由人権協会による学校区への訴訟　*233*
　　　地方裁判所での判決　*237*
　　　フロリダ州の社会的な事情　*242*
　　　まとめ　*245*

第10章　まとめ―読む権利に見られるアメリカ民主主義― ……………*251*

おわりに……………………………………………………………………*259*

序　章

　アメリカは自由の国である。アメリカ人自身もアメリカが「自由の国」であることを誇り、一般に日本人もアメリカを「自由の国」であると考える。とりわけ日本ではハリウッド映画やアメリカの音楽・芸術の影響もあり、アメリカは何でも寛容で自由だと考えがちである。ともするとアメリカ人の大多数がリベラルで個人主義であり、自己主張が強く、行動と力を重んじ自由競争・自由経済を求めていると考える。また社会にあっては銃社会であり、何でもオープンで同性愛が自由を謳歌していると考えがちである。

　しかしこれはアメリカの一面を示しているだけである。アメリカが何でも自由であるということはない。実際の社会生活の中では自由が制限されることも多々あるのが現実である。多くの人は自由を賞賛しつつも、地域の秩序を重んじたり、法の制限を尊重している。つまり実際のアメリカには日本のマス・メディアを通じて見るアメリカ像よりかなり保守的な部分があるということである。

　本を読むという日常的な行為に対しても制限を加えられることもある。とくに保護者が子供に特定の本を読ませたくないと考えた時に、読む自由に制限を加えることがあるのである。それは内容がわいせつであったり、暴力的であったり、人種差別的であったり、反体制・反権力的であったり、反宗教的であったりすると見なしたときに起こる。しかも公的機関である学校や図書館からその本を排除しようとすることもある。しかし本の排除は他者の読む「権利」を侵害することになり、そこに自由と権利をめぐる保護と制限の対立が起こり、政治的また法的解決を求める事例が見られる。

　本著においては基本的人権である本を読む権利がアメリカにおいてどのように保護され、また制限をされているのかを具体的に起こった裁判例を取り上げ分析した。とくに本を読む自由が制限された公立学校とその図書館での事例を分析し、どうして本を読む自由を制限しようとしたのか、誰がどのような目的で制限しよ

うとしたのか、誰が読む自由を守ろうとしたのか、政治的解決そして法的解決はどのようなものだったのかについて論じる。

4つのテーマ（8つの章）で本を読む権利が裁判所で争われた事例を上げる。①まず人種問題によって読む自由が制限された例としてシェイクスピアの『ヴェニスの商人』とミシシッピ州の教科書問題、②第2に宗教と科学の対立から学問の自由と知る権利を制限されたダーウィンの進化論、天地創造説、知性的計画説、非宗教的な人間主義をめぐる問題、③第3に本の内容自体が反宗教、反権威、不道徳だとして読む権利の制限を受けた『スローターハウス5』、『ハリー・ポッター』シリーズ、同性愛を描いた児童文学『ヒザーはふたりのママをもつ』、『パパのルームメート』、④最後に政治的な問題から読む権利の制限を求められた学校教材本『キューバ訪問』について取り上げる。

はじめの2つの章は人種差別をめぐって起こった本の訴訟について考察する。ひとつは本の内容が人種差別であるとして訴訟を受けた例であり、もうひとつは人種差別の真実を書いたために起こった訴訟の例を取り上げる。

前者の例として第1章ではシェイクスピアの『ヴェニスの商人』をめぐって起こった訴訟について取り上げる。世界文学であり喜劇である『ヴェニスの商人』は世界の多くの人々から愛読されてきた。しかし必ずしもすべての人に賞賛を浴びてきた訳ではない。なぜなら登場人物のひとりであるユダヤ人（シャイロック）は冷酷な人物として描かれ、話のいたるところでユダヤ人を蔑む言葉が他の登場人物からも発せられていたからである。ユダヤ人の市民や人権団体は『ヴェニスの商人』はユダヤ人社会への差別を増長させる内容だとして学校の演劇や文学の教材として使用されることに反対した。

その1つの事例として1949年にあるユダヤ系市民がニューヨークにおいて『ヴェニスの商人』と『オリバー・ツイスト』を学校の教材から排除することを教育委員会に求めた事件があった。それらの本の内容が反ユダヤ主義を煽るという理由からであった。しかし教育委員会はこれらの本を排除しない決定をした。それに対し排除を要求したこのユダヤ系市民は訴訟を起こし、あくまでこれらの本の排除を求めた。結局、1949年にブルックリンの州最高裁判所は原告の主張を斥ける判決を下した。この裁判でアンソニー・ディ・ジョバンナ判事は「本が特定の人種や宗教団体に対して明らかに偏見や不寛容な憎悪を促進したり、それ

らを生み出す目的を持つような悪意を持って書かれた場合」のみに学校の教材から排除されるべきであると述べて、『ヴェニスの商人』や『オリバー・ツイスト』はそれに当たらないとした。したがって司法の場では『ヴェニスの商人』はその目的が悪意をもって書かれていないと判断し、また学校も差別を助長する悪意を持って同書を使用しておらず違憲ではないとして同書の読む権利を保護したのである。

　しかしこの裁判によって『ヴェニスの商人』がそれまでと同様、またはそれ以上に広く教材や学校の劇として扱われたかは疑問である。なぜならユダヤ人団体などはそれ以降は司法に訴えるのではなく、全米の学校にパンフレットを送付するなどして、『ヴェニスの商人』の内容に警鐘を鳴らすなどしたためである。また多くの学校でも同書を教材や生徒の舞台劇として使用すること差し控えた。したがって司法的解決よりも政治的運動によって読む自由を制限したといえる。

　第2章では人種差別の歴史事実を書いたために教科書として採用されなかった例を上げる。ジェームズ・ローウェンとチャールズ・サリスによって書かれた『ミシシッピ：抗争と変化』というミシシッピ州の歴史書の採用について起こった事件に注目した。それまでミシシッピ州の公立学校で使用されていた教科書の内容は黒人を白人より劣るとした視点であったり、黒人の政治の役割などを矮小化していたり、公民権運動などの事実が記述されていなかったりした。それに対し『ミシシッピ』ではこれらの事実を記述した内容の歴史書であった。しかしこの本は歴史の教科書として採用されなかった。ローウェンが「明らかに人種差別的な決定であった」と述べるように、この本が教科書として選ばれなかったのは人種差別が根底にあったのである。その意味でこの本を読む権利を制限したのは州政府であり、その背後には1970年代におけるミシシッピ州全体における社会的な差別観が影響したのである。

　いずれにせよこの州の教科書選定の決定に不満をもつローウェンは学問の自由と法の手続きの下での平等を制限されたとして訴訟を起こした。この裁判は結局数年後の1980年4月2日、ミシシッピ州の連邦地方裁判所においてローウェン側の主張が認められ決着した。そしてその裁判では州教科書購入評議会に対して『ミシシッピ』を教科書として認可することを承認するように命じたのである。しかしその後、この本が認定された後に150以上あるミシシッピ州の学校区の

中で『ミシシッピ』を歴史の教科書として採用したのはわずか2つの学校区のみであった。その意味でこの歴史書が人種差別の理由から排除されたこの例においては、司法がその本の読む権利を認めた一方で、その地域社会はこの本を受け入れる段階ではまだなかったということである。

　第3章から第5章においてはアメリカの公立学校の教育内容の中で科学と宗教が対立した時にどのように政治的また法的解決をしたのかについて取り上げる。アメリカの公立学校では宗教的な教科を教えることは政教分離の原理から禁じられてきたため、非宗教的な教育内容にすることが伝統的に見られた。しかし歴史的にキリスト教が社会全般にわたって影響しているアメリカにあって、宗教を学校の活動や教材からまったく排除することには大きな反発があった。そこでこの3つの章では科学的な考え方や理論がユダヤ・キリスト教の一神教の教義と対立した時にどのように政治的解決また法的解決を模索したのかについて注目する。

　まず第3章においては1925年にテネシー州で起こったチャールズ・ダーウィンの進化論を公立学校で教える権利が争われた事例を取り上げる。1859年に出版されたダーウィンの『種の起源』の進化論は生物学において重要な理論として紹介され、20世紀はじめにもアメリカにおいても教科書の中で紹介されるようになった。しかし進化論自体がユダヤ・キリスト教における創世記と対立したためにキリスト教の原理主義者から反発を受けた。人間が神によって創られたのではなく、下等な動物から進化したという理論は教義に反するとして、公立学校において子供に進化論を教えるのに反対する原理主義者の運動が全米で起こった。

　テネシー州では反進化論運動を受けてバトラー法という反進化論の州法が1925年に通過した。この法律は州の予算で運営されているすべての大学、普通高校、中学校、小学校において進化論を教えることを禁じたのである。同法に違反した教師は100ドルから500ドルの罰金を科せられるとした。しかし米国自由人権協会はバトラー法は学問の自由に反しているとして違憲性を争うことを表明し、その協力者としてジョン・スコープスが名乗り出た。1925年に全米の注目を浴びた地方裁判では、結局スコープスが州法に違反したことのみを審議し、罰金を科すという判断がなされた。そして裁判ではバトラー法の違憲性を判断することはなかったのである。

　実質的にバトラー法は1967年になってようやく破棄された。それは社会の状

況として、生物学の見地から進化論を否定することはもはや受け入れがたい状況になったためであった。連邦政府レベルにおいても当時の国際状況の中から、学問における進化論の必要性を認識して州政府にも教育の改善を求めるようになった。たとえば冷戦が激化する中、1957年10月のソ連の無人人口衛星スプートニク1号の打ち上げ成功はアメリカ人に科学の遅れを痛感させ、生物科学においても進化論を教育することの重要性を認識させたのである。

そのような政治社会の状況の中で、1968年にアーカンソー州においてはじめて反進化論が憲法に照らして合憲であるかを判断する裁判が起こった。結局、裁判においては同州で1928年に制定された反進化法が「知識への欲求を妨げ、知る自由を制限し、教える自由を抑制する」として、連邦憲法で保護された表現の自由に照らして違憲であると判断した。つまり政治・社会状況が変化したのに応じて司法において進化論を学ぶ自由、教える自由がはじめて認められたのである。科学的な知識を知る権利、教える権利が宗教的理由からくる制限からはじめて解き放たれたともいえる判決であった。しかし進化論を反対するキリスト教原理主義者や保守的な保護者が、公立学校における進化論の教示を認めたわけではなかった。

そこで第4章においては反進化論が法廷で違憲とされた後に、キリスト教原理主義者が宗教的な教義を公立学校の生物や科学の時間に教える自由を司法で争った事例を取り上げる。進化論を公立学校で教えることに不満を持ったキリスト教の原理主義者たちは、1980年代になるとユダヤ・キリスト教の天地創造説を進化論と共に生物科学の授業で教えることを訴えるようになった。彼らは天地創造説が科学的に証明できるとして創造科学または科学的天地創造説と呼び、進化論と同等に同時間にわたり生物科学の授業でこの説を教えることを法制化するためにロビー活動を各地で行った。

そのロビー活動が実りアーカンソー州においては1981年に同時間法の法案が通過された。しかしこの天地創造説は科学ではなく宗教の教義を教えるものだとして同時間法に反対する人々と米国自由人権協会が政教分離の原則に違憲であるとして訴訟を行った。アーカンソー州の連邦地方裁判所で行われたこの訴訟では1982年1月に判決が下された。この裁判では天地創造説を科学として教えることを憲法の国教樹立禁止条項に照らして違憲であるとして禁じたのである。裁判

官はアメリカの多くの人々が聖書の概念を信じていることを認めつつも、憲法で保護された信教の自由や国教樹立禁止の条項に違反している場合は、法の支配が重視されるとした。

その後、同時間法はルイジアナ州でもその合憲性を争われ、1987年に連邦最高裁判所においても同法は憲法修正第1条の国教樹立禁止条項に違憲であると判断された。この裁判でもアーカンソー州の同時間法をめぐる裁判と同様に政府が特定の宗教を支援していたり、抑圧したりしていないかを検討した。判決の主文においてウィリアム・ブレナン判事は州法が非宗教的目的を持つものであるのかについて審査し、その結果同法が文面で学問の自由を保護すると明記しているのにも関わらず、一定の宗教を促進するかまたはある宗教の宗派を抑圧するような科学理論を教えるのを禁じるように立案されたことを示し国教樹立禁止条項に違反すると指摘した。

しかしこの連邦最高裁判所の判決によってキリスト教原理主義者たちは天地創造説を公立学校の授業で教える目標を諦めた訳ではなかった。このルイジアナ州の同時間法が違憲であると判断された後、彼らは新たに知性的計画説（インテリジェント・デザイン）というものを提唱しはじめた。これは天地創造説のように創造主として神を前面に出すことはないものの、人知を超えた智慧によって人間は造られたとする考え方で、基本的には天地創造説の言い回しを変えた説であった。天地創造説と知性的計画説の違いは「神」、「天地創造」、「創世記」という言葉を知性的計画説が使わないだけでそれ以外は一緒の内容であった。しかも知性的計画説を基にした生物の教科書『パンダと人々について』という本も出版し、それを生物や科学の授業で使用するように運動したのである。

2004年10月18日フィラデルフィア州のドーバー・エリア教育評議会が6対3の票決によって管轄下の公立学校において知性的計画説を教える決議案を通過させた。そして生物の教科書として『パンダと人々について』を使用するように計画した。しかしこれに反対する教師や保護者から訴訟を受け、2005年教育委員会の知性的計画説を支持する決定は裁判によって再び国教樹立にあたると違憲判断が下された。同時にこの件では司法の解決の前に政治的解決も見られた。つまり問題が拡大するにつれ知性的計画説を推進したドーバー・エリア教育評議会の委員が自ら職を去るか、または2005年11月の再選選挙において落選するな

どしたため、知性的計画説に賛成した6人の委員のうち残ったのはひとりの委員のみだった。したがってこの事例においては政治的にも解決がなされたのである。

この進化論、反進化論（天地創造説、科学的天地創造説、知性的計画説）に関連した事例とは別に科学と宗教が対立した例があった。公立学校における非宗教的な人間主義に対してキリスト教の保護者たちが「宗教」であると主張した例である。

第5章ではアラバマ州において公立学校における家庭科、歴史、社会の教科書が非宗教的な人間主義という「宗教」を教えていると保護者が批判した例を取り上げる。この事例ではユダヤ・キリスト教の伝統的な価値観を保つ人々が、教科書に示された価値観が彼らの価値観を否定すると批判することから起こった。問題にしたことは教科書の内容がアメリカ社会の発展におけるキリスト教の重要な役割を省略したり、神の存在を無視した人間中心の道徳観を教えているとした点であった。つまり公立学校が非宗教的な人間主義という「宗教」を子供たちに教えているとして、連邦憲法修正第1条の国教樹立禁止条項に違反していると主張して、これらの教科書の使用を禁じることを求めたのである。

まず連邦地方裁判所ではこれらの認定された教科書は非宗教的な人間主義という「宗教」であると認め、政教分離を定める国教樹立禁止条項に照らして違憲であると判断した。しかしこの地方裁判所の判決を不服とした人権団体や保護者が控訴し、最終的には連邦控訴裁判所において第一審の判決は覆され、これらの教科書の非宗教的な人間主義を教えることは違憲ではないと判断したのである。そこでは公立学校の目的は多様な背景や宗教を持つ人たちに公平に知識を与える場であり、非宗教的な教材はその目的を達成するために選択されたものであり、政府が故意にキリスト教を排除する目的をもっていないため違憲ではないと判断したのである。

しかしこの判決が出るまで政治・社会的には非宗教的な人間主義を支持する市民と州教育委員会にとっては不利な状況があった。なぜならこの件においては立場的に州教育委員会を支持すべきアラバマ州知事が人間主義を批判する保護者や教師への支持を表明するなどしたためである。しかし最終的には州教育委員会の教科書選定は憲法に照らして違憲でないと裁判では判断し、それらの教科書で教える自由は守られたのである。その意味で司法が重要な役割を果たしたといえる。

次の第6章から第8章は不道徳、反宗教的、わいせつなどの理由によって学校の教材また図書館の蔵書から排除を求められた3つの本の事例を取り上げる。
　まず第6章では1969年に出版されたカート・ヴォネガットのフィクション小説『スローターハウス5』をめぐって争われた事例を考察する。同書はフィクションの小説だが、中心的なテーマはドイツにおける1945年2月に起こったドレスデンの無差別爆撃についてであった。これは当時捕虜として当地にいた作者本人の体験に基づくものであった。このドレスデンの体験を通し作者は戦争の愚かさと人間の精神へ与える悪影響を小説の中で直接的に述べた内容であった。ヴェトナム戦争への反戦運動や市民運動が広がる当時のアメリカ社会において同書は反戦を支持する幅広くの若い読者層の人気を得たのである。
　しかし同時に『スローターハウス5』はその内容が反社会的、反宗教的、わいせつ、言葉が不適切等々の理由から批判され、学校や図書館の本棚から排除の対象とされてきた。1971年ミシガン州ロチェスター市において保護者が『スローターハウス5』を学校の教材から排除することを求めてオークランド郡巡回裁判所に申し立てを提出した。この保護者は『スローターハウス5』の主題にあった反戦や反米主義的なことに対して反対したのではなく、その本の部分的に述べられた反宗教的、反キリスト教的な内容に対して反対したのである。その反キリスト教的な表現をもって政府（この場合、公立学校と教育委員会）が特定の宗教を抑圧しているとし、政教分離の原則に反していると主張したのである。この裁判では第一審において原告の主張を認めたが、これを不服とした学校区は控訴した。この控訴審では第一審において公平に判断すべき裁判官が本の内容の善悪、優劣を自分の価値観から判断をしたと指摘し第一審の判決を覆した。そして本の内容は憲法修正第1条で保護されている表現の自由の原則によって守られたものであると判断したのである。
　だがこの裁判以降も『スローターハウス5』は全米でさまざまな批判を受け、教育委員会で排除の決定を下されることがあった。1975年にはニューヨーク州アイランド・トゥリースの学校区において同書を含み11冊が反社会的、反キリスト教的、反ユダヤ教的だとして学校の図書館から排除される決定を受けた。それに反対する保護者から教育委員会の決定の差し止めを求める訴訟が行われ、結局この事例は連邦最高裁判所まで争われたのである。

特にこの裁判では教育行政における州や市の教育委員会の決定に対してどれほど司法が判断できるのかが焦点になった。アメリカの慣習で教育行政は州や郡の政府が主に権限を持つとされてきたためである。実際、地方裁判所では図書館の本を排除したり、貸し出し制限を加えたりする教育委員会の決定については憲法に照らして違憲ではないと判断した。しかし控訴審と最高裁判所においては州や地方政府における教育行政の権限を尊重しつつも、図書館における読む権利の重要性を上げ違憲判決を下した。この最高裁判所の判断として重要なことは、公立学校の図書館における本を読む権利は授業におけるカリキュラムの教材としての本を読む権利とは異なっており、図書館では憲法における個人の権利が最大限に認められると示した点であった。つまりアイランド・トゥリース学校区の件に関しては学校区の委員が政治的な信条から図書館の本の排除を決め、また正当な手続きもなくしてその排除を実行したことで、生徒の憲法修正第1条と修正第14条で保護された読む権利を侵害したと判断したのであった。この判決は後に起こった同様の事例において重要な判例と見なされた。

　第7章においては現在世界で最も人気のあるフィクションである『ハリー・ポッタ』シリーズをめぐる読む権利についての政治的・法的な事例を上げる。同書においてもっとも問題とされたのは魔法と魔術をテーマとしていることであった。キリスト教の保守的な保護者は子供に反キリスト教的な教義を教えこむとして『ハリー・ポッター』シリーズを学校の教材や図書館から排除することを求めたのである。キリスト教の牧師などが同書を教会のイベントで焚書にすることも見られた。たとえばニュー・メキシコ州のアラモゴード・キリスト・コミュニティー教会において2001年12月にシェイクスピアの本などと一緒に『ハリー・ポッター』シリーズを焚書するイベントが行われるなどした。

　2002年には『ハリー・ポッター』シリーズを読む権利をめぐってアメリカで訴訟が起こった。これはアーカンソー州シーダービル市の保護者が『ハリー・ポッター』シリーズを読む権利を制限されたとして市の教育委員会を相手取り連邦地方裁判所に告訴した例であった。この裁判では魔法やオカルトを扱ったことで貸し出しを制限した教育委員会の決定は説得性のない理由だとして判事は一蹴した。そして政府（ここでは公立学校と学校区教育委員会）が示した考えに生徒が縛られる必要はないとした最高裁判所の判例を引き、教育委員会の決定は違憲で

あると判断したのである。

　この裁判で司法的に『ハリー・ポッター』シリーズを読む権利は保障されたものの、その後も同書に反対する保護者の運動は止まなかった。それはキリスト教の教義から魔法や魔術が悪だとして位置づけられていたためであった。実際、全米各地で市民グループの反対運動などが、見られたのである。たとえばジョージア州のグイネット郡の保護者は『ハリー・ポッター』シリーズに反対し、学校や図書館から排除を求めたり、教育委員会に対して裁判を起こすなどした。この章ではこれらのことを踏まえ『ハリー・ポッター』をめぐる裁判における司法の判断ならびにこれらの草の根の運動家の反対理由とその運動にも注目する。

　第8章では同性愛の理解を促進するために書かれた児童向けの本を読む権利が争われた事例を取り上げる。ここではアリソン・パブリケーション社から出版された『ヒザーはふたりのママをもつ』と『パパのルームメイト』という本をめぐって起こった事例を取り上げ、同性愛に関した本を読む権利はどのように政治的にまた法的に認められたのかについて考察する。

　この2つの本に関しては同性愛というテーマを扱っている上に、2歳から12歳までの子供向けに書かれたこともあり、同書を子供に読ませたくないという保護者から反対運動が起こり、キリスト教の保守的なグループや市民も加わり全米の各地で学校や図書館からの同書の排除が求められるなどした。この章では1992年にニューヨーク市の教育機関においての同性愛の扱いと同書の排斥問題、同年のオレゴン州における同性愛に反対する市民グループの市憲章や州憲法の改正運動、1998年から1999年にテキサス州で起こった同書をめぐる裁判事件を取り上げる。そしてアメリカで同性愛に関してどのように人々は受け止めているのか、また同性愛を扱った子供向けの本に対して読む権利を認めているのかについて考察する。

　最後の第9章は国際政治が地方政治に影響を与えた事例について考察する。ここではキューバからの移民が多いフロリダ州にて起こった事例を上げ、どのようにアメリカで本をめぐって政治問題が起きたのかについて考察する。

　問題になった『キューバ訪問』はキューバの社会事情を紹介する子供向けの本で、キューバ系アメリカ人や移民が学校や図書館から排除を求めたものであった。彼らはこの『キューバ訪問』という子供向けの本の内容がキューバのカストロ政

権を肯定する内容で、キューバの事情を美化しておりその内実を伝えていないと主張した。これに対して図書館関係者や人権団体はその訴えは表現の自由、読む権利を抑制するものだとして対立したのである。

　キューバ系アメリカ人や移民の有権者の影響力が強いマイアミ・デイド郡教育委員会は管轄下の学校区から同書とそのシリーズ本を排除する決定をした。それに対してこの決定に反対する保護者と米国自由人権協会などが、教育委員会の決定は表現の自由に反するものであるとして訴訟を起こしたのである。結局2006年7月にフロリダ州にある連邦地方裁判所の判決においては、原告の保護者と米国自由人権協会の主張を受け入れ、教育委員会の決定の仮差し止めの命令を出した。つまりここでは原告の表現の自由、読む権利が侵害されたことを認めたのである。

　この『キューバ訪問』に関する図書館からの排除における政治的な解決はキューバからの移民が多いフロリダ州においては容易に解決するような問題ではなかった。教育委員会の委員にしても選挙によって選出されるため、多数の有権者の影響から完全に自由であることはありえないからである。また司法が教育行政に干渉することはできないのがアメリカの政治の慣例であったからである。唯一憲法修正第1条に記された表現の自由という原則によって法廷や教育委員会の審議において解決を模索された。その意味において『キューバ訪問』は地域の政治的影響をかなり受けつつも、最終的には表現の自由、読む権利を軸にして判断された例であった。

　アメリカの裁判で読む権利が裁かれた本のこれらの9つの事例を上げ、どのように読む権利が保護され、また制限されたのかについて考察し、アメリカ民主主義の実態の一面を論じる。

第Ⅰ部　人種差別をめぐる本

第1章
『ヴェニスの商人』の表現の自由と読む権利の制限

はじめに

図1　ウィリアム・シェイクスピア
（出典：Library of Congress Prints and Photographs Division）

　シェイクスピアの『ヴェニスの商人』は世界的な名著であり喜劇として読まれてきた一方で、その内容からユダヤ人への差別を煽るとして非難もされてきた。アメリカでも歴史的にユダヤ人の団体から『ヴェニスの商人』に対して批判が起こったこともあり、ある地域では公立図書館の蔵書や学校の教材から排除するように決定したことが起こった。
　本章では『ヴェニスの商人』をめぐって起こったアメリカの学校の教材や図書館の蔵書としての排除の事件やそれをめぐって起こった訴訟事件、また同書の内容そのものをどうアメリカの人々が認識してきたのかを検証し、『ヴェニスの商人』はどのようにアメリカで受け入れられたのか、また読む権利は制限されたのかについて考察する。とくに反ユダヤ主義をめぐってのアメリカ人の認識について検証する。
　まず『ヴェニスの商人』の内容に描かれているユダヤ人像について考察する。次にユダヤ人団体が同書についてどのような見解をもったのか、またユダヤ人一般に見られる反ユダヤ主義への認識がどのように生まれたのか歴史背景について

述べる。その上で実際、アメリカの学校で起こった『ヴェニスの商人』を学校の教材や図書館の蔵書から排除した歴史と同書をめぐる裁判について述べる。そして最後に過去現在における『ヴェニスの商人』の評価はいかなるものなのか法学的な視点から考察する。とくにアメリカの法学や文学の専門家が同書の裁判の内容をどう評価するのかについて考察し、反ユダヤ主義文学なのかについて検証し、『ヴェニスの商人』を読む権利はアメリカにおいてどれほど保護されているのかについて考察する。

『ヴェニスの商人』に描かれるユダヤ人像

　『ヴェニスの商人』の内容はバサーニオーが裕福なポーシアに求婚するための資金としてユダヤ人の金貸しシャイロックから借金をしたのが始まりだった。3か月後までに借金を返済しなければ、バサーニオーの保証人になった彼の友人アントーニオーの体の肉1ポンドをシャイロックに渡すという契約を交わした。その後バサーニオーは求婚には成功するが借金を期限までに返済できず、その結果、保証人のアントーニオーは法廷に引き渡された。法廷ではバサーニオーの妻となったポーシアが裁判官に変装して、シャイロックに対して契約どおりにアントーニオーの肉1ポンドを切ることを許すが、その際に血の一滴も流さず肉を切りとらなくてはならないと言い渡すのである。当然、血一滴も流さず体を切ることはできないため、シャイロックはしぶしぶ法廷を去ろうとする。そこに追い討ちをかけてヴェニスの法律で、他者に生命の危機を与えたことでシャイロックは罰せられ、財産を没収させられた上、キリスト教に改宗させられたのである[1]。

　この物語の中ではシャイロックは金貸しの貪欲な者として描かれ、彼の言葉からはキリスト教を蔑む言葉が発せられ、アントーニオーや他の人物たちからはユダヤ教に対して軽蔑的な言葉が発せられる。またシャイロックの娘ジェシカもキリスト教の青年ロレンゾーと恋をして、キリスト教に改宗することを喜び、先に述べたようにシャイロックも改宗させられてしまうのである。この意味において、この物語はユダヤ人に対して、非常に侮蔑的な内容であった[2]。

　これはシェイクスピア自身があまりユダヤ人を知らなかったことも要因にある

と考えられている。イギリスではエドワード1世の勅令によって1290年から17世紀半ばまでユダヤ人は国外に追放されており、シェイクスピアはユダヤ人に対する知識はあまりなかった。また実際は少数のユダヤ人の居住者はいたとされるが、『ヴェニスの商人』が書かれた1595年には、ほとんどユダヤ人がシェイクスピアの周りにはいなかったのではないかということである。そこにユダヤ教に対する差別感が含まれたということである[3]。

またイギリスでは長い間、高利貸しは法律で禁止されていたが1571年に金利をつけて貸すことを禁じていた法律が無効にされ、10%の金利は合法となった。シェイクスピアの父親も含めユダヤ人以外のイギリス人も金利のある金貸しをしていた。エリザベス女王も金利のある借金をしていたという。しかし高利でお金を貸していた人にユダヤ人が多かったことでユダヤ人に対する偏見が生まれてきたといえる[4]。

もちろんシェイクスピアが『ヴェニスの商人』で伝えようとしたことはキリスト教徒のユダヤ人への優越を示そうとしたのか、それか単に喜劇の一部としてユダヤ人を貪欲な金貸しとして扱ったのかは判断が難しい。ある研究では『ヴェニスの商人』はシャイロックの描写がキリスト教のユダヤ教への優位を前提とした内容であり、ユダヤ人を蔑む内容がユダヤ人への偏見を促すことを示すものがあるのは事実である。たとえば先に挙げた高利貸しのシャイロックと対照的にヴェニスの商人のアントーニオーは無利子でお金を貸すことを描写して、シャイロックを悪漢に仕立てているということなどを理由に上げている[5]。

ユダヤ人人権団体の『ヴェニスの商人』に対する見方

このような反ユダヤ主義に対して、ユダヤ人のコミュニティーから何も反論が起こらなかった訳ではない。実際、さまざまなユダヤ人団体が設立されユダヤ人の人権を守るための活動をしてきた。たとえば反中傷同盟は1913年にユダヤ人の偏見に対してそれを正す目的で設立された。同団体は『ヴェニスの商人』に対しても、反ユダヤ主義を煽る内容だとして学校での教材として使用されたり、また舞台などで上演されることに反対する運動も行ったりしてきた。

第 1 章 『ヴェニスの商人』の表現の自由と読む権利の制限　*17*

　反中傷同盟は教育者に『ヴェニスの商人』に対する理解を深めるものとしてパンフレットを頒布するなどした。その中では『ヴェニスの商人』がその出版以来400 年にわたって反ユダヤ主義を煽る問題作品であることと、教材として使用する教師は内容と影響を理解する必要があるとしていた。また同書における商人がアントーニオーという個性のある個人であるのに対して、金貸しのシャイロックはユダヤ人全体を表すような表現が用いられていることも指摘している。そして貪欲、冷酷、残忍なシャイロックを描いていることでユダヤ人全体があたかもそのような性質をもっているかのような表現であることを批判した[6]。
　同パンフレットはシェイクスピアが『ヴェニスの商人』のシャイロックの性質を描き出したときの意図を知ることは難しいとしながらも、その表現は当時の社会におけるユダヤ人への偏見に影響を受けていると指摘する。その理由として2つの事例を上げる。
　ひとつ目は 1594 年のユダヤ人のロダリーゴ・ロペスのエリザベス女王暗殺事件の裁判であった。ロペスは女王の主治医であったがスペインの王家による陰謀に加担して女王を毒殺しようとしたという嫌疑がかけられた。ロペスはもともとプロテスタントだったがユダヤ教に改宗した人物であった。ロンドンではユダヤ教に改宗したロペスに対して嫌疑の目を向け、裁判でも死刑が言い渡された。公開で行われた絞首刑には人々は嘲りをもって迎えたという。不義、裏切り、殺人未遂の判決を受けた著名なユダヤ人の裁判はシェイクスピアの作品に影響を与えたと同パンフレットは指摘する。特にエリザベス女王を裏切った人物がユダヤ教徒であったことはユダヤ人全体の偏見を助長した結果になったことはいうまでもない[7]。
　もうひとつの事件はシェイクスピアの『ヴェニスの商人』の完成前の 1592 年に公開されたクリストファー・マーロウの『マルタのユダヤ人』という舞台の影響を挙げる。そこに表されたユダヤ人は病人を殺し、井戸に毒を投げ込むような人物でユダヤ人への偏見を促す内容であった。この舞台は当時イギリスにおいて大ヒットし、シェイクスピアの『ヴェニスの商人』のシャイロック像に影響を与えたと考えられている[8]。
　いずれにせよ反中傷同盟は『ヴェニスの商人』がユダヤ人への偏見を助長することに関して批判し、教育者に同書を学校の教材として使用することに関して注

意を促してきた。とくにシャイロックの描写がユダヤ人差別への原因を生むものとして批判してきた。

しかし反中傷同盟とは異なる『ヴェニスの商人』への解釈をする学者もいる。ある研究ではシェイクスピアは『ヴェニスの商人』で当時の社会で起こった政治的な事件に対して強い警鐘をならしたと見ている。たとえばクリス・ジェフリーの論文ではキリスト教対ユダヤ教という対立を喜劇の中で織り込んでいる本当のシェイクスピアの意図は、当時のイギリス社会でのプロテスタント対カトリックという対立を表していると述べた。シャイロックが最後は断罪されていくのは、政治力を持つプロテスタントの社会の中で抑圧されたカトリックの姿を現しているという見方である[9]。

『ヴェニスの商人』が作られる直前にイギリスでは、政府の監視に隠れカトリック教の布教活動をしたロバート・サウスウェルというイエズス会士が裁判で罰せられ死刑にされた事件があった。当時の民衆はシェイクスピアも含めこの宗教者の死刑に対しては同情的な目で見ていたという。しかし当時の権威の逆鱗に触れることを恐れ、シェイクスピアが政府を暗に批判する材料としてキリスト教対ユダヤ教徒という対立構造を産み出したという考えである。したがってジェフリーの論文によればシェイクスピアの本当の意図はユダヤ人に対するキリスト教の優位を表そうという意図はなく、むしろ権威を笠に少数派の宗教を弾圧する傲慢さを喜劇で巧みに表したということである[10]。

もちろんこのような政治的意図がシェイクスピアにあったかは現在の『ヴェニスの商人』の読者には判断しかねることであるし、少なくともアメリカの学校で『ヴェニスの商人』の排除を求めた人たちは、同書がユダヤ人差別観を助長させる内容と認識していたのは否定のしようがない。

歴史的に見る反ユダヤ主義

シェイクスピアの本当の意図がどこにあったのかは別にして、『ヴェニスの商人』が結果として反ユダヤ主義を煽るとユダヤ人人権団体が考えたのは事実である。世界的には名作とされ事実として何千回も舞台で人々に鑑賞された『ヴェニ

スの商人』を批判してきたユダヤ人団体の意図を知るためには歴史的な背景を切り離すことはできない。キリスト教が生まれてからの2000年にわたる歴史はユダヤ人にとっては迫害の連続であり、つねに社会の中で偏見の憎悪にさらされてきた。

ユダヤ人社会はキリストを殺したものの子孫としてキリスト教徒にとってつねに嫌悪の的になる運命を背負ってきた。キリスト教が広まり国家に認められていく西暦399年には、ユダヤ教徒はキリスト教徒との結婚を禁じられる。439年には政府の高官に就くことが禁じれられ、531年には裁判においてキリスト教徒に反する証人になることが禁じられ、時代を経るごとに社会的制度の中で差別が確立されていった。1215年にローマ法王イノセント3世はユダヤ人が官職に就くことを禁じ、キリスト教徒と見分けられる服装を着ることを命じたが、これを法制度的に実践するためにユダヤ人の住居地を制限する必要性が生まれた[11]。

政治制度ばかりでなく社会的にも差別の対象となった。1095年のウルバン2世によるキリスト教の十字軍の派兵においてはイスラム教徒のみならずユダヤ教徒も迫害の対象になった。十字軍がイスラム教徒への攻撃を加える進軍の先々でユダヤ人のコミュニティーに出くわすとそこではユダヤ人の虐殺が行われた。またその後も14世紀にヨーロッパの3分の1の人口に当たる人々の命を奪ったペストが発生した際はユダヤ人がその責任をなすり付けられ攻撃の対象となった。実際はユダヤ人もペストで多くの人が死んだのにも関わらず病気を広げたと讒言させられたのである[12]。

また出版物によってもユダヤ人への差別は助長された。1150年にはイギリス人のトーマス・オブ・モンマスによってユダヤ人はキリスト教徒を殺害する宗教儀式を行うという讒言をされるなどし、それが真実として受け止められるようになった。また他にも井戸に毒を撒くなどの讒言をされるなどした。さらに16世紀のプロテスタントの改革を行ったマルティン・ルターは『ユダヤ人と彼らの嘘について』というパンフレットを書いた。この1543年のパンフレットではユダヤ人がキリスト教の血を求めておりユダヤ人は抹殺されるべきであると示されていた。このパンフレットは1935年にナチスによって再発行され、その根拠のない虚偽が広められた[13]。

このような迫害と偏見の中でヨーロッパの各地においてユダヤ人はその住居を

隔離させられるようになり、土地の所有を禁じられ、結果農業によって生活の糧を得ることができなくなった。そのような状況の下、キリスト教では長いこと金貸しが禁じられていたこともあり、金貸しはユダヤ人にとって限られた職業の中で営むことのできるひとつの職種になった。その他にもユダヤ人は国外貿易、国家への借款を職業とすることは許されていたため必然的にその職に就く人が多くなり、一般のキリスト教徒からはこのような職に就くユダヤ人は社会の中で必要悪として見られていた。しかも限られた職種しか選択肢がないのに関わらず、その職種の性質によってユダヤ人に対して金に貪欲であるという偏見を生むことになった[14]。

　経済的にユダヤ人が政府に対して相互依存の関係があるときは良かったが、そのような関係が薄くなっていくとヨーロッパでは徐々に国外追放の憂き目に遭っていった。イギリスでは1290年、フランスでは1394年、スペインでは1492年に国外追放された。『ヴェニスの商人』の背景であるヴェニスではユダヤ人は隔離された土地に住居することだけが認められていた。「ゲットー」という言葉はその隔離された土地を意味していた。その後も1553年にはユダヤ教の重要な聖典である『タルムード』が焚書にされたり、キリスト教への改宗を強制的にさせられた。もし改宗していないと見なされると殺されるなどした[15]。

　18世紀に啓蒙主義が広まると平等の原理がひろまり、ユダヤ人も多様な商売に従事できるようになり、1871年にはドイツにおいてユダヤ人の市民権が認められるようになるにつれ弁護士、医者、教師などの職に就けるようになった。歴史的にユダヤ人の優れた専門性は国家に貢献しさまざまな分野で人材を輩出していったが、反ユダヤ主義がなくなることはなかった。そして20世紀に入って第1次世界大戦でドイツが破れ経済が疲弊していくと、アドルフ・ヒットラーによって経済破綻の原因の矛先がユダヤ人に向けられホロコーストの悲劇を生み出したのである[16]。

　ユダヤ人への差別的な政策が実施されていた16世紀に書かれた『ヴェニスの商人』が反ユダヤ主義の影響が少なからずあったのは想像に難くない。先にも述べたがシェイクスピア自身はユダヤ人に対して個人的に差別的な感情があったかは不明だが、少なくとも同書に描かれたシャイロックの言動は時代背景に裏付けられたものであった。

アメリカにおける『ヴェニスの商人』の排除

　アメリカは建国の理念からすべての人々の平等を強調し、憲法においてもその理念は体現されてきた。しかし同時に表現の自由も重要な原理として憲法に謳われてきたため、『ヴェニスの商人』の舞台や本は常に議論の的になってきた。同書は純粋に古典文学であると強調する人々はそれを自由に読む権利を訴えてきた一方で、ユダヤ人の宗教指導者ラビやその人権団体などは差別を宣揚する内容だとしてその舞台や教材としての使用を批判してきた。

　たとえば『ヴェニスの商人』がアメリカの学校の教材や図書館の蔵書から排除を求められる例が歴史的に見られた。1931年にはアメリカのバファロー、マンチェスター、ニューヨークなどの都市でユダヤ系団体の抗議によって同書が学校の教材から排除される事件があった[17]。1931年7月1日にはニューヨーク州シラキュース市教育委員会に同書を学校の教材から排除する請願書が届けられた。これに対し教育委員長G・カール・アルバーソンは「『ヴェニスの商人』は高校のリーディングの教材としては用いられていません」と述べ、排除することには「私の長い教師生活の中で『ヴェニスの商人』について生徒や教師から批判を受けたことはありません」と同書の排除には疑問を投げかけるなどした[18]。

　また同年1931年にはニューヨーク州バッファロー市においてもユダヤ教のラビ（宗教指導者）イスラエル・エフロスの抗議を受け同市の教育委員会の決議投票の後、公立学校の教材から排除した。ラビのエフロスは『ヴェニスの商人』がユダヤ人への人種攻撃であり、シャイロックにしても歴史的事実に基づいていないと述べた。これに対し排除に反対する人々はシェイクスピアはシャイロックを侮蔑、偏見、不正義の犠牲者にしており作者の真意は差別を助長するようなことではないと主張して同教育委員会の決定に反対する声や、シェイクスピアの作品が教材から削除されれば、ミルトン、チョーサー、スペンサーの古典作品なども同様な基準によって削除されるとの批判の声も上がった[19]。

　その後、第二次世界大戦後の1947年にもマサチューセッツ州ハバーヒル市においてユダヤ教のラビ、アブラハム・ジェイコブソンの抗議を受け、ハバーヒル高校のリーディングの教材から『ヴェニスの商人』を排除することを決定した。

ジェイコブソンは同書がユダヤ人生徒を不快にさせるとした上で、「シャイロックの性質はユダヤ人の態度や行為を過剰に歪曲している」と批判した。同市の市長アルバート・グリーンも同高校の決定に対してキリスト教とユダヤ教の生徒の友好的な関係を築くのに有益な本ではないと述べるなどした[20]。

ところでこの1947年にはパレスチナのユダヤ人作家アリ・イブン＝ザハブが『ヴェニスの商人』の舞台脚本を書いてアメリカで上演されている。ユダヤ人作家が同書の舞台脚本を書いたことでアメリカでも注目を浴びたが、イブン＝ザハブもシェイクスピアのシャイロック像がユダヤ人へのイメージを歪曲していると考えた。彼は数年にわたり『ヴェニスの商人』の背景を研究して、シャイロックに対して同情的な内容になるようにいくつかの訂正を行った。

このような例にみられるように20世紀のアメリカにおいては、『ヴェニスの商人』を読む権利が制限を受けるようになってきたといえる。もちろん大学の図書館などには蔵書として同書は置いてあるものの、アメリカの小中高校においては『ヴェニスの商人』の舞台や教室での教材としては排除を受けるようになってきたといえる。

『ヴェニスの商人』をめぐる裁判
— *Rosenberg v. Board of Education of the City of New York* (1949) —

1949年になると『ヴェニスの商人』の読む権利をめぐる裁判がアメリカのニューヨーク州において起こった。3月24日にニューヨーク市の前市行政官ジョゼフ・ゴールドステインが同書とチャールズ・ディケンズの『オリバー・ツイスト』をニューヨーク市の学校の教材また図書館の蔵書から排除することを求める請願書を教育委員会に送った。これに対して教育委員会のスポークスマンは『オリバー・ツイスト』は学校の教材には入っていないものの、『ヴェニスの商人』は教材に入っており学校で教えられていることを述べ、教育委員会がこの請求を審議することを返答した[21]。

ゴールドステインはいくつかのユダヤ人の団体を代表して請願を行ったと述べ、『ヴェニスの商人』、『オリバー・ツイスト』など反ユダヤ主義を煽る本は学校の教材として適当でなく社会の規律やモラルに反していると述べた。そしてこ

れらの本を教材として使い続けることで憎悪、偏見、不寛容、敵対心を子供たちに植え付けると述べた。またキリスト教、ユダヤ教を含むすべてのニューヨーク市民のための公立学校でこれらの本がリーディングの教材として教育関係者によって認められることは「不法で、独断的で、無計画な権力の行使」であると強く批判した[22]。

またゴールドステインはこれらの本を教材として教えることは、本来隣人と他の人々を愛することを教えるべき学校教育において、無意味で、根拠がなく、非論理的な偏見と憎悪を子供たちに植え付けることであり、学校教育を破壊することであると請願書で述べた。そして『ヴェニスの商人』は「成長する子供たちの最高の利益に反する」とした。そしてもしこの2冊の本が学校と図書館から排除されなければキングス郡の州最高裁判所に告訴することを訴えた[23]。

教育委員会は教師、図書館員、学校職員からなるリーディング委員会を組織して2週間にわたり、『ヴェニスの商人』と『オリバー・ツイスト』を審査した。その結果、1949年5月6日にこれらの書物を学校から排除しないことを教育委員会に推薦することを決定した。その審査の結果としては、反ユダヤ主義の内容を含むとしながらも、文学の古典であるということから排除しないことを決定したとしている。ゴールドステインは、古典文学でなく新しい文学であれば学校から排除されるというリーディング委員会の決定内容に対して強い不信の声を上げた。ゴールドステインは「〔委員会が〕これらの本がユダヤ人を直接攻撃していると認めているのだから、古典文学という後光によってだけで〔本を残すなんて〕議論の余地もない。……これはとくに私たちのこの国が不寛容と偏見を取り除こうとしている現在において一気に解決しなくてはならない問題です。もし必要なら連邦最高裁まで戦うつもりです」と委員会の決定に徹底的に戦う姿勢を見せた[24]。

ニューヨークの教育委員会はこのリーディング委員会の推薦を支持し、同1949年5月26日に学校の教材として保持しておくことを決めた。教育委員長のウィリアム・ジャンセンはリーディング委員会7人が全員一致で『ヴェニスの商人』、『オリバー・ツイスト』を残しておくことを決めたことを尊重するとした。ジャンセンの理由としては7人の委員の中にもユダヤ教徒がおり同書を学校に残すことに賛同したこと、また同学校区において2人の教師しか『オリバー・ツイスト』を教材として扱っていなかったことなどを上げた[25]。

この決定に対し1949年6月にブルックリンの州最高裁判所において、『ヴェニスの商人』と『オリバー・ツイスト』を教材から取り除くことを求めてユダヤ人の市民が教育委員会に対して訴訟を起こした[26]。告訴したマーレー・ローゼンバーグの弁護士としてジョゼフ・ゴールドステインが裁判に望み、彼は先に上げた主張を繰り返し、『ヴェニスの商人』と『オリバー・ツイスト』は反ユダヤ主義、反宗教主義であり学校の生徒たちに有害であるし、子供たちにユダヤ人に対する憎悪を生むと繰り返し述べた。9月ごろになるとニューヨーク市の公立学校における教師が学校の生徒に『ヴェニスの商人』や『オリバー・ツイスト』は特定の宗教や人種についての特徴について論じているのではないと説明するようになった[27]。

教育長ウィリアム・ジャンセンは『ヴェニスの商人』は文学として読まれており、「好ましくないユダヤ人の性質についての話」として読まれていないと述べた。「創作作品の文学価値はそこに描写されている宗教や国家の基準にするべきではない」として『ヴェニスの商人』に描かれているユダヤ人シャイロックがユダヤ人像全体を表している訳ではないし、ユダヤ教を体現している訳ではないなど、終始『ヴェニスの商人』を教材とすることは問題ないとした主張をした。また教育委員会の弁護人のマイケル・キャスタルディは教育委員会は市の学校で使用される教科書・教材の決定に対し権威を持ち、裁判所はその決定を差し止めることはできないと主張した。また原告の子供が同学校区の学校に通っている訳ではなく直接的な影響を受けている訳ではないとして告訴する当事者適格がないと主張した[28]。

結局、1949年10月11日、ブルックリンにある州最高裁判所のアンソニー・ディ・ジョバンナ判事はローゼンバーグの主張を斥ける判決を下した。ジョバンナ判事は「本が特定の人種や宗教団体に対して明らかに偏見や不寛容な憎悪を促進し、生み出す目的を持つような悪意を持って書かれた場合」に学校の教材から排除されるべきであるとして、『ヴェニスの商人』や『オリバー・ツイスト』はそれに当たらないとした。同判事はいかなる宗教、人種、国家、集団、個人に対して軽視しているというだけの理由で本を選択の基準にしたら他の多くの文学が排除される可能性があることを指摘した。その上で判決では「自由で民主主義的な社会はその公益のために、本の中で特定の人種や宗教が軽視されたり攻撃を受けたり

しているような記述であるというだけで、過度に神経質な人や集団の思いつきでこの本を抑制することを許しもしないし推し進めもしない」と述べ、ユダヤ人やユダヤ教の団体が『ヴェニスの商人』、『オリバー・ツイスト』を排除することはできないとした[29]。

　また裁判所がどれだけ教育委員会の決定に権威を持つかについては、教育委員会の教材における決定について裁判所がその決定を支持したり反対したりする権威はなく、委員会の自由裁量を尊重する立場にあるとした。その上で、ジョバンナ判事は教育委員会が教科書・教材の選定をする時にユダヤ人を偏見や悪意に基づいて教材を選んでいる証拠はなく学校制度の中で生徒にとって最良の教材を選択する努力をしていると、教育委員会の決定を尊重する姿勢を示した。ジョバンナ判事は「被告〔教育委員会〕は教育法2516章3項の義務の下に英語と英文学の生徒への好ましい教材とみなされた教科書を選定しており、これらの2つの書物は他の多くの書物と共に選択された。……事実としては、本の性質として被告〔教育委員会〕は教師に、これらの本の登場人物がユダヤ教を信仰するものを含めた国家や人種の典型的な例ではないし、特定の人種や国家的集団を害することを意図したり指示している訳ではない」として故意にユダヤ人の差別を目的に『ヴェニスの商人』と『オリバー・ツイスト』を選択したわけではないことを指摘した[30]。

　逆に『ヴェニスの商人』や『オリバー・ツイスト』を教材から取り除くことはユダヤ人に対する偏見をなくさせるよりは、逆に教材から排除することによってむしろこれらの書物に対して誤った考えを生徒に植えつけるとした。つまり学校で先生より同書に対して教示を受けない生徒が誤った判断解釈をしてしまい偏見の原因になるとしたのである。「この国家での公立学校での教育や教示では、歴史の中で芸術作品として受け入れられ、特定の人種に対してある考えを教唆していない文学への制限と思想の取り締まりをすることはなく、むしろ効率的に宗教や人種への不寛容を取り除く」ことを目指しているとして、自由に本を読む権利はそれを制限する思想の取り締まりよりも重要だということを示した[31]。

　結論的には『ヴェニスの商人』はアメリカの法廷においては、その読む権利が守られたのである。しかし裁判では同書の内容がユダヤ人への差別かどうかを判断することをできるだけ避け、むしろ教育委員会がユダヤ人への差別をもって選択していることはないことに注目し、学校での教師の教え方によって『ヴェニス

の商人』と『オリバー・ツイスト』は宗教に関する寛容を教える教材になると主張したのである。実際ジョバンナ判事は同書の内容がユダヤ人に対して侮蔑的な方法で描かれていることを認めており苦肉の判断であったと思われる。世界文学に関しての内容への判断を避け、あくまで教育委員会の決定を尊重することで文学における差別問題になるべく触れないようにしたとも言える判決であった。その意味で完全に表現の自由・読む権利を平等の原理の上位において判断したとはいえなかった。むしろシェイクスピアの世界文学を学校で正しく読むことで子供たちは差別に対する寛容を持つことができると主張したのである。

『ヴェニスの商人』をめぐる1980年代の事件

　しかしこのことでユダヤ人宗教指導者ラビやユダヤ人の人権団体がこの裁判の主張に賛成した訳ではない。その後も『ヴェニスの商人』の舞台が学校で行われたり、授業の教材として扱われたりした際は、抗議するなどの運動を行ったのである。

　たとえば1980年にミシガン州ミッドランド市の高校の英文学の授業で扱われていた『ヴェニスの商人』は反ユダヤ主義だとして抗議を受ける事件があった。これはミッドランド市の2つのユダヤ人団体が抗議をしたのが発端であった。この抗議に対して調査委員会が1980年3月11日に『ヴェニスの商人』を取りやめることを推薦した。調査委員会は『ヴェニスの商人』は教材として価値があり、文学的に優れていることは認めていたものの、反ユダヤ主義を掲げられてることを憂慮すると述べた[32]。またテレビ放送でも1981年2月のパブリック・ブロードキャスティング・サービスによる『ヴェニスの商人』の放送に対しては反中傷同盟などから放送中止を求める抗議があるなどした[33]。

　『ヴェニスの商人』を教材として使うことに対する抗議はアメリカばかりでなくカナダでも1986年に起こっている。オンタリオの学校において授業で『ヴェニスの商人』のシャイロックについて学んだ際、9年生（日本の中学3年生にあたる）のユダヤ人の生徒が同級生にお金を投げられ、ナチスのかぎ十字を机にいたずら書きされた事件が起こった。保護者が学校に抗議をしたところ、教育委員

会は同書が反ユダヤ主義を宣揚するのか判断をし終えるまで、授業の教材として使わないと決定した[34]。

ところでいつもユダヤ人団体のみが『ヴェニスの商人』に反対し、学校の教材や図書館からの排除を求めてきた訳ではない。1987年5月12日にフロリダ州パナマ・シティーにおいて生徒、保護者、教師が教育委員会を訴える事件があった。これは同州ベイ郡教育委員会が管轄下の学校においてシェイクスピアの『ヴェニスの商人』をはじめ、いくつかの著作を授業の教材、図書館の蔵書から取り除くことを決定したためであった。同郡は学校で使われている教材の調査を行ない、教育長からの認可を必要とする規則を作った。それに伴い60の教科書といくつかの教材として使われていた文学などを排除することを決定したものだった[35]。

原告は「ピープル・フォー・ザ・アメリカン・ウェイ」という市民グループから財政的また戦略的支援を受け告訴した。原告の弁護士は「パナマ・シティーで起こっていることは思想取り締まりが学校のカリキュラムを制限するときに起こることです。学校にキリスト教の価値観を戻そうという名の下に、教育長はアメリカと世界の文学を排除したのです」と教育委員会の決定を批判した。レオナルド・ホール教育委員長がキリスト教の価値観を学校に戻すことを選挙で公約して選出されたと公言していたこともあり、その教育委員会の決定への論拠に対しての疑念が原告にあったことがひとつの理由であった[36]。

キリスト教の価値観の宣揚と『ヴェニスの商人』の排除の関連を探るのは難しいが、ユダヤ教徒シャイロックとキリスト教徒アントーニオーの罵り合いは、キリスト教の価値観には反するものであったのかもしれない。いずれにせよ『ヴェニスの商人』はキリスト教の価値観を宣揚する教育委員会からも排除され、表現の自由を守る市民団体によって排除への抗議がなされたのである。

『ヴェニスの商人』が法学に与えた影響

　1949 年の裁判において『ヴェニスの商人』を読む権利が保障された後、アメリカの学校における舞台や教材、また図書館の蔵書として同書が排除されるようなことはなくなったといえる。しかし現在では、『ヴェニスの商人』は反ユダヤ主義であるという認識もアメリカの学校で見られる。実際、『ヴェニスの商人』が図書館の蔵書として置かれても、アメリカの学校において『ヴェニスの商人』の舞台は学校教育の場においてはそれほど見られない。それは反中傷同盟などユダヤ人団体の同書への反対などで、『ヴェニスの商人』への評価が一定してきたからといえるかもしれない。少なくとも人種差別に触れるような舞台や本について学校の現場では避けているといえる。

　しかし『ヴェニスの商人』の内容を法学的な見地から検証することは学問の世界では今も見られる。特に『ヴェニスの商人』は、大学などの高等機関など学問の世界においては文学のみならず法学の場で法意識の正当性を問われてきた稀有な書でもあった。そして法学の観点から同書が語られるとき、つねに反ユダヤ主義の影響も語られてきたのである。

　たとえば『ヴェニスの商人』を法学から研究した書として、ドイツで 1872 年に表されたルードルフ・フォン・イェーリングの『権利のための闘争』がある。同書では『ヴェニスの商人』に描かれている裁判を不当なものだと糾弾した。イェーリングは裁判官が一旦アントーニオーとシャイロックの契約を認めた時点で、シャイロックの権利が正当化されたのであり契約を認めた後に血一滴も取らず肉 1 ポンドを取ることを裁判官が要求したこと自体が「みっともない肩透かし」だと糾弾した。シャイロックが肉 1 ポンドを要求したのは権利であり、純粋に法律による権利の実行を要求しただけであると主張した[37]。

　イェーリングは何もシャイロックの殺人を認めるべきだといった訳ではなく、法律的にいうならばアントーニオーとシャイロックの交わした契約は良俗に反しているため裁判官は反古にすべきだったと述べる。しかしその契約の不当性を指摘せず、一旦、契約が正当だと認めてシャイロックの権利を後から覆したことで法制度自体を壊したと警告したのである。正当な権利を主張することは人種の違

いを超え誰人にも平等であるべきことであり、それを公平に判断すべき裁判官が法に基づく権利を認めなかった瞬間にシャイロックは差別を受けたひとりのユダヤ人として現実に取り戻される悲劇になってしまったとイェーリングは主張しシェイクスピアの喜劇を批判したのである[38]。

　ところでイェーリングが『権利のための闘争』で表そうとした重要なことはアメリカにおける民主主義のあり方に通じる原理であった。それは「国民の一人ひとりが軽少なことについても自己の権利を勇ましく主張するとすれば、そのような国民の全体から一番大切なものを奪いとろうなどと考える者はいないだろう」という言葉にも表れているように、一人ひとりの権利意識が法制度を支え、結局は国家の安定につながるという考えである[39]。シャイロックのように法制度の中で不当に個人の権利が奪われるような社会では、正義は正義として通らず不当なことがまかり通ってしまう。そのことにイェーリングは警鐘をならしたのである。この原理はアメリカ人の法意識にも通じることであり、憲法の人権条項にも記されていることでもある。

　この点に関しては、たとえばアメリカの法学者、弁護士、裁判官が『ヴェニスの商人』の裁判をどのように判断するのかシンポジウムの中で模擬裁判をした例があった。1996年10月にホフストラ大学ロー・スクールの主催の「法律と芸術のシンポジウム」というシンポジウムにおいて『ヴェニスの商人』の模擬裁判を現職の裁判官、弁護士、専門家の参加のもとに行った。『ヴェニスの商人』の裁判を下位の裁判に見立て控訴審における裁判という形で行った。これは文学の題材を用いて現職の法律専門家が語りあっただけに興味深い内容でありアメリカ人の法意識を知る上でもユニークな内容であった[40]。逆にこれはアメリカ人の専門家が『ヴェニスの商人』における反ユダヤ主義をどのように見て解釈するのかを知る上で示唆に富んだ内容であったといえる。

　その模擬裁判でまず上訴人のシャイロックの弁護士ダニエル・コーンステインが弁論趣意書の中で議論したことは、第1に下位の裁判自体が反ユダヤ主義に満ちており法の平等の保護条項に違反すること、第2に裁判官がアントーニオーの親友と結婚しており、しかも本当の法律家ではないことからポーシアは偏見があり、また不適格であること、第3にシャイロックは民事裁判において同書の時代背景から外国人法の適用によってすべての財産の支払いと改宗を命じられてお

り、法の手続きの平等の原理に反して残忍で普通でない罰則を科せられていること、第4に裁判官が不適切にシャイロックに対して改宗を命じたことは信教の自由に反すること、そして第5にシャイロックは特定の罰則規定に従ったので、残りの契約は履行し元本と利息を受ける資格はあることとした[41]。

　まずコーンステインは反ユダヤ主義に満ちていたという証拠として裁判官が「ジュー」(Jew)というユダヤ人を侮蔑する呼び方をしていたことを上げている。アメリカの判例 *Moore v. Dempsey*, 261 U.S. 86 (1923) を引いて、偏見に満ちた中で公平な裁判は受けられなく法の平等の保護条項に違反し、裁判自体が不当だとした。第2の点においては裁判官に化けたポーシアはアントーニオーの親友バサーニオーと結婚しており最初からシャイロックに対して公平には見ていなかったし、ポーシア自体裁判官の資格もなかったため個人的な利益と偏見に基づいた裁判であったことを指摘した。第3の点についてはシャイロックは刑事責任について先に告知を受けておらず、裁判官が裁判の途中から刑事事件として取り上げ始めたため、法の手続きにのっとっていない不当な裁決だとした。改宗を命じた第4の点は、裁判において外国人法の適用によって財産没収と個人の改宗を強要することは不当であり、信教の自由に反しており無効であるとした。そして最後の点ではシャイロックは裁判の途中から1ポンドの肉を請求することは諦めたため、その時点で元本と利息を受ける権利があるとした。さらにコーンステインはシャイロックが裁判所で犠牲にさせられたことを強調した。裁判が信教の自由、契約の自由、法の平等の保護条項に反していることから下位裁判所の判決を無効にし、シャイロックに元本と利息を支払うべきであると主張した[42]。

　被上訴人のアントーニオーの弁護士を演じる現職弁護士フロイド・アブラムはその趣意書の中でシャイロックの殺人未遂について追求している。まずアブラムもポーシアが裁判官に扮することに関して、実際のヴェニスにおいて16世紀に女性が裁判官になるようなことはなかったし、あくまで作り話としながらも、ストーリーの中で不当な契約は裁判で破棄されたことは正当であるとした。そして次にこの裁判の争点としてはシャイロックの行為そのものが論じられるべきであるとする。まず不法な約束に基づく契約は履行が不可能だとする。つまり借金の返済についての合法な約束と借金返済に遅れたことで殺人を許すという公共の政策に反した非合法な約束に基づいた契約の履行はできないということである。そ

してアブラムは『ヴェニスの商人』の裁判所においては殺人を示唆した不当契約の履行を適切に拒否したとして『ヴェニスの商人』の裁判を支持したのである[43]。

とくに『ヴェニスの商人』では公爵と裁判官がシャイロックに契約の履行を破棄することを勧めたのに関わらず、シャイロックはその申し出を断り、あくまでアントーニオーの肉1ポンドを要求したことにアブラムは注目する。この言動によってシャイロックは彼の行動に責任を持つことになったと指摘する。殺意をもった言動に対して法廷は外国人法の適用したことは誤りではなく法の手続きに反していないとする。また法廷では罰則としての財産没収も正しく適用したとする。しかしこれはあくまで刑事法ではなく民法の手続きであるし、法廷でそれが議論されたときにシャイロックは十分に法の手続きについて知る機会があったとしている。アントーニオーの財産の運用とキリスト教の改宗の提案についてもシャイロックは何ら異議も差し挟んでいないし最終的に裁判官の判断を了承している。また法廷で使われた「ジュー」（Jew）という差別的用語も外国人法を適用が絡むため、市民と区別するために使われたと指摘する。これは当時の時代状況からシャイロックは外国人法の適用を受け財産没収と改宗を強いられたと判断したのであった。アブラムはシェイクスピアの描写は宗教的偏見からではなく、悪に対する報いとして描かれていると結論し、『ヴェニスの商人』の法廷は支持されるべきだと主張する。ここではアブラムはシェイクスピアの『ヴェニスの商人』は反ユダヤ主義から切り離してシャイロックの行為そのものに疑問を呈したのである[44]。

これに対してコーンステインはアントーニオーの弁護人が十分にシャイロック側の主張に対する反論をしていないとする。まずポーシアの裁判官としての不当性と不公平性を追求した。それとシャイロックが最終的にアントーニオーの提案を了承したというのは誤った見方だとする。つまり死を選ぶか、財産没収と改宗という罰則を選ぶかという選択においては生きることを選択せざるを得なかったとして、了承には程遠いと反論した。またポーシアが裁判を巧みに操りシャイロックが勝つと思わせるような言動をしたことが、シャイロックの譲歩を引き出せなかったと指摘する。そしてあくまでシャイロックは元本と利息を得ることができると反論した[45]。

このホフストラ大学のシンポジウムの模擬裁判では現職の裁判官が参加し判決

を下している。参加したのは連邦第二巡回控訴裁判所のピエール・レバル判事、ニューヨーク州地方裁判所上訴部のベティ・エラーリン判事、ニューヨーク州地方裁判所のフィリス・ガンゲル・ジェイコブ判事である。またシェイクスピアの専門家のデイリー・ニュース紙のハワード・キッセルとクリーブランド・コットン・プロダクト社のピーター・アルシャーも模擬裁判の裁判官として加わった。

　結局、この5人の裁判官はいくつかの争点に分けて判断を下した。1つ目はシャイロックがアントーニオーから肉1ポンドを切る権利があるのかに関しては4人の判事がシャイロックに権利はないと判断し1人があると判断した。またシャイロックが借金の返済を受け取る権利があるのかに関してはまず利息は受け取る権利がないと5人とも判断し、元本に関しても4人は返済を受け取る権利はなく1人の判事はあると主張した。シャイロックがヴェニスの法律に従ってアントーニオーの殺人未遂によって受ける罰則については、財産の没収については3人の判事は没収はできないと判断し、2人はできると判断した。シャイロックがキリスト教に改宗しなくてはならないかについては3人は改宗しなくてもよいと判断し、1人は改宗しなくてはならないとし、1人は明確な判断は下さなかった[46]。

　それぞれの裁判官の意見はさまざまなものであった。キッセルは400年前のヴェニスにおける反ユダヤ主義が一般に見られたことに言及したが、裁判そのものは公平なものだと述べた。彼は『ヴェニスの商人』自体は反ユダヤ主義とはいえずシェイクスピアは反ユダヤ主義ではなかったと述べた。アルシャーはキッセルとはまったく反対にシェイクスピアの『ヴェニスの商人』は反ユダヤ主義が中心の題材であったと指摘した。歴史的な事実を挙げながら当時の権力者イギリスのジェームズ国王の影響は少なからずシェイクスピアの劇に影響したとしている。その他、エラーリンは先に上げたイェーリングと同様の理由によってシャイロックとアントーニオーの契約自体がすでに公共の政策に反したものであって実行することは不可能だと述べ、その実行不可能な契約のためにシャイロックは借金の返済も受けられないとした。外国人法については不当性を認め、シャイロックの財産没収と改宗の要求は不当だとした。レバルはシャイロックの1ポンドの肉を要求したことは不当であるとしながらも、元本の返済は受ける権利があるとした[47]。

　この模擬裁判は古典文学の裁判を現在のアメリカの法律の専門家とシェイクス

ピアの専門家が判断した意味で興味深い内容であった。現在のアメリカの学校において『ヴェニスの商人』が原作のまま演じられたり、教材に使われることはほとんどないだけに、この模擬裁判で議論されたことは一般のアメリカ人の『ヴェニスの商人』への認識を知る上でヒントを与えてくれる内容である。

　たとえば『ヴェニスの商人』が反ユダヤ主義かについてはいろいろ意見が分かれるにしても、シャイロックは不当に改宗させられたという考えは拭いきれないし、財産没収をされる背景にしても外国人法が適用されるなど400年前の時代には反ユダヤ主義が一般にあったことも否定できない。法律や文学の専門家にしてもシェイクスピアが反ユダヤ主義だったかは個々別々の意見があり、実際個人の思想の傾向について明言していない。ただ『ヴェニスの商人』の背景にある当時の社会状況は反ユダヤ主義であったことは認めている。その意味で憲法において平等の原理が守られているアメリカ社会において、しかもシェイクスピアの時代背景を知らない一般の読者が同書を読んだら反ユダヤ主義の印象を受けることは否定できないといえるであろう。

ま と め

　結論として『ヴェニスの商人』を読む人々の権利は1949年のニューヨーク州の裁判では保護されたものの、現在においてはアメリカの小中高校では自主的に、もしくは意識的に同書を取り扱わない例が多いのではないかと思われる。それは『ヴェニスの商人』は反ユダヤ主義であるという考えを拭いきれないためである。

　歴史的に『ヴェニスの商人』の表現の自由と読む権利をめぐっては政治的な問題が絡んで複雑化してきた。そのひとつは同書によっておこるユダヤ人への差別から人権を守ろうとする人々と世界的文学を読む権利を保護しようとする人々の対立であったからである。アメリカの小中高の公立学校では、それを読む権利はどの程度守られるべきなのかが議論されてきたが、常にユダヤ人への差別を助長するのではないかという疑問を払拭できなかった。

　シェイクスピア文学は世界的な遺産ともいうべきほど世界中で読まれ親しまれてきた。しかし明らかに世界的文学として賞賛されてきたからといって政治的に

賞賛されてきたかはまったく別の問題であった。実際、ユダヤ人協会からつねに『ヴェニスの商人』は反ユダヤ主義であると批判されてきたのである。それは『ヴェニスの商人』の内容がユダヤ人やその社会に与える影響がユダヤ人にとっては無視できないことであったことからであることはいうまでもない。金貸しのシャイロックはこの作品ではなくてはならない人物であり、そのユダヤ教徒という人物の背景からくる言動は、キリスト教徒のアントーニオーとは常に対照をなし、否定的な人物として描かれている。しかもシャイロックは法廷において最初のうちはアントーニオーと交わした契約の正当性を認められたのに関わらず最後はその権利を奪われ、キリスト教への改宗まで強要された。

　このことはユダヤ人にとっては自身の信教への冒涜であったことは疑いようもない。たとえ先に上げたクリス・ジェフリーの説（シェイクスピアの本当の意図したところは反ユダヤ主義でないという論理）を仮に受け入れたとしても、そのユダヤ人社会に対する悪影響は何ら変わらないのである。ジェフリーの説ではシャイロックは抑圧されたカトリック教徒の立場をモデルにしたというもので、『ヴェニスの商人』は当時イギリスにおいてプロテスタントに抑圧されていたカトリックの苦闘を暗に描き、プロテスタントの権威に対して間接的に批判した内容であると論じている。しかしこの説を受け入れたところで、『ヴェニスの商人』が反ユダヤ主義を宣揚していないと多くの人を納得させることは難しい。なぜなら文面上にはカトリック教徒の苦悩が表れている訳ではなく、シャイロックはあくまでユダヤ人の金貸しとして表されているからである。

　いずれにせよ『ヴェニスの商人』の中でシャイロックが他の人種や宗教の人でなくユダヤ教徒であることでこの文学の喜劇と悲劇は成り立つことはいうまでもない。しかしユダヤ教徒にとってはシェイクスピアは大きな影響を与えるだけに悲劇にしか取られなかった。ユダヤ人社会の歴史を振り返るならばキリスト教が誕生して以来2,000年にも亘り、つねにイエス・キリストを裏切った者の子孫としてユダヤ教徒の歴史は批判、嘲笑、差別にさらされた歴史であった。現実的に長い期間、婚姻、職業、私有財産権など法的に差別されてきたユダヤ人社会にとって権利の平等は何よりも重要な価値であり、他の人種よりも社会的な差別には敏感に対応してきたことは想像に難くない。

　その意味でたとえ表現の自由・読む権利は守られるべき人権であっても、ユダ

ヤ人に対する差別をもたらす言論に対しては、強く差別を助長する内容だとして『ヴェニスの商人』を批判してきたといえる。1931年代に各地の学校区において『ヴェニスの商人』が排除された理由はユダヤ人ラビからの抗議の結果であったし、1949年の裁判においてもユダヤ人のグループが批判の声を上げたからであった。1949年の裁判に関しては同書の読む権利が人権の平等に優ったことを示したが、それによって同書を排除する要求がなくなった訳ではない。むしろユダヤ教徒の歴史的迫害を鑑みるならば、シェイクスピアの文学的価値が失われないとしても『ヴェニスの商人』がアメリカの学校教材として使われ、図書館の蔵書としておかれる限り、それに対する抗議も将来にわたっても続くと思われる。したがって『ヴェニスの商人』に関しては法的に読む権利は守られ個人的に読むことはなんら問題はないものの、政治的な意味で公立学校の教材や生徒の舞台で使われることには圧力があるといえる。

■注

1) シェイクスピア、木下順二訳『ジュリヤス・シーザー；ヴェニスの商人』（講談社：1989年）。
2) 前掲。
3) 前掲。
4) Tony Tanner, "The Merchant of Venice," *Critical Quarterly*, vol.41, no.2 (1999), pp.87-88.
5) *Ibid*.
6) "Anti-Semitism and The Merchant of Venice: A Discussion Guide for Educators," *The Anti-Defamation League*. http://www.adl.org/education/curriculum_connections/spring_2006/Merchant_Venice_Discussion_Guide.pdf (viewed on December 3, 2006).
7) *Ibid*. p.7.
8) *Ibid*. p.8.
9) Chris Jeffrey, "Is Shylock a Catholic?" *Shakespeare in Southern Africa* vol. 16, (2004),pp37-51：ここでジェフリーの言う「プロテスタント」の意味するところはイギリス国教会（Church of England）のことである。ヘンリー8世の離婚問題という政治的な意味でローマ教皇庁と16世紀に分かれたため、通常プロテスタントと分類されているが、当初は教義的に、アメリカに渡った清教徒（ピューリタン）よりはカトリックに近かった。本格的にローマ教皇庁と袂を分つのはエリザベス1世の時代の1559年である。いずれにせよ「プロテスタント対カトリック」というジェフリーの対立の仕方は単純化した表現である。
10) *Ibid*.

36　第1部　人種差別をめぐる本

11）"Anti-Semitism and The Merchant of Venice: A Discussion Guide for Educators," pp.18-19. *Ibid.*
12）*Ibid.*
13）*Ibid.*
14）*Ibid.*
15）*Ibid.*
16）R. Kent Rasmussen, Censorship, vol. 3, (Englewood Cliffs: 1997), p.726.
17）"Ask School 'Shylock' Ban," *The New York Times* (July 2, 1931).
18）"Bar Shakespeare's Play," *The New York Times* (December 9, 1931); "'Merchant of Venice'Barred From Buffalo Public Schools," *The New York Times* (December 20, 1931).
19）"School Bans Merchant of Venice," *The New York Times* (May 9, 1947).
20）"Schools Face Over 'Oliver Twist,'" *The New York Times* (March 25, 1949).
21）*Ibid.*
22）*Ibid.*『オリバー・ツイスト』についてもゴールドステインは同書が「キリスト教徒や他の宗派を信じる人たちとユダヤ教徒を切り離し、ユダヤ教徒に対して悪意に満ち、真実でない攻撃を加えている」と批判した。この1949年の初めには全米労働総同盟の教員組合が『オリバー・ツイスト』を学校のリーディングの教材から外すことを要求した。またイギリスのJ・アーサー・ランク・オーガニゼイションによって制作された映画『オリバー・ツイスト』もアメリカにおいて激しい抗議に遭い中止になった。
23）"'Oliver Twist' Held Proper In Schools," *The New York Times* (May 7, 1949).
24）"To Keep 'Oliver Twist': School Superintendents Retain Work on Approved List," *The New York Times* (May 27, 1949).
25）"Suit Seeks Ban on Books," *The New York Times* (June 4, 1949). 1949年6月4日のニューヨーク・タイムズ紙においては原告はアブラハム・J・アレクサンダーとなっている。告訴状ではこれらの本が「市の学校の生徒の間に偏見を強め、不寛容を広める媒体となる」と批判した。
26）"Teachers Explain Literature's 'Bias'," *The New York Times* (September 27, 1949).
27）*Ibid.*
28）"Educator Upheld In Book Freedom," *The New York Times* (October 12, 1949).; *Rosenberg v. Board of Education of the City of New York*, 92 N.Y.S. 2d 344 (Supreme Court of New York, Kings County 1949).
29）"Educator Upheld In Book Freedom," *Ibid.*; *Rosenberg v. Board of Education of the City of New York, Ibid.*
30）"Educator Upheld In Book Freedom," *Ibid.*; *Rosenberg v. Board of Education of the*

City of New York, Ibid.

31) "Citizens Group Urges Dropping of Shakespeare Play," *AP* (March 28, 1980).
32) Michiko Kakutani, "Debate over Shylock simmers once again," *The New York Times* (February 22, 1981). 同放送に対してプロデューサーは「『ヴェニスの商人』は反ユダヤ主義に使われるかもしれません。しかし反ユダヤ主義でない人がこの喜劇を見てから反ユダヤ主義にはなりません」と反論している。
33) Jeff Bradley, "School Bans Shakespeare Play After Anti-Semitic Incidents," *AP* (July 24, 1986).
34) "Book-Banning-Lawsuit; Students, parents and teachers sue to end censorship," *AP* (May 12, 1987). 排除された本はシェイクスピアの『ヴェニスの商人』の他に『十二夜』、『リア王』、『ハムレット』、ヘミングウェイの『老人と海』、チョーサーの『カンタベリー物語』などが含まれていた。
35) *Ibid.*; Bill Kaczor, "School Board Favors Lifting Ban on Shakespeare, Hemingway," *AP* (May 14, 1987).
36) ルードルフ・フォン・イェーリング著、村上淳一訳『権利のための闘争』(岩波文庫、1982年)、96頁。
37) 同上、93-97頁。
38) 同上、106頁。
39) Susan Tiefenbrun, *Law and the Arts* (Greenwood Press 1999).
40) *Ibid.*, pp.172-176.
41) *Ibid.*
42) *Ibid.*, pp.177-183.
43) *Ibid.*
44) *Ibid.*, pp.184-188.
46) *Ibid.*, pp.204.
47) *Ibid.*, pp.204-211.

第2章

教科書として拒否されたミシシッピ州の歴史書

はじめに

1980年4月2日、ミシシッピ州にある連邦地方裁判所は同州の教科書を選定する州の委員会によって拒否されたミシシッピ州の歴史書を教科書として使用することを命じる判決を行った。この歴史書はジェームズ・ローウェンとチャールズ・サリスによって書かれた『ミシシッピ：抗争と変化』（Mississippi: Conflict and Change）という題名の書であった。同書はミシシッピ州の歴史の教科書として州の教科書購入評議会に提出されたものの、評定委員会によってその内容の中で公民権運動など黒人の運動などの記述が問題視され1974年に拒否されたのである。ローウェンが「明らかに人種差別的な決定であった」と述べるように、この本が教科書として選ばれなかったのは人種差別が根底にあったのである[1]。この裁判では学問の自由を保障した憲法修正第1条と人種差別を禁じ法の下の平等を擁護した同修正第13条と第14条にこの州の教科書の選考が合憲であったのかを争ったのであった。

この問題は歴史的に奴隷制を容認し60年代の公民権運動で黒人が特に弾圧された南部において、1970年代に起きた事件であるだけにさまざまな社会要因が教科書の拒否をもたらした根底にあった。本章では人種差別によって教科書として選考されなかったローウェンとサリスの歴史書について分析し、どうして同書

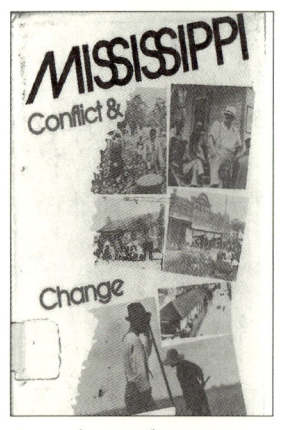

図2　ジェームズ・ローウェン、チャールズ・サリス著『ミシシッピ：抗争と変化』の表紙

が教科書として選択されなかったのか、州の委員会の反対した理由はどのようなものであったのか、それに対して学問の自由と人権の平等を守るために誰がどのように司法に訴えたのか、そして裁判所はどのような理由で判決を下したのかについて分析する。

ミシシッピ州の歴史の教科書選定

　1974年秋にミシシッピ州教科書購入評議会がミシシッピ州の歴史を含むさまざまな教科の教科書を推薦するように出版会社へ通達を行った。この通達に応じてミシシッピ州の歴史教科書としてステックボーン社はジョン・ベタースウォース著の『ユア・ミシシッピ』（Your Mississippi）、パンテオン社はジェームズ・ローウェンとチャールズ・サリスによって編纂された『ミシシッピ：抗争と変化』（以下『ミシシッピ』と呼ぶ）を提出した。『ミシシッピ』は9年生（日本でいう中学3年生、小学校から高校までアメリカでは通年で呼ぶことが多い）に向け書かれた歴史の教科書であった。州教科書購入評議会はこの2冊の本の審査のため評定委員会へ提出した[2]。

　評定委員会は7人からなり、そのうち5人が白人で2人が黒人の委員から構成されていた。彼らは1974年8月28日に教科書購入評議会の主催の会合に出席し、選考のための手続きや基準などについて知らされた。そしてその「教科書選定のための推薦基準」という教科書購入評議会の作成した基準に従って教科書候補の選定に当たった。その結果、『ユア・ミシシッピ』に関しては7人全員が何らかの評価を下したのに対し、『ミシシッピ』に関しては5人の白人の委員が評価をせず、2人の黒人の委員が評価を出した。基準の中では大多数の委員の評価を得ていない本は最終的に教科書購入評議会に推薦されないとしていた。したがって少なくとも4人の委員から何らかの評価がなされなくては推薦書の対象とはならなかったため『ミシシッピ』は教科書購入評議会に推薦されなかった。いずれにせよこの評定委員会の推薦を受け、同年11月4日の会合で教科書購入評議会は『ユア・ミシシッピ』を認定の教科書とし、『ミシシッピ』は十分な推薦を受けられなかったとして不合格とした[3]。

この際、規定により評定委員は選考に当たって教科書の合否についての教科書購入評議会に知らせるばかりでなく、不合格とした場合にその理由を書面で示さなければならなかった。その際、委員のひとりハワード・ライアルスは同書で扱っている奴隷についての記述について問題があることを指摘した。具体的にミシシッピ州の奴隷を扱った歴史の部分で「96ページの最後の文章と178ページの最後の写真」と1つの文章と1つの写真について指摘したが、その他にももっと多くの問題な記述があるとしてライアルスは「物議をもたらすような白人による奴隷や黒人に対する限られた不当な取り扱いの事件を掲載することは読者にすべての奴隷や黒人がこの事件と同様の方法で扱われていたかのような印象を与えるでしょう。この本は人種的な視点をあまりに重視しており、基準に指定された事項に十分に的を絞っていないと思います」と指摘したのである[4]。

ライアルスが指摘した96ページの奴隷制の部分のひとつはミシシッピ州における奴隷の生活について描かれた部分で奴隷の「躾」について説明した部分であった。黒人の奴隷を適正な報酬もなく朝から晩まで働かせるために褒美と罰を使っていたとした。褒美としては隣のプランテーションに行くことを許したり、自分用の小さな土地を与えられたり、金、タバコ、ウィスキーを少し与えるなどしたと説明し、罰としては一般的に鞭打ちを与えたとしている。そしてライアルスが問題があると指摘した文章とは、ひとりの奴隷が目撃した鞭打ちの様子の証言であった。その奴隷が「年上の主人がトルーマンに怒って、樽に金具で縛り付けて血が吹き出るまで鞭打ちを与えたんだ。そして傷口に塩とこしょうを刷り込んだのさ。トルーマンは死ぬかと思うくらいだったよ。かなり痛めつけられたね」と述べた証言の引用であった。この引用の後に『ミシシッピ』の本文の中でこのような罰が黒人に恐怖を植え付け、白人が黒人に優っていることを感じさせる目的があったと述べているのであった。ただ奴隷は高い買い物であったため殺されることは稀であったとしている[5]。

またもうひとつライアルスが問題があると示した178ページの写真とは白人の暴徒が黒人をリンチした写真である。前後の説明では、南北戦争以後リンチの標的となったのは主に黒人であったと述べられている。はじめは「リンチ」の意味するところは鞭打ちや体にタールを塗りこめることなどを意味していたのが時間と共に殺害を意味するようになった。そして1882年から1952年の間に全米

のどの州よりもミシシッピ州におけるリンチの数が多かったと『ミシシッピ』では説明している。しかも放火、窃盗、白人女性に手紙を書くこと、白人の子供をたたくことなどさまざまな理由によって白人による黒人へのリンチが行われ、白人の人々はリンチを慣習的に受け入れリンチの首謀者が罪を問われることはほとんどなかったという。写真ではリンチを受けた人が焼かれている周りに何人もの白人が取り囲んでいるものであった[6]。

　この他、拒否の理由として他の評定委員ヴァージニア・マックエルハーニーはこの本で中心的に述べていることが難しいレベルであり中学生に適しておらず、大学生や大人向けであるとして教科書としての条件を充たしていないと述べた。その上ではマックエルハーニーは「求められた教科の必要条件の点から、この本の全般的な内容はミシシッピ州の本当の歴史を姿を捉えていないと思います」と述べた[7]。ここではマックエルハーニーは何が本当のミシシッピ州の歴史なのかは示唆していない。ただ裁判ではマックエルハーニーのこの言葉を引用し、彼女が『ミシシッピ』を推薦しなかったのは人種差別の要因があると見ていた。裁判ではこの言葉の裏にあるのは黒人差別の歴史を教えたくないという意思が働いたと判断したのである。

　いずれにせよ1974年11月8日に『ミシシッピ』の編者であるローウェンは非公式に評定委員会の決定を知り、教科書購入評議会の評議会長に手紙を送り、教科書が拒否された理由を尋ねた。それに対して同議長のガーヴィン・ジョンストンはすべての決定に関する内容は出版社に連絡してある旨を1週間後の11月15日に伝えたのである[8]。ジョンストンは評議会が判断できるのは7人の評定委員のうち4人の評価がなければならないのに『ミシシッピ』は「たったふたりの委員からしか評価を受けなかった」と教科書の拒否の理由を述べるに留めたのである[9]。

　しかし『ミシシッピ』の内容が評定委員で6年間教科書として推薦されたベタースウォースの『ユア・ミシシッピ』とは人種問題に関して異なった扱い方をしていることは関係者の間には明白な事実であった。『ミシシッピ』の編者ローウェンやサリスはベタースウォースの教科書に対し、人種隔離主義を重んじミシシッピ州における黒人の役割を無視しているとその内容の欠点を指摘していた。つまり『ユア・ミシシッピ』は白人優越主義に基づいた感がある内容であったのであ

る。またローウェンは彼らの教科書の内容について「評定委員が特に私たちの南北戦争後の再建期、奴隷制、公民権運動時代の扱いに不満を持ったと聞きました」と述べ、評定委員は明らかに『ミシシッピ』の内容が白人優越主義を否定する内容であることに不満を持っていたことが編者にも知られていたのである[10]。

その後1975年2月11日で行われた教科書購入評議会の会合にはもうひとりの編者であるチャールズ・サリスが出席して拒否された原因理由について抗議した。会合が一旦休会された後、評議会議長は書面において評議会は拒否の原因を調査するための公聴会を開く権威、評定委員会が同書の再審査を強制する権威、この件に関してのさらなる要請を受ける権威を持たないとして、サリス等が提出した関係資料を返還した。したがってこの時点で『ミシシッピ』の出版社、編者等が評定委員会の結果に関して抗議したり再審査を要求する行政的な方法は断たれたのである[11]。

しかし『ミシシッピ』が1974年10月に公刊されて以後、教科書として使用したいという声があったのは事実である。たとえばミシシッピ州のローマン・カトリックの学校の教育長は、当時の州知事ウィリアム・ウォラーに手紙で『ミシシッピ』が歴史の教科書として認められるように行動すべきだと訴えるなどした。また多くの黒人の教育者は『ミシシッピ』を使用することを望んだといわれる。なぜなら先にも述べたようにベタースウォースの教科書では公民権運動についても言及しておらず、逆に黒人が白人にとっての問題であるように記述されていたためである[12]。

たとえばベタースウォースの教科書では黒人奴隷に対する教育はなされていなかったが、そのことについては単に「家の使用人として働いた奴隷の幾人かは教育を受けた」と事実と異なる記述があったり、奴隷制度に反対した黒人の反乱についての記述はされておらず逆に「南北戦争の奴隷にとって反乱の格好の時期であったがまったく起こらなかった。多くの場合、奴隷は彼らの主人が戦っていた時にプランテーションで働いていた」と史実に基づいていない内容であったのである。また南北戦争後の再建期についてはヴィクスバーグ市とウォーレン郡の政治について政府役人のほとんどが黒人で腐敗していたとし、1875年に南部の白人がこれらの地を治めたことで政治の安定が復興できたとし、いかにも政治の腐敗は黒人によってなされたかのような記述がなされたりしていた。また白人至上

主義者のグループであるクー・クラックス・クランについても人気のある秘密の社会的友愛のクラブだったとして、白装束で三角頭巾をかぶった出で立ちは自分のガールフレンドにセレナーデを歌うクラブ加入の式の一部であったとしている[13]。

ちなみに『ミシシッピ』の中でもベタースウォースの教科書の南北戦争後の再建期の記述について抜粋してその誤りを指摘していた。その意味で基本的に『ミシシッピ』と『ユア・ミシシッピ』は同時期に教科書として採用される可能性はもともと低かったと言えるかもしれない。なぜなら『ミシシッピ』と『ユア・ミシシッピ』は評定委員会ばかりでなく誰にとっても異なる歴史観を含んでいることは明らかであったからである。いずれにせよベタースウォースの教科書が人種差別に反対する人々にとっては最良の教科書でなかったことは明白であった[14]。

裁　　　判― Loewen v. Turnipseed （1980）―

結局、州教科書購入評議会と評定委員会を相手取り『ミシシッピ』の編者等はその決定が学問の自由を保障した憲法修正第1条、また人種差別を禁じ、法の下の平等を説く憲法修正第13条、14条に違憲であるとして1975年11月に告訴したのである。この訴訟においては「全米有色人地位向上協会法的擁護教育基金」から訴訟費の援助がなされた[15]。訴状の中ではミシシッピ州で使用されていたジョン・ベタースウォースの教科書が「アメリカ合衆国とミシシッピ州において黒人や他のマイノリティーの役割を矮小化、無視、中傷する」ものであり、「人種隔離政策の原理、人種差別、黒人の劣性と白人優越主義に共感している」ものであると批判した。また訴状の中ではベタースウォースの教科書とそれ以前の教科書もすべて人種差別を容認し、否定することはなかったことなども述べるなどした[16]。その一方で『ミシシッピ』が選択されなかった理由はミシシッピ州にあった「人種差別に疑問を投げかけ、黒人や他のマイノリティーを含めたすべてのミシシッピの人々の州の歴史的貢献」を記述したためだと述べた。原告には『ミシシッピ』の編者ふたりの他にカトリック教系学校の監督官やキリスト教監督教会派の司祭など22人の人も加わるなどした[17]。

公判では被告の州側は教科書の選定は正しい手順に従って行ったことを主張し

た。つまり『ミシシッピ』に合格を与えなかったのは選定の基準に満たなかったことを指摘し、あくまで人種差別とは切り離した。その問題点として指摘したのが、教科書として使用申請する場合、教師用の手引書も用意しなくてはならないという点であった。『ミシシッピ』の出版社は評定委員に教師用の手引書を提出しなかったために評価が下されなかったと述べたのである[18]。

選定基準では「教師の手引書は25人の生徒分の教科書ごとに1冊無料で利用できなくてはならない」という条項があった。『ミシシッピ』の出版社の担当は同書を評定委員に提出した際、4人の委員には教師用の手引書は利用できないと言い、ふたりの委員には手引書はその時点で利用できないが近日中に利用できると述べたために評価が下されなかったと政府側は主張したのである。これに対し公判ではローウェンが1974年の教科書適用時には教師用の手引書は利用できたが、単に出版社の担当が当時持参していなかったと主張した。これに対して州教科書購入評議会の議長W・A・マテューは、手続きに関与できるのは教科書購入委員、評定委員会の委員、出版社の担当だけであることを指摘した。つまり著者・編者が手引書を利用できると主張しても出版社の担当が手引書を利用できることを評定委員に報告しなくてはならない点を述べたのである[19]。

これに対してオーマ・スミス判事は選定基準の中で教師の手引書の提出は義務付けれらていないことを指摘した上で、もうひとつの条項に注目した。そこでは「各教科書は教師への適当な手引きを本に示すかまたは別の手引書を必要とする」とあった点である。したがって手引書は絶対必要ではなく教科書に教師への手引きとなる指示が記述されていれば別の手引書は必要としないことであった。実際、『ミシシッピ』の教科書の中では生徒に各事項ごとに質問が用意され理解を助けるような工夫がなされていた。また公判では被告で評定委員のひとりターニプシードも出版社の担当から教科書として採用されれば教師への手引書は用意できることも聞いており、教師用の手引書の不提出が基準を満たさないという被告の主張に判事は利点がないと述べた[20]。

またスミス判事は『ミシシッピ』の内容について選定基準で指定された各項目への説明が十分にされていること、指定された学年に合わせた適切な言葉を使っていること、同書の内容・構成、写真とその説明が十分に適性に合っていると述べ、教科書として選定基準に合っていることを指摘した[21]。

その上でスミスは『ミシシッピ』が採用されなかった理由は人種差別があるのかを審議した。そこで注目したのが教科書を選定する法律を制定した時の歴史背景であった。原告が提出した資料では州政府が1960年代に当時の社会政治を肯定する教科書の選定がされるように法制定がなされたと示されていた。つまり黒人への差別が強かったミシシッピ州においてその社会政治体制を肯定する教育がなされるように評定委員の任命などが、州知事や州教育委員長の権限が及ぶように法律が制定されたという。当時の州知事は「私が大変恐れることは〔州〕下院がこの法案を制定することを失敗し、私たちの公立学校の教科書を正し、子供たちが学ぶべき南部そして本当のアメリカの生活のあり方を正しく教育しようとする努力を妨害することです」と述べ、もともと評定委員の選考手続きが州知事の意向が及ぶように望んでいた。判事はこの事実を上げ、教科書の選定が「当時支配的だった人種差別的な態度」を反映する意図をもって法律が制定されたと指摘した[22]。

 この歴史的な背景を指摘した上で判事は『ミシシッピ』の審査において人種差別的な考えから教科書が選定されたと判断した。同書が内容的にも優れ、選定基準に合っているのにも関わらず、評定委員のライアルスとマックエルハーニーが『ミシシッピ』を評価しなかった理由と他の委員が評価理由を明確にしなかった背景にあるのは『ミシシッピ』が物議を醸し出す人種差別の問題に触れているためであると述べたのである[23]。たとえばマックエルハーニーは公判で歴史事実について「悪いこと〔歴史的事実〕を言及することはできると思います」と述べたが、その上で「もし中学生がリンチについて知ったならそれで十分です。この州において多くのすばらしい事があったのに、何度リンチが行われたのかを知る必要性の意味が分かりません」と『ミシシッピ』の中に示されたリンチの詳述について反対の意見を述べるなど証言した。また公判においてターニプシードも「きわめて簡潔に言うなら、私はこの本が黒人対白人の問題をくどくどと繰り返していると思います」と人種問題が評定しなかった理由にあることを証言するなどした[24]。

 そして憲法修正第1条に保護された学問の自由を教科書の評定委員が妨げていたかについて判事は委員たちが実質的に妨げたと認め憲法に照らして違憲であると判断した。つまり原告の同条項で保護された権利は教育の場ばかりでなく、出版された本の配布にも及ぶとした。特に一般的に教育のカリキュラムにおいては

地方の政府の権威があることを認めつつも、学問の自由を保障した憲法上の理由から政府の決定の影響を受ける人々（つまり生徒、教師などだが、特にこの場合、教科書の執筆者）がその決定に反対である場合にその意見を反映できるような手続きを認めるべきだとした。ミシシッピ州の教科書選定に関しては評定委員の決定に対して、再審査を請求をする手続きがなく制度的に学問の自由を妨げ違憲であるとしたのである。判決文では「教科書の編者、教師、保護者、生徒の如何なる人であろうとも、すべての関係者は有用な知識を得るための自由で開かれた教育システムを保持する基本的権利を持つ」と述べた[25]。

また学問の自由という言葉が憲法修正第1条に示されていないものの、表現の自由は自分の意見や発想を自由に討議できる場として学校における教室での学問の自由も含まれるとした。また同様の理由から判事は州の法律を口実に州教科書評議会や評定委員が行ったことは憲法修正第14条に定められた法の手続きの保護にも違憲であると判断したのである。そして『ミシシッピ』が州の公立学校で使用される教科書として認可することを命じたのである[26]。

原告はこの事件を法律制定から手続きに至るまでミシシッピ州における人種差別への抗争の象徴として位置づけようとしたが、裁判ではそこまで宣言するには至らなかった。つまり原告が目指したことのひとつは、教科書認定の手続きを定めた州の法律は州知事や州教育委員長の権威が強く、その人種差別的な意向が教科書の選定に影響を与えると認めさせることであった。しかし裁判では教科書選定の法律と手続きそのものが連邦憲法に照らして違憲であることはないとした。そして法律の制定に関してはあくまで立法の権威の領域であり、司法が判断すべきものではないとした。また連邦制度の基本的概念は裁判所が州の政府の教育における手続きに関して指導することを許さないと述べたのである。その上で不当だと裁判所が判断したことは、この教科書選定における手続きの不備を口実に人種差別的な決定を下したという点であった。それが法の下の手続きの平等を定めた憲法に照らして違憲であるとしたのである[27]。

結果として1980年4月2日、ミシシッピ州の連邦地方裁判所においてスミス判事は州教科書購入評議会に対して『ミシシッピ』を教科書として認可することを承認するように命じたのである。この判決に対して「この〔判決〕は私たちがずっと願っていたことです。またそう実現するように働いてきました」と喜びを

素直に表現した。またローウェンも 1975 年に『ミシシッピ』が南部のノンフィクションの本で最高のリリアン・スミス賞を受賞したことに触れ「この本は賞を受賞し、良い書評も得てきました。多くの人から受け入れられたのに州に受け入れられなかった理由をスミス判事の判断で確認されたのです」と判決に歓迎の意向を示した[28]。

　その後、『ミシシッピ』は同評議会の設置する評定委員会によって他の3冊の教科書と共に6年間使われる教科書として認定され150以上ある学校区の中の第26学校区と第28学校区の2つの学校区によって使用されることになった。この際、他の3冊の中にベタースウォースの教科書も採用された[29]。この意味では大々的に州の学校によって『ミシシッピ』が教室で使用されたとはいえなかったものの、少なくとも同書を受け入れる学校区が2つあったという事実も重要であることはいうまでもない。

1970 年代のミシシッピ州の社会背景

　この裁判の判決文では人種差別が『ミシシッピ』の拒否の原因だったとする証拠として評定委員の拒否理由に注目している。ニューヨーク・タイムズ紙で報道された記事においても、つねにこの問題の背後には人種差別があったと見ていたし、実際ローウェンもそう述べていたという事実がある。その意味で『ミシシッピ』を教科書として認定しなかった理由には人種差別があったことは間違いない。ただしこの裁判だけ見るならこれが評定委員だけの問題なのか、もしくはミシシッピ州全体における人種に関しての社会状況であったのかは他の状況も考察してみなくてはならない[30]。

　アメリカの政治状況としては 1964 年に公民権法が制定され法制度によって人種、宗教、国籍などで人々を差別することを禁じた。内容としては選挙の投票における平等を保障し、公的な施設や機関などで人種隔離政策を禁じ、労働組合・学校・ビジネスなどで雇用を含めた事務取扱い等での人種差別を禁じるなどした。また司法においても公民権法の 10 年前に 1954 年に連邦最高裁判所（*Brown v. Board of Education*, 347 U.S. 483 （1954））において公立学校における人種隔離

は違憲であると判断されており、その意味で法制度的には人種差別は撤廃されたのである[31]。

しかしこれはあくまで自由と平等の権利を求める人々の公民権運動によって民主主義の原理が確認され法制度として確立されたのであって、多数派の白人支配層の意識の中から人種差別がなくなったのかという問題とは別であった。またこれはアメリカの地域によっても異なる問題でありニューヨーク州やカリフォルニア州のような大都市を含む州では比較的に人種差別撤廃を受け容れる土壌であったのに対し、南部・中西部ではまだまだ人種差別的な社会状況であった。南部の州では、公立学校における人種統合を認めた 1954 年の連邦最高裁判所の判決は司法の権力濫用だとして公的に拒否するようなこともあったのである。そのため連邦政府は各州や地方都市において公立学校の人種統合を支援するために、黒人の子供たちが白人学校に初めて登校する日に軍を送って安全に教室において人種統合がなされるようにするなどしたのである。

たとえば人種統合に反対したアーカンソー州知事オーヴァル・フォーバスが州兵をもって黒人の生徒の入学を拒否すると宣言した際、裁判所は命令で州兵の派兵を止めるなどした。また人種統合に反対する暴徒から黒人の生徒の安全を守るためにアイゼンハウアー大統領も 1957 年 9 月 25 日のアーカンソー州リトルロックの高校での人種統合の初日に空軍を派兵した。この記念すべき人種統合の日には高校において第 101 空挺師団が黒人の子供を護衛する異様な風景が見られたのである。この後 1960 年代になっても南部の学校における人種統合は容易なことではなかった。実際、州知事が先頭に立って人種統合を妨害することもみられた。たとえば 1963 年にアラバマ州知事ジョージ・ウォーレスがアラバマ大学の門の前に立って黒人学生が入学するのを拒否するデモンストレーションを行うなどしたのである[32]。

いずれにせよこのような状況は 1960 年代のアーカンソー州や、アラバマ州同様の南部州のミシシッピ州にも見られた。当時の州知事ロス・バーネットはキリスト教の神は黒人を罰するために創ったと信じ、人種統合に真っ向から反対するなどした。たとえば 1962 年にジェームズ・メレディスという黒人がミシシッピ大学へ入学許可が出されたことに対して、バーネットは裁判所からの命令を無視してメレディスの入学を拒否する姿勢を示したのである。それに対し連邦政府の

司法長官ロバート・ケネディーが連邦保安官を同大学に配置してメレディスの授業登録を擁護した。この際、人種統合に反対する白人の暴徒と連邦保安官の間に小競り合いが起こり2人が死亡する事件が起きるなどした。また1963年には全国有色人地位向上協会のメドガー・エバースがジャクソン市の自宅で暗殺されるなど人種差別撤廃を訴えることはミシシッピ州においても命がけの時代であった[33]。

1950年代の連邦最高裁の公立学校における人種統合の判決、その後の公立学校での統合と反対、1960年代の公民権運動と1964年の公民権法の成立と徐々に人種差別への撤廃が進んでいたが、現実には地域における人種の平等が人々の中に根付くまでには時間を要したといえる。1970年代もまだ黒人や他のマイノリティーへの差別は根強かった。1974年の歴史教科書『ミシシッピ』の認可拒否以降にもミシシッピ州においてさまざまな人種差別に因を発する事件が起きた。

たとえば1977年7月には同州アミテ郡において公立学校で男子校と女子校を分けることは男女差別・人種差別であるとして4つの学校において黒人の生徒が授業をボイコットする事件が起きた。人口の85％が黒人であるアミテ郡の学校区において1969年末に裁判所の命令によって公立学校は男子校と女子校に分けられたのである。これは1969年に白人の教育委員会の委員たちが「黒人の男子生徒が白人の女子生徒に物理的にも肉体的にも接触することを防ぐため」に提案されたのが始まりであった。したがって学校の男女別学の根底には人種差別が存在していたのである。先にも述べたように1954年の連邦最高裁判所の判決以来、公立学校における人種隔離は違憲であるとされ公立学校において人種統合が始まった。それによって人種統合に反対する白人の家庭では白人だけの私立学校に送るようになるなどした。アミテ郡が行ったのは男女別の学校制度にすることで、できるだけ黒人の男子生徒が白人の女子生徒に接触するのを防ぐ目的があったのである[34]。

この男女差別に対するボイコットはもともと全米有色人地位向上協会の呼びかけの下に起こったもので、男女平等を訴える理由には、先にも述べたように人種差別の撤廃と黒人の子供たちへの教育の向上をも訴える意味があったのである。この問題は結局9月22日に入って第5巡回控訴裁判所によって性別による隔離政策を廃止する命令がなされたのである。この命令では学校側が唱える男女別学は教育上、理に適ったようでもその目的が人種差別から来ているため違法性があ

ると判断したのである。またこの間1974年の平等教育機会法が連邦議会で通過し、人種、性別、国籍で平等な教育を州が否定することを禁じたことも、この裁判所の判断に追い風となったのである[35]。しかしながらこの事件は当時のミシシッピ州における教育の状況の一部を知る上でも重要な事件であった。つまりこの当時も人種差別は根強くミシシッピ州に残っていたこと、しかし黒人の人々がその人種差別に対して行動を起こしていたこと、また政治・司法においても人種差別撤廃の動きが見られたことなどである。

　特に1970年代になるとミシシッピ州において政治的に白人政治家が黒人市民の影響力を無視できなくなってきたのも事実である。1970年代にはミシシッピ州においても黒人の投票登録者数が増えた。たとえば1976年に1963年に暗殺された全米有色人地位向上協会のメドガー・エバースを偲ぶ集会において、当時の白人州知事クリフ・フィンチが参加し、「今日ミシシッピ州においてひとりも準国民は居りません」と述べるなどした。準国民とは白人の一般市民に準じる黒人やマイノリティーのことを指して使われていた言葉であった。これは黒人の政治的影響力が上がってきたひとつの証でもあったし、実際エバースが暗殺された1963年から彼を偲ぶ集会が行われた1976年の間に、黒人の選挙の投票登録数は28,000人から300,000人に増えるなど10倍以上になった。このような現実に直面し、白人の有力者も黒人有権者を無視できなくなったのである。またエドガーの実の兄で公民権運動家でもあったチャールズ・エバースは黒人として南北戦争後の再建期以後、黒人としてはじめてミシシッピ州フェイエッテ市の市長となるなど、ミシシッピ州においても政治家に黒人が選出されてきたのである[36]。

　州知事のフィンチはもともと人種隔離主義者であったが、政治的状況が彼の人種隔離主義の思想を保持することは許さなくなっていた。実際1975年のミシシッピ州の知事選挙の勝利にしても黒人リーダーの協力なくしては票を集めることは難しかった。彼は選挙選を開始するにあたり白人の古き人種隔離主義者たちの支持基盤から選挙戦を開始したものの途中から黒人票獲得の重要性を認識し、黒人市長エバースや全米有色人地位向上協会ミシシッピ州支部長アーロン・ヘンリーへ支援を要請したり選挙スタッフに黒人のビジネスマンのジェームズ・アレンを迎えいれて選挙戦を戦ったのである。1976年の知事就任の舞踏会には黒人の支持者や招待客を呼ぶなどした。それまで就任の舞踏会に黒人支持者を招待したこ

とは歴代の州知事には見られなかったことであった[37]。

　このような意味からも社会的に1970年代にもミシシッピ州で人種差別は根強かった一方で、政治や司法では徐々に人種差別を撤廃する動きがあった時代といえる。先にも示したように政治的には白人の有力者の中で選挙に勝つためには黒人の支援を受けなくてはならないという現実に直面するようになったといえる。つまり個人の意見はどうあれ、公的に人種隔離政策を主張し続けることは公的な責任を持つ政治家や役人にとっては不利な状況になったのである。1978年にはミシシッピ州の警察官が白人至上主義グループのクー・クラックス・クランのメンバーであると公表したことで職を解雇される事件など状況の変化も起こるなど見られた[38]。

　このような状況からすると1974年から始まり1980年に裁判によって判決がなされたミシシッピ州の歴史教科書『ミシシッピ』の問題は、同州の人種差別撤廃の運動が社会的に受け容れられた時期と重なるといってもよい。つまり人種差別によって本を選択したり排除するようなことは公的な立場の人々ができるような時代ではなくなりつつあったということである。もちろんこの後、人種差別が完全になくなった訳ではない。実際、現在でも教科書の検定において人種差別が色濃いと社会学者でもあるローウェンは検証している。しかし人種差別に対して反対の声を上げそれが立証された場合、政治的にも法律的にもそれを正さなくてはならない民主主義のシステムになっているのも事実である。ミシシッピ州においては1970年代はまさに人種差別撤廃に向けて民主主義のシステムが機能しはじめた時期だといえるのである。

まとめ

　ローウェンが『ミシシッピ』という教科書を執筆した理由は、当時ベタースウォースの教科書に見られたように黒人の役割や他の重要な記述に不備があると考えたためであった。しかしそれ以上に重要なことは当時の黒人の学生自身が黒人に関する歴史を知らず、一般に教えられてきた歴史観を学ぶことは彼らにとって弊害になると考えたためである。ローウェンがミシシッピ州の黒人の名門大学

であるトウガルー大学で1年生の社会学の授業を教えた時に、南北戦争後の再建期の歴史について質問した際、黒人17人の学生の中16人が誤った答えをしたという。彼らはその時期は南北戦争後に南部州において黒人が政治を支配した時期であったが黒人が奴隷制から自由になったばかりで政治が分からず腐敗し、すぐに白人が政治を支配しなくてはならなくなったという趣旨の答えをしたという。実際は黒人の政治家が選出された事実はあるものの彼らが南部州において政治を完全に支配したことはないこと、再建期の州政府は全体的には失敗ではなかったこと、したがって白人が再建期の終わりの時期に支配権を戻したということはなかった。むしろ白人至上主義であるクー・クラックス・クランの前身的なグループによるテロ活動によって白人支配を復興したことはあったということであった[39]。

ローウェンは彼の質問に画一的な答えをする黒人学生が学んできた誤った歴史に疑問を投げかけたのである。そこで正しい歴史を綴った教科書を作成するために白人学生で占められるミルサップス大学の学生・教員とローウェンが教鞭を取っていたトウガルー大学の学生・教員が協力してミシシッピ州の歴史教科書を作成したのである[40]。しかしローウェンの教科書にしても11の出版社にその出版を断られたという。それは出版社は売れることを第1の目標としており、内容よりまず教科書として州に認められなくてはならないという考えがあったからである[41]。

ローウェンは現在においても学校の歴史の教科書は正しい歴史を教えていないとする。たとえば人種差別や他の人種に関わる項目が教科書のインデックスに載っていることも数少ないと指摘する。そして正しい知識を学んでいないことから誤った歴史観を持ち、合理的に考える能力を育成していないと現在の歴史教育の欠点を挙げている[42]。また教育関係者や保護者は自分の子供に悲惨なアメリカの歴史を教えたくないという意識が働き、意図的な省略を行った教科書を望んできたし、同様の理由から教科書の執筆者も意図的に真実を書かなかったり、編集者の意図に沿って本の校正がなされたりして結局正しい歴史がアメリカで教えてこられなかったとする[43]。

人種差別と戦った黒人や他のマイノリティーの1960年代の公民権運動にしても当時のケネディー大統領の役割は重視されるが、一方で連邦捜査局がマーティ

ン・ルーサー・キング Jr. 牧師などの行動を監視し、彼に不利な情報を流したりし公民権運動を助けるよりは抑制することが多かったという事実は教科書に示されることは少ないという。また教科書にキング牧師の有名な人種平等を叫ぶスピーチについて記述されても、州政府を批判した彼のスピーチは紹介されていないなど権威におもねるような内容のものが多いとローウェンは指摘する。そしてローウェンはあくまで政府による政策よりも民衆の行動によって公民権が実現されたと述べる。彼は「現実は公民権運動のほとんどが連邦政府が〔公民権を擁護する〕憲法修正第14条と第15条と他の公民権法を施行させるための戦略からなっていたのです」というように公民権運動が憲法の実現に焦点を当ててなされていたことを指摘している。まさにこの歴史観は彼自身が20数年前の裁判によって学問の自由を守ったことと符合するものであった[41]。

　いずれにせよ人種差別の社会的状況の中で、『ミシシッピ』を教える権利そして学ぶ権利は市民が司法を通じて勝ち取ったものであった。また司法も社会的な人種差別が撤廃される状況の中で社会の変化についていかなくてはならない状況になったともいえる。その意味で民主主義は行動した市民によって実現されたといえる。

■注

1) Jason Berry, "Textbooks Vary on Blacks' Life: Teaching Mississippi History," *The New York Times* (October 10, 1975).

2) *James W. Loewen v. John Turnipseed*, 488 F. Supp. 1138 (N.D. Miss. 1980). 以下 *Loewen v. Turnipseed*.

3) 評定委員は Benjamin B. Burney, Mary Kyle, Virginia Wilkins McElhaney, Howard E. Riales, John Marion Turnipseed, James E. Wash, Evelyn HarveyWilder の7人であった。これらの委員は当時の州知事ウィリアム・ウォラーと州教育委員長ガーヴィン・ジョンストンに任命された。その内、Burney と Wash 以外は白人の委員であり、白人委員の誰も『ミシシッピ』に評価を出さなかった。

4) *Loewen v. Turnipseed. Ibid*. ジョン・ターニブシードは「私の専門的な意見として、この本（『ミシシッピ』）は教室で使用する本として不適当であると思いますのでどのようにしても推薦できません」と記した。メリー・カイルは何ら理由書も提出しなかった。エヴェリン・ワイルダー

は「この学年のレベルには適当ではない」と簡潔に述べた。

5） James W. Loewen and Charles Sallis, editors, *Mississippi: Conflict and Change*（Random House Inc.: New York, 1974）, pp.96-97. 奴隷は1845年に700ドル、1850年に1,000ドル、1860年に1,800ドルしたと同書に記してある。

6） Loewen and Sallis, *Ibid.*, pp.178-179. 178ページの票では1882年から1952年に記録されたリンチの数として、全米で白人が犠牲になった件数は1,293件で黒人が犠牲になった件数は3,437件であるとしている。ミシシッピ州ではその間に白人が犠牲になったのは40件あり、黒人が犠牲になったのは534件となっている。しかもこの数は公式に記録されたものであり、現実はもっとあったということである。

7） *Loewen v. Turnipseed. Ibid.*

8） *Ibid.*

9） "Bias Is Charged In Book Rejection," *The New York Times*（November 10, 1974）.

10） "Bias Is Charged In Book Rejection," *Ibid.*

11） *Loewen v. Turnipseed. Ibid.*

12） Jason Berry, "Textbooks Vary on Blacks' Life: Teaching Mississippi History," *The New York Times* (October 10, 1975).

13） Wendell Rawls Jr., "Court Bars Rejection of Textbooks for Racial Reasons," *The New York Times* (April 5, 1980).

14） Loewen and Sallis, *Mississippi: Conflict and Change, Ibid.*, p.166. ローガンとサリスの『ミシシッピ』ではこの他にHodding CarterやLerone Bennettの再建期の引用も引いて、授業でどの記述が正確なのかを問う質問をしている。つまり『ミシシッピ』はさまざまな歴史観について議論を促し、生徒にミシシッピの真実の歴史を教える目的があったのである。

15） ローウェンとサリス側のために最初は全米有色人地位向上協会法的擁護教育基金からメル・レヴェンソールを弁護人に当て、次にThe Lawyers Committee for Civil Rights UnderLaw（LCCRUL）がフランク・パーカーという弁護人を立てた。ローウェン氏との電子メールから（April 5, 2007）。

16） "Mississippi Is Sued on History Books," *The New York Times* (November 9, 1975).

17） Glenn Garvin, "Textbook editors file bias suit," *Delta Democrat-Times*（November 6, 1975）

18） *Loewen v. Turnipseed. Ibid.*

19） *Ibid.*

20） *Ibid.*

21） *Ibid.*

22） *Ibid.*

23) *Ibid.*

24) Lea Anne Hester, "Judge rules state was biased in rejecting textbook," *The Clarion-Ledger*（April 3, 1980）．

25) *Loewen v. Turnipseed. Ibid.* この教育のカリキュラムにおいても憲法上の権利の権利が関わる場合、司法により審査されるということは、*Epperson v. Arkansas, 393 U.S. 97*（1968）や *Keyishian v. Board of Regents, 385 U.S. 589*（1967）の連邦最高裁判所の判決において指摘された。

26) *Loewen v. Turnipseed. Ibid.* 裁判では『ミシシッピ』のいくつかの誤りもあると指摘したがそれは選定基準で不適格になるような著しい誤りではないとした。そしてこの判決において教科書として認定するにあたり、間違いを正す時間を出版社と編者に与えた後に州政府は認可を与えるべきだとしたのである。

27) *Loewen v. Turnipseed. Ibid.*; David Saltz, "Order: Adopt rejected text," *Delta Democrat Times*（April 3, 1980）．この裁判では被告の州政府側が原告の弁護士の費用を支払う命令も出した。1980年8月21日の裁判の命令では44,761ドルを支払うように命じたが、原告の再請求により、1981年1月5日に52,587ドルを支払うように命じた。*Loewen v. Turnipseed.* No. GC 75-147-S. により。

28) *Hester, Ibid.*

29) 『ミシシッピ』の編者ジェームズ・ローウェン氏への E-mail による質問による返答（2007年4月5日）から。ローウェン氏は156の学校区の中、第26学校区と第28学校区が採用したとしている。当時の教科書購入評議会の反応は協力的だったか批判的だったかという質問に対して「彼らはいつも丁寧でした」と返答。

30) たとえばミシシッピ州の地方紙はこのローウェンの裁判に関してどのように反応したのかを同氏に聞いてみたところ「せいぜい中立的であった」という返答が返ってきた。つまり原告本人にとってもミシシッピ州の報道機関が好意的な報道をしたとは感じてはいなかったということである。

31) *Brown v. Board of Education* ではカンザス州の白人の小学校に黒人のリンダ・ブラウンが入学を拒否されたことを不服として全米有色人地位向上協会の弁護士料等の支援を受け訴訟を起こした。1954年の連邦最高裁判所においては、公立学校における人種隔離政策は憲法修正第14条に違反であるという判決が下された。

32) James Q. Wilson and John J. DiIulio, *American Government*, Sixth Ed.（D.C. Heath and Company: Lexington, 1995）, pp 552-555; George Brown Tindall and David E. Shi, *America: A Narrative History*, Fifth Ed. Vol. 2（W.W. Norton & Company: New York, 1999）, pp. 1496-1497, p.1514.

33) Tindall and Shi, *Ibid.*, p.1511, p.1514.

34）"Sex-Segregated Schools Boycotted," *The New York Times* （August 31, 1977）.
35）"Court Orders Mississippi County To End School Segregation by Sex," *The New York Times* （September 23, 1977）.
36）"Notes on People," *The New York Times* (June 15, 1976).
37）Roy Reed, "A New Biracial Political Course Found in Mississippi," *The New York Times* （January 21, 1976）. 州知事選挙選で黒人スタッフを入れたのはフィンチの前の知事ウィリアム・ウォラーが初めてであった。彼にしても公職に黒人を就けるなど穏健的な政治をした。しかし就任の舞踏会に黒人客を招待することはなかった。
38）AP, "Supplementary Material," *The New York Times* （September 2, 1978）. ミシシッピ州リー郡の警察官デイビッド・ウィルソンとウィリアム・ベーカーはクー・クラックス・クランのメンバーであると公表した結果、ベーカーは解雇され、ウィリアムは停職処分を受けた。ベーカーは法の手続きに基づかない不当な解雇であると訴えた結果、復職を認められたのであるが、ベーカーは訴訟によって解雇記録の削除を求めた。
39）Mike Jetty, "History Through Red Eyes: A Conversation with James Loewen," *Phi Delta Kappan* （November 2006）, pp.218-222.
40）*Ibid.*
41）James W. Loewen, *Lies My Teacher Told Me* (The New Press: New York, 1995), pp.265-291.
42）James W. Loewen, "History: Our Worst-Taught Subject," *Christian Science Monitor* （May 11, 1995）.
43）Loewen, *Lies My Teacher Told Me, Ibid.*, pp.265-291.
44）Loewen, "How American History Texts Mis-Teach Civil Rights……and the Difference It Makes," *Ibid.*

第 2 部　宗教と科学の対立をめぐる本

第3章

ダーウィンの進化論を読む権利 1
──「モンキー裁判」と進化論を教える自由──

はじめに

図3 チャールズ・ダーウィンの肖像
（出典：Library of Congress Prints and Photographs Division）

　ダーウィンの進化論は生物学をはじめ自然科学に重要な発展をもたらした。しかし彼の『種の起源』が1859年に出版され、この理論が紹介された時に必ずしもすべての人から好意的に受け入れられた訳ではなかった。それはこの進化論の内容がキリスト教の旧約聖書に表された創世記の天地創造の記述に反していたからであった。そこには神が天地を創るにあたり、6日目に自身に似せて人間を創ったとされていた。キリスト教の聖職者は人間が下等な動物から進化したと主張するダーウィンを蔑み批判した。

　アメリカにおいても進化論は生物学の中で紹介されたが1920年代からキリスト教の原理主義によって批判を受けた。彼らは反進化論の運動で州政府の中でも法律によって進化論を公立学校で教えることを禁じようとした。ほとんどの州では憲法によって学問の自由が保障され実際に法制化することはなかったもののテネシー州では1925年にバトラー法と呼ばれる反進化論法が制定された。

　バトラー法はその合憲性をすぐに疑問視されその年に裁判に発展した。この裁

判は「モンキー裁判」と呼ばれ全米から注目を浴びた。しかし公判では進化論が正当な論理かどうかは判断されず、結局同法に違反して進化論を教えて逮捕された生物教師が有罪と判断されて結審した。つまり1925年のモンキー裁判の敗訴によって公立学校においてダーウィンの進化論を学ぶことは実質的にできなくなったのである。その後、1967年にバトラー法が破棄されるまで、政治的に進化論をテネシー州で教えることはできなくなったのである。

また司法ではじめて反進化論が違憲であると判断されたのも1967年であった。これはバトラー法と同様に反進化論を謳った1928年のアーカンソー州の法律に対して、その違憲性を訴えた生物教師によって起こされた裁判において判断された。

本章においてはアメリカにおいてダーウィンの進化論を学ぶ自由、教える自由がどのように確立したのかを考察する。

ダーウィンの進化論

　ダーウィンの『種の起源』は1859年11月に発刊され、出版した日にすべて買い上げられ、第2版が翌年の1月に出版されるほど人々の注目を浴びた書物であった。当初は一般の読者に向けて書かれたが、その影響力から進化論は専門家にとって親しまれ現代における生物学の基礎として重要な書物として受け入れられるようになった。ただし進化論を唱えたのはダーウィンが初めてではなく、18世紀後半に彼の祖父エラスマス・ダーウィンが進化論について論じているし、1809年にはフランスの学者ジャン・バプティスト・ド・ラマルクが『動物学』について生物の種の変化について述べている[1]。

　「自然選択」の原理にしてもダーウィンの前にイギリスの博物学者アルフレッド・ラッセル・ウォレスが発見していた。ウォレスはダーウィンに『変種が原型から限りなく離れていく傾向について』と題する論文を『種の起源』の出版前にダーウィンに送っており、論文に添えた手紙でそれを読んだら地質学者のチャールズ・ライエルに送ってくれと頼んだという。このライエルと植物学者のジョセフ・フッカーの計らいでウォレスとの共同論文として1858年のリンネ学会に自

然選択説が発表された。この後、ダーウィンはそれらの研究を基に『種の起源』を執筆したのである。しかしこのことによってダーウィンの偉業が過小評価されることはない。実際、ダーウィンが進化論の祖と言われるのは、進化論について「自然選択」という概念を用い、そして関連する証拠を系統だてて多くの人々にこの理論を明快に説明できたためである[2]。

　自然選択説によって進化を説明するダーウィンの説は20世紀になって広く認められるようになった。これはイギリスのサー・ロナルド・フィッシャー、J・B・S・ホールデン、アメリカのスーウォール・ライト等の遺伝学者の論文が発表されるにいたり、ダーウィンの進化論とメンデルの遺伝学を総合することで生物の進化における全体像が把握できると認められたからである。いずれにせよダーウィンは進化論の祖として拝められ、その進化論は社会に大きく波紋をもたらしたのである[3]。この自然選択説とはダーウィンの言葉でいうと「生物にとって有利な変異がたまたま生じると、それが保存されるということ」であり、長い時間を経ることで生物のある種は進化し生き残っていくということである[4]。

　ダーウィンの進化論が問題となったのはその論が真っ向からキリスト教の聖書と対立したからであった。つまり聖書の示す人類の起源と世界の創造のあり方を示す天地創造説をダーウィンの進化論は否定することになったためである。ダーウィン自身、「この『種の起源』をよく読めば、……種は個別に創造されたのではなく、変種のように、ほかの種から変化してきたのだという結論に達するはずである」とか「種がごく少しずつ段階をおって進化してきたとする考え方をとらないかぎり、とても理解できない事実が多い」と自然を観察して考えていけば種が進化するという結論にいたると述べている[5]。

　また「生物がこれほど多様なのに、真の意味で目新しいものがこれほど少ないのはなぜなのかを、創造説で説明できるだろうか。……＜自然＞が突然一足とびにまったく違った構造をつくりださないのはなぜなのか。自然選択説をとれば、その理由がはっきりわかるはずだ」と天地創造説で自然状況を説明できないことに言及し、自然の状況によって強い種が生き残ることで種が進化していくことを述べている。また『種の起源』の結論で天地創造説を支持する学者に対して地球が誕生して以来起こっているあらゆる生き物が創造ですべてできたのかについて疑問を呈し、天地創造説では自然現象を説明できないと批判している[6]。

ダーウィンは『種の起源』の中で人類がサルから進化したとははっきりと述べている訳ではないが、当時から進化論の反対者たちは彼がそう唱えていると受け取ったのは確かである。聖職者の中でもオックスフォード大学のウィルバフォース主教は、キリスト教は「神の姿に似せて創造された人間の祖先が獣であるとする堕落した考え方とは絶対に相容れない」とダーウィンを強く批判したのである[7]。

アメリカにおける進化論への反論

アメリカにおいてもダーウィンの進化論が紹介されると同時に宗教者から強い批判を浴びた。1920年代には政治的にもダーウィンの進化論が問題化され、各地方の立法などで進化論を学校で教えることを禁じようとする動きが見られた。

ウッドロー・ウイルソン大統領の下で国務長官でもあったウイリアム・ジェニング・ブライアンに代表される福音主義のキリスト教徒やキリスト教原理主義者たちは1920年代に、進化論を教えることを禁じる法律を各州につくるように運動しはじめた[8]。

たとえば1922年にはサウス・カロライナ州、ケンタッキー州にて反進化論の法律案が提出され、1923年にはフロリダ州、ジョージア州、テキサス州において同様の法案が提出されたが、いずれも法制化には至らなかった。翌年1924年にはオクラホマ州では学校の教科書から進化論の論述を排除する動きが見られた。ただこの場合も進化論を教えることを最終的に禁じることはなかった。また同年ノース・カロライナ州で反進化論の法案が提出されたが、ここでも廃案とされるなどの動きが見られた。このようにテネシー州のバトラー法成立まで反進化法の実現はなかったものの、1920年代にはアメリカにおいても反進化論の動きが顕著になってきたということである[9]。

反進化論の論者の基本的な主張は進化論を子供に教えることが彼らを反キリスト教的、無神論者にするとした点にあった。1922年2月26日にブライアンがニューヨーク・タイムズ紙に「神と進化論」という題名の長文の論説を載せている。その論説の中ではブライアンは進化論をまったく憶測による論理だとして切り捨てた。そして憶測は科学でないとして、証拠によって進化論が証明されない

限り科学と見なさないと述べ、キリスト教徒が何ら恐れを抱くような問題ではないと論じた[10]。

　そしてなぜ学校で進化論を教えるべきでないのかと言うことに対してブライアンは進化論が根拠がないばかりでなく害を与えるからであるとしている。彼は進化論が「完全に人の生命への見方を変え、聖書への信仰を弱める。進化論には神の奇跡や超自然の存在する余地がない」と進化論がキリスト教への信仰を弱める害があることを指摘した。またペンシルバニア州の研究者の研究の中で大学生が上級生になるほど神や神の永遠性を信じなくなる例を出して進化論の実害の例として述べた。つまり大学1年生の15％が神や神の永遠性を信じないと答えたのに対し、卒業時には40から45％の学生が信じないとこの研究の結果が示したという。このような例を示し進化論の悪影響を述べ、学校でこの理論を子供に教えるべきではないとしたのである[11]。

　またブライアンは進化論を信じるものは物質主義者であり、無神論者であり、神を認識できないとする不可知論者であると主張した。とくに進化論を学ぶにつけ不可知論者から無神論者になるとしている。その上でブライアンは公立学校で進化論を教えることも反対した。政教分離を謳う憲法修正第1条によって公立学校では聖書を教えることを禁じられているが、これに対してブライアンはなぜ信仰心のある人々の税金で成り立つ公立学校で聖書に反対する「敵」による非宗教の教示を許すかと疑問を投げかけた。彼は税金を納めているキリスト教の保護者が聖書が嘘であるとする非宗教を教えることを許してはならないと呼びかけたのである[12]。

　その上でブライアンは有神論的進化論を唱える聖職者も批判する。これは進化論を否定せず、進化論も神の意思の範疇内にあるという考え方である。ブライアンはこの説は神を自分たちの都合によって役割を変えた存在にしていると指摘する。つまり時代時代ごとに人間の都合に応じて科学の発展で新たな発見がある度に、人間の都合によりその発見を包含するように神の計画を変えているとブライアンは批判した。そして進化論が神の計画の一部であるとする有神論的進化論の考えに疑問を投じたのである。彼は「ダーウィニズムの影響は識者の中にも見られる。著名な宗派の人々の中にもキリストの処女降誕やある人にいたっては神の復活さえも否定している」とキリスト教の宗教関係者についても進化論を認めよ

うとする人を批判し、聖書にある神の真理はそのまま真理として受け入れられるべきだと主張した[13]。

しかしブライアンのニューヨーク・タイムズ紙の記事内容に関しては聖職者から批判の声がすぐに上がった。たとえば聖ヨハネ大聖堂の名誉司教代理を務めるスチュワート・タイソン牧師はブライアンの説は聖書の語句をそのまま受けすぎており「中世的」、「子供じみた」、「愚かな」内容であると批判した。つまり聖書のその記述通りに解釈する方法は16世紀のプロテスタント主義によるところが強い点を述べた上で、聖書絶対主義者の拠りどころとする聖書の成立に関しての認識があまりないことを指摘した。たとえば実際の創世記の記述はキリストの時代にできたものではない点をタイソンは指摘した。つまり創世記の第2章は紀元前9世紀以前にできたもので、第1章にしてもその300年後にでき紀元前5世紀あたりで2つの章がまとめられたとする。そしてタイソンは「歴史的な研究はそれら〔創世記のそれぞれの章〕が神の知識における進化の2つの段階を単に示しているのです」と述べブライアンに反論したのである[14]。

だがタイソンの批判よりもブライアンの論の方が、ある面当時のアメリカの人々の感情に訴える部分が多くあった。実際、反進化論を法制化しないまでも州議会で議論する州は多く見られたのもそのためである。

テネシー州における「モンキー裁判」

そして進化論をめぐって裁判まで発展した例として、テネシー州において1925年の「モンキー裁判」として有名になったスコープス事件が起こったのである。これは高校の生物学教師ジョン・スコープスがダーウィンの進化論を教えたことを告白したことに端を発した事件であった。

テネシー州では1925年のバトラー法（Butler Act）と呼ばれる反進化論法が成立し、進化論を授業で教えることを禁じた。この法律では州の予算で運営されているすべての大学、普通高校、中学校、小学校で進化論を教えることを禁じたのである。バトラー法の第1章ではテネシー州議会によって同法が成立し、州の大学、公立学校における教師が聖書によって示されている神聖な創造について否

定する理論を教えることを禁ずるとしたのである。また第 2 章では同法に違反した教師は 100 ドルから 500 ドルの罰金を科せられるとした。法案が州議会を通過した際、オースティン・ペイ州知事が署名を拒否するのではないかと予想もされたが、結局知事は署名して法制化された。

しかもペイは署名に際しては、教育における宗教の重要性を強調した。彼は「聖書において神が彼の姿に似せて人間を創造したことを誰も否定はしないでしょう」と進化論における人間の進化について否定する意見を述べた。さらにペイは「信教の自由と厳密な政教分離はこの国家においては絶対的な原理原則です。もしこの法律がどちらかの原則に反するなら拒否されるべきでしょう。私の判断では、どちらの原則にも反しておりません」とこの反進化論の法律は信教の自由や政教分離の原則に反してはいないという見解を述べた。ただしこの時、知事は同法があくまで宗教が科学によって脆弱にされることを防ぐための象徴的なものとして捉え、法が施行されることはないと考えていたともいわれている[15]。

この法案を提出したテネシー州の議員ジョン・バトラーは基本的に科学一般を否定する意思はなかったものの聖書の教えに反する進化論が無神論者を生み出すと考え、多くの州民も同様の意見を持つと信じて止まなかった。バトラーはテネシー州の反進化論がアメリカの建国精神を守るものであると信じた。つまり「聖書はアメリカ政府建国において基本精神となった」とし聖書を否定することは国家の原理を破壊することであると述べたのである。そしてバトラーは「この法律を保持することは政府とキリスト教信仰を保持することです。つまりこの法律を破棄することはキリスト教信仰を破棄しようと試みること、また州政府はその州の学校を規制する権利がないと宣言することです」と述べた。ここではキリスト教が政府の原理であり、また教育の原理であると考えたのである[16]。

また彼はこの法案が裁判沙汰になり州外の有名な弁護士がテネシー州に来て議論することに反感を抱いていた。なぜなら税金を支払っている州民が州の公立学校のカリキュラムについて規則をつくることは当然の権利だと考えていたためである。バトラーは「私が知るかぎり、この反進化論法はテネシーの人々の利益のためにテネシーの議会によって通過したテネシーの事柄です。ですからどうして私たちの子供たち以外の誰にも影響を与えないこの単純な法律に対してこのように大騒ぎするのか理解できません」と州の政治に全米から干渉を受けることに不

快感を表した[17]。

しかしこのバトラー法の違憲性を疑わなかった米国自由人権協会は、裁判によって違憲性を明確にする動きにでた。そこでテネシー州のチャタヌーガ・デイリー・タイムズという地方紙に、このバトラー法の違憲性を法廷で争うことに協力する生物学の教師を探しているという内容の広告を出した[18]。

この広告を見たテネシー州デイトン市のテネシー炭鉱会社で働くジョージ・ラッペルイアという人物が、この裁判が市の経済によい効果をもたらすと判断し、他のこの地域の経済界の人々とともに米国自由人権協会に協力することを決めた。つまり進化論を争う「モンキー裁判」は全米の注目を浴び、この裁判の期間中に観光客が押し寄せてくると考えたのである。実際、この裁判の期間中は全米の人々の注目を浴び街は人で溢れ、道ではレモネード、ホット・ドッグ、聖書が売られたり、進化論を批判する牧師が街頭で演説する姿が見られたという[19]。その意味でモンキー裁判は絶対的に信仰心から発した動機からではなく、地方の財界人の経済活性の意図から大々的な裁判に発展したのである。

この裁判のためにラッペルイアと市の経済人が、この裁判に協力できる人物として生物の授業で進化論を紹介している1914年に出版されたジョージ・ハンターの『市民の生物学』(Civic Biology)という教科書を使っていた生物学の代理教員であり、アメリカン・フットボールのコーチをしていたジョン・スコープスを選び、本人を説得し、彼が違法行為をしたことを発表して裁判に持ち込んだのである[20]。

スコープスがバトラー法に違反して裁判になるという情報は全米の関心を呼んだ。ニューヨーク・タイムズ紙でもこの1925年7月には毎日のようにこの話題を取り上げた。またこの事件はスコープスの姉でありケンタッキー州で数学教師をしていたレイラ・スコープスにも影響を与えた。彼女は勤務先の高校において契約の再申請をパドゥア郡教育委員会によって拒否

図4　ジョン・スコープスの肖像
(出典：Library of Congress Prints and Photographs Division)

されたのである。彼女は教師としての能力を生徒に疑問視されたことはなかったが、教育委員会はレイラ・スコープスの存在は同学校区において「恥ずかしいこと」だという理由で契約しなかったのである。現在ではこのようなことは訴訟になりかねない理由であるが、当時はそれほど進化論を支持することがアメリカの特に南部や中西部では珍しく、スコープスの裁判の影響が大きかったのである[21]。

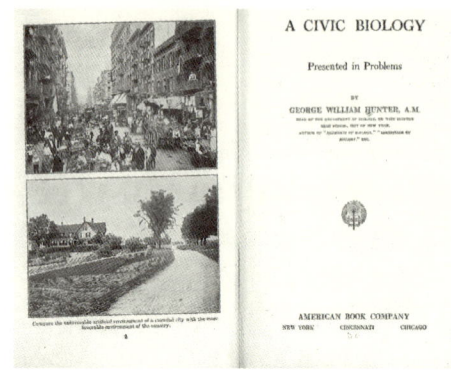

図5　ジョージ・ハンターの『市民の生物学』

　ところでスコープスの使用した教科書『市民の生物学』は内容的にはダーウィンの『種の起源』を紹介し進化論を説明した生物学の一般的な教科書であったが、一部は進化論を人種の優劣に応用する人種差別的な内容も含まれていた。たとえば「進化」という章の中にある「人間の人種」という項目では、5つの人種があると述べ、アフリカを起源にもつ黒人、パシフィック諸島から来たマレイ系、アメリカ原住民、中国、日本、エスキモー系の黄色人種と述べ「すべての中で最も上位のタイプは白人であり、ヨーロッパとアメリカの文明化によって代表される」と述べている[22]。そのため『市民の生物学』は人種差別の記述も含む内容であった。その意味では米国自由人権協会は決してモラル的に良い表現の自由を守るために訴訟を起こしたとはいえず、純粋に読む権利の保護のみを目的として訴訟を行ったといえる[23]。

　いずれにせよスコープスは『市民の生物』を使って学校において進化論を教えたことでテネシー州の法律によって罰せられるというところまでこの事件は発展していった。スコープスは米国自由人権協会の支援を受けて、裁判所に反進化論法は憲法における表現・思想の自由を侵害するものだと裁判では主張した。裁判では検察側にウッドロー・ウィルソン大統領時代に国務長官を務め、大統領選に3度出馬したこともあるウィリアム・ジェニング・ブライアンが立ち、宗教的立場を公的学校の教科書に盛り込むことに反対してきた弁護士のクレアレンス・ダーロウ等4人がスコープスの弁護に立った[24]。

先にも述べたがブライアンは福音主義者のキリスト教信者であり、社会改革と個々の魂の救済によって社会変革をすることを主張していた。社会変革に関しては革新派であり、宗教的には保守主義の人物であった。ブライアンは進化論が学校で教育されることを否定していたが、その理由は科学において事実として進化論が証明されないからであり、公立学校では制限されることは望んでいたが私立学校で制限することまでは明言していなかった。彼は万物の事象の説明として科学の必要性は認めていた。また政治的には教育はその地域の人々の意思に沿うようにカリキュラムが組まれるべきであると考え、その地域の人々の感情を代表する立場として裁判に臨んだといえる。その意味で反進化論を推進していたキリスト教の原理主義者とは異なっていた。原理主義者の場合、聖書の一言一句も社会的に正当だと信じ実現していく側面があったからである。いずれにせよ科学を否定していなかったブライアンの立場は法廷で、創世記の矛盾を指摘される場面では苦しい立場に立たされた[25]。

一方、ダーロウは無心論者、社会主義者、共産主義者を弁護することも多くあり、急進的な弁護士だと見られていた。裁判の開廷のときの祈りも拒否するなどした。合理主義者であり、個人主義を重んじたダーロウはブライアンとはまったく進化論に対する見方は異なっていた。1923年にはシカゴ・トリビューン紙でダーロウはブライアンの進化論に対する見方を批判し、50に亘る質問を投げかけるなど2人は一般的にも敵対関係にあると見られていた。またダーロウはこの裁判の前にシカゴで起こった残虐な殺人事件において殺人犯の2人の青年の弁護をしたことで有名であった。殺人の背景にはニーチェの虚無的な思想が青年を殺人に駆り立てたと主張し、裁判でダーロウは青年に有利な判決を導き出した。スコープスの裁判ではブライアンがこの刑事裁判の論法をそのまま逆手に取り、もし無神論的な教育が青年の心理に影響があるなら、州政府が市民に悪影響を及ぼすカリキュラムを防ぐことは重要であり、州政府にその権利があると主張したのである[26]。

ジョン・ロールストンが裁判官を勤めたこの裁判は全米から報道関係者が押し寄せ、ラジオの生中継で全米に放送されるほど注目を浴びた。そのようなこともあり検察側のブライアンと被告弁護側のダーロウの進化論と創世記の質疑応答のやり取りは大きくアメリカの新聞に取り上げられたのである[27]。

検察側は当初、創世記が科学的であるかの議論を避け、単にバトラー法の法文に基づいてスコープスの行為が違法であるかどうかだけを論議する方向に向けようとした。しかし弁護側はあっさりとバトラー法に基づけばスコープスの行為は違法であることを認めた。その上で、バトラー法が憲法に照らして違憲であるかどうかを証明することに焦点を当てたのである[28]。

　特に裁判の中でダーロウはブライアンを証人として指名し、キリスト教の教義について質問したことが大きく注目された。このように裁判で被告の弁護人が政府側の弁護士を証人に指名すること自体、異例だったが、ブライアンが証人に立つことを了承したため裁判官もそれを認め実現した。その中でダーロウが質問したことは聖書にある天地創造の話や他の記述が真実であるのかどうかということであった。たとえばヨシュア記にある記述でヨシュアが太陽と月に命令して一日静止するという話があることをダーロウが引いて、ブライアンにそれを信じるのかを質問した。ブライアンが信じると答えたことに対し、ダーロウは一日が長くなったり、太陽が止まったりするのかというように反撃したのである。また地球は4,000年前に生まれたのか、また6日間で地球は創られたのかというダーロウの質問に対して、ブライアンは「そうは思わない。もっと前に誕生したと思います」とか「24時間の6日間ではない」というような創世記を否定するような答えをして十分に創世記を擁護できなかった。結局ブライアンはダーロウの質問には後日に答えると述べ彼の質疑を打ち切ることを裁判官に求めた[29]。

　最終的にこの裁判ではスコープスは有罪であると陪審員は評決し、100ドルの罰金が1925年7月21日に言い渡された。またその裁判の5日後ブライアンは急逝するというハプニングも起こった。結果的にはこのスコープスの裁判は、進化論がユダヤ教・キリスト教の創世記に関する宗教的教義に反するという理由で、学校で教えることを禁じられるかどうかを争ったはじめての例であった[30]。

　この後、被告のスコープス側はバトラー法は違憲であるとして、州最高裁判所に控訴した。しかし1927年12月に結審した裁判では、教育に関しては司法はあくまでもその地方自治体の意思を尊重する立場に立つと裁判では判断し、実質的にバトラー法は違憲ではないと判断したのである。ただしスコープスの罰金100ドルは無効とされた。これは州法によって50ドルを超える罰金は陪審員によって決められるということが定められており、裁判では裁判官がバトラー法に

定められた最低限の罰金を課すことを命じたためである。またスコープスが有罪かどうかということに関しては州の学校で雇用された教師は州法によって定められた規則に従わなくてはならないとしてあったため、スコープスはそれを基準に罰せられた。その上で、この1927年の時点でスコープスは公立学校の教師ではなく、裁判を続けることは無意味であり州の安寧と尊厳のためにこの事件は連邦最高裁判所に上告できないとした[31]。

　州最高裁判所のグリーン裁判長は憲法修正第1条の表現の自由・学問の自由に対してバトラー法の違憲性について判断することはなかった。あくまで教育に関して州立法により進化論を教えないことが州民の意思に沿っていると判断した上で、司法がそれを妨げることはできないという立場を取ったのである。また憲法修正第1条の信教の自由、国教樹立禁止条項に反しているかに関しては、進化論を教えないことは特定の宗教を州が擁立することになる訳ではなく違憲でないと判断した[32]。

　この判決を受けて裁判官に法廷で意見を求められたスコープスは「裁判官、私は不当な法律に違反したことで有罪判決を受けたと思っております。私はこれまでそうしてきたように将来においてもいかなる方法をもってもこの法律に反対していきます。学問の自由という私の理想、つまり憲法にも保障された真実を教える個人また宗教的自由を侵すいかなる行為に対してもです。私はこの罰則は不当であると思います」と述べた[33]。

1967年のバトラー法の破棄

　この裁判によって、進化論を法的にテネシー州で教えることは1960年代まで不可能になった。そしてこのスコープスの裁判から実に40年後の1967年4月12日にまず州の下院で58対27の投票でバトラー法の破棄が決定した。この数年前にはスコープスの裁判が映画化され時代は反進化論に対して批判の声が上がり始めた時期であった。しかし社会的に反進化論に反対の声が大きくなったとはいえ、テネシー州の完全多数の人が心から賛同していたとは言い難い状況であった。たとえば当時の議会で民主党のD・J・スミスがバトラー法廃案の法案を取り

上げることを議会で発言しはじめると、守衛官がサルの入った「ハロー、お父さん」と紙をつけた籠を議場のスミスの横に置くなど騒然とした中で審議が開始された[34]。

州の上院では4月20日に16対16の同数の評決によって過半数が取れなかったことにより、一旦はバトラー法の廃案が否決された。この時の上院では賛否に別れ激しい議論が繰り広げられた。互いの立場に立つ登壇者はそれぞれ神への信仰を自ら認めた上で、バトラー法廃案に賛成する議員は科学と宗教が対立することを否定して廃案の正当性を述べる一方で、廃案反対の議員は進化論が子供の信仰心を失わせると反論するなどした。廃案を提出した民主党上院議員クレイトン・エラムは彼自身は進化論を信じていないものの、生徒は進化論を学ぶべきであると主張した。彼は「私はテネシー州が全国的にまた世界で嘲笑の的になるのには疲れました。……神は明日、私たちが新聞紙上で取り上げられることを知っています。今日この案が通過しなくても次の時は通過するでしょう」と廃案になることは時間の問題であると述べた[35]。

これに対して廃案反対派のアーネスト・クラウチ議員はベトナム戦争への従軍兵の手紙を読み上げ、この兵士がポケットに聖書を入れておいたおかげで銃弾が彼の体を貫通せず助かったという話をして、「進化論を教えないからといって子供が教育されないという話は馬鹿げたことです。……どこから生命が来たのか、どのように神が人間を創ったのかをこれまで書かれたものの中で最も偉大な本である聖書が示していることを私たちは知っています。エラム議員は私たちがヨーロッパから嘲笑の的になると言っていますが、そんなことは少しも私を悩ませたりなどしません」と反論した[36]。

またこのような議会の動きとは別にバトラー法によって24歳の科学の教師が解雇される事件が起こった。州下院がバトラー法廃案を通過させた2日後に起こった事件であった。ゲリー・リンドル・スコットは勤務している学校を管轄するキャンベル郡教育委員会の委員アーチ・コットンより「義務怠慢、専門性欠如の行為、1922年テネシー法49条違反」を理由に解雇通知を受けた。しかしスコットはバトラー法に違法した行為はしていないと主張した。また他の解雇理由も校長は具体的に説明できなかったと反論した。スコットはこの事件の3週間前にバトラー法のことを知らず、生徒から人間の起源について質問を受け進化論についてダーウィンの理論の一般的な見方について話したと述べた。その後、校長のジョ

ン・テイラーから進化論について言及してはならないことを訓戒され、注意を払ってその話題は避けるようにしたと述べた。彼は「私は法の範囲以内で進化論を教えましたし、人間の進化については避け、他の生態についてのみ語りました。……実際、教室では法律の文面を読み、人間の進化については質問しないように言ったくらいです」と述べた[37]。

　このスコットの解雇の背後には、彼が進化論を教えたことを知った宗教関係者のグループがコットンに苦情を呈した事実があった。ニューヨーク・タイムズ紙でインタビューを受けたある牧師は「私が理解しているところでは、スコット氏が進化論を教え、聖書は神話であると言ったということをある生徒が述べているということです」と進化論を教えたことが解雇の主な理由だったことを認めている。またスコットも学校ではほとんどの職員がキリスト教原理主義者であったと述べ、解雇の背景にはキリスト教の教会に行かないスコットが、進化論を教えたことでキリスト教原理主義の人々の怒りをかったことが関係しているとスコット自身が信じた事実があった[38]。

　スコットの事件はその後ニューヨーク・タイムズ紙で報道されるなど世間に知られるようになり、もし学校が契約上の残り1年分の給料を支払わなければ告訴も辞さないことを表明した。スコットも最初は学校区との柔軟な和解を求めていたが、教師のグループから強い支援を受け告訴も辞さない姿勢に変わっていった。そしてスコットはバトラー法の違憲性を求めて告訴したのである。そのような中、わずか1か月後の5月11日にはキャンベル郡教育委員会がスコットの再雇用を伝えてきた[39]。

　結局、スコットの事件が話題になり始めた頃に政治状況が先に進展し、その数日後の5月16日に再び州上院でバトラー法廃案が議論され、最終的に20対13の評決により廃案が決定した。そのことによりスコットも告訴を取り下げたのである。

　進化論を教えれらるかどうかは、その後も大きくアメリカ社会の中で取り上げられてきた。しかし1960年代後半には、アメリカの社会でも天地創造説は宗教的教義であると仕分けして、科学である進化論を生物学の授業で教えることを認め始めてきた。

アーカンソー州での進化論をめぐる裁判

　第2次世界大戦後アメリカをめぐる国際情勢も反進化論を認めるような国内状況を許さなくなっていった。とくに冷戦が激化する中、1957年10月にソ連の無人人口衛星スプートニク1号の打ち上げ成功が進化論を教育することの重要性をアメリカ人に認識させた。この無人人工衛星の打ち上げ成功はアメリカも当時達成していなかったことであり、ソ連と敵対するアメリカの社会全体に大きな影響を与えた。とくに政治と科学に携わる人々は教育において生物化学の遅れを取り戻すために国立科学財団が700万ドルの予算で『生物化学カリキュラム研究（Biological Sciences Curriculum Study）』というプログラムを立ち上げた。この目的にはソ連の生物学に追いつくために高校の教科書で進化論を教えるという内容も含まれていた[40]。

　しかし司法の場において反進化論の法律が違憲であると破棄されるようになったのは1960年代後半であった。進化論を教えることができない州の法律が憲法に照らして違憲であると判断した例として、1968年の連邦最高裁判のアーカンソー州の反進化論法の事例がある。アーカンソー州ではモンキー裁判の後、テネシー州と同様の反進化論の法律を1928年に成立させた。この法律では人間が下等な動物から進化したとする理論を州の公立学校で教えることを禁じた内容であった。これに違反した場合、500ドル以下の罰金を科せられ、教職から解雇される規定が示されていた[41]。

　この事件では同州の生物学の教師スーザン・エパーソンがダーウィンの進化論を含む教科書を教えることで教職を解雇されると規定したアーカンソー州の法律は無効であるとして告訴したのである。セントラル・ハイスクールの教師をしていたエパーソンは1965年12月6日にプラスキー郡衡平法裁判所にリトル・ロック教育委員会と教育委員長フロイド・パターソンを相手取り告訴状を提出した[42]。

　もともとアーカンソーの法律は1928年に州民投票で108,991対63,406の票差で通過したものであった。このときの新聞広告では「もしあなたが無心論者なら『ナンバー1法案』〔反進化論の法案〕に反対票を投じてください。もしあなたが聖書に賛成するなら『ナンバー1法案』に賛成票を投じてください」と掲載

され、当時の人々が進化論を宗教と対立させ考えていたことは明白であった。また同法に反対する人々は州民の信仰心に感情的に訴えたのである[43]。

エパーソンはイリノイ大学で生物学の修士号を取得した後、アーカンソー州リトル・ロック学校区に1964年に教師として奉職しはじめた。同学校区では教科書は指定していたのであるが、1965年度の生物学の指定教科書には進化論に関しての記述があった。エパーソンはこの教科書を使うことを望んだが、そうすることで教職から解雇されることは不当であるとして、州法の無効を求めたのである。州の衡平法裁判所では反進化論法が学ぶ自由、教える自由を含め憲法修正第1条で保護された表現の自由に違憲であり、また同法が憲法修正第14条の法の手続きの保護に違憲であるとしてエパーソンの主張を認め、同法を無効としたのである[44]。

1966年4月1日の口頭弁論ではエパーソンの弁護士と州司法長官ブルース・ベネットが進化論と反進化論の立場を主張しあった。ベネットは公立学校の教師であるかぎりエパーソンは進化論を教えることはできないと主張した上で、とくにエパーソンの思想背景について質問し、彼女に不利になる発言を引き出そうと試みた。たとえば「進化論は無神論の原理だと思いますか」とか、19世紀のドイツの哲学者ニーチェの思想をどう思うかなどと質問し、エパーソンが反宗教的な発言をするのを期待したりしたのである。しかし衡平裁判所のマーレイ・リード判事は「彼女が進化論を信じるか、信じないかはこの事件とは関係ありません」とベネットの質問を遮り、あくまで進化論を理論として教師が学校で教えられるのかどうかの合憲性について審議する姿勢を見せた。またリード判事はベネットが証言者として用意した保守的なキリスト教関係者の証言を許さなかった[45]。

この裁判では5人の現職または前任の教育長たちが反進化論の法律を擁護する証言を行った。彼らの主張は彼らの学校区の子供たちが進化論を学びたいと望んでいないことと、カリキュラムに進化論を含めなくても子供に悪影響はないという点であった。これに対してエパーソン側の証人はアーカンソー教育連盟の副会長を務め、2人の十代の子供をもつハバート・ブランチャードが発言した。ブランチャードは反進化論法が彼の2人の子供の学問の自由、特に知る権利を阻害していると発言した[46]。

結局、5月27日に衡平裁判所においてリード判事は1928年に制定された同法

が「知識への欲求を妨げ、知る自由を制限し、教える自由を抑制する」として、憲法で保護された表現の自由に違憲であると判断した。また進化論の成否は判決に影響していないことをリード判事は述べた。その上でリード判事は「この裁判所は、たとえこの理論が私たち市民の多くの人にとって反対すべきものであったとしても、教員が他の理論や原理と共にこの理論を教えたり、説明したりすることを禁じるような差し迫ったまた明らかに抵抗しがたい理由を見出すことはできない」と述べ、進化論が多くの人々に受け入れがたい理論であることも認めた上での判断であることも示唆したのである。そしてあくまで裁判では宗教の信仰心を裁くものではないとして、彼は「宗教的な活動は裁判で問われ判断されうるかもしれないが、宗教的信念や経験は裁判で証明し反証しうる能力を超えたものである」と述べた[47]。

この判決を知ったベネット州司法長官はこの問題は宗教の根幹に関わる問題であり、衡平裁判所の判決を不服として州最高裁判所に控訴することを公言した。「人間の起源、人間の運命、宇宙の創造に関する興味深い問題は思想界に関わり、世界の偉大な哲学者、科学者、神学者、教育者の注目を浴びてきました。……これらの問題は単に法律の改正や裁判の判決で答えられるようなものではありません」と、あくまでも裁判の判断に疑問を投げる姿勢は崩さなかった。ただし先にも述べたが、1967年5月16日にはテネシー州のバトラー法が廃止され、この60年代後半に反進化法を持つ州はアーカンソー州とミシシッピ州だけになった社会状況もあり進化論に反対する人々にとって、反進化論を保持していくことは難しくなりつつあった[48]。

ただし控訴審の行われた1967年6月5日の州最高裁判所では衡平法裁判所の判決を覆し、反進化論を定める州法を認める判決を下した。6対1の判事による評決での判決は、その短い主文で「公立学校におけるカリキュラムを定める州の権力は正当である」と述べたのである。また裁判所は同法が進化論の説明自体を禁じているのか、または進化論が正しいと教えることを禁じているのかという問題については判断しないとした。アメリカでは州や地方自治体が教育行政に関しては権限をもつ慣習があり、州の最高裁判所の立場はあくまで学校に通う子供の保護者や地域の人々がその学校のカリキュラムや運営を決めるべきだという考えを反映したものであった[49]。

この判決を不服とした教師のエパーソン側は州法が「表現の自由」を定めた憲法修正第1条に違憲であるとして連邦最高裁判所に上告した。連邦最高裁判所は翌年1968年3月4日にこの事例を判断することを発表した。1968年の10月16日の予審では、エパーソン側とアーカンソー州政府側の両方の弁護人が互いの立場を主張したが、それまでの経緯からこの時点で議論はすでに言い尽くされており予定の1時間も満たさず35分で閉廷した。アーカンソー州の副長官ドン・ラングストンは同州の反進化論の法律に基づけばエパーソンは違法であると説明することに終始した[50]。

一方、エパーソンの弁護人ユージン・ウォーレンはアーカンソー州ではこの反進化論がある故にある学校では生物学が適切に教えられていないことに触れた。その理由としてダーウィンの進化論を紹介していない生物学の本などないという事実を述べ、ある教師は進化論のある章を飛ばしたり、ある教師は法に抵触しないようにその話題を避けるようにしていると述べた。つまりこの裁判のあった60年代には生物学の教科書では一般的に進化論について書かれていないものを探す方が難しかったということである。最終的には同年11月12日に連邦最高裁判所では教師側の主張を支持し、9人全員の判事がアーカンソーの州法が違憲であるとの見解を示した[51]。

連邦最高裁判所のエイブ・フォータス判事は主文の中で、学校教育の内容の決定は州や地方の行政の権限にあることを認めつつも、「表現の自由」という憲法で定められた基本的権利の保護に抵触する場合は司法の干渉がありうることを示した。また主文の中でフォータス判事は学校側は教育の内容に宗教的教義を教え込もうとしているとして政教分離の原則に反している旨の意見も述べた。またアーカンソー州最高裁判所が同法の内容が曖昧であると指摘しているのに関わらず、同時に同法を合憲としていることの矛盾点を上げ州政府側の主張に反対の意を唱えた[52]。

フォータス判事の指摘した問題点のひとつは、州最高裁の口頭弁論の中で州の弁護人が法律の適用例として、「生徒にその理論〔進化論〕を知らせること」、「そのような理論があることを教えること」だけでも違法になり教職から解職されるということであった。その弁護人は「もしエパーソン女史が生徒に『この理論は下等な種から人間が進化したというダーウィンの理論です』と言ったなら、彼女

はこの法律の下で告発されると思います」と発言した。そのことを上げ、曖昧な法律であるのに関わらず有罪かどうかを判断するのは法の手続きの平等の保護を認めた修正第14条に違憲であるとした。また国教樹立禁止条項から政府は宗教においては中立の立場に立たなくてはならず、聖書の創世記に反する理論を教えてはならないとすることは信教の自由に反しているとした[53]。

またフォータス判事は州の教育行政に関しての連邦政府からの独立に関しても、憲法修正第1条に保護されている表現の自由が守られていなければその完全な独立は認められないとした。とくに聖書の創世記に対立する理論を教えてはいけないというのはキリスト教の原理主義の考えが強いと指摘し、同法の制定された文化背景について一歩踏み込んだ意見を述べた。1925年のスコープス事件の後に制定されたアーカンソーの州法はスコープス事件のいきさつを踏まえて法の文言をテネシー州のバトラー法より曖昧にしたもののその目的とするところは一緒であるとして、キリスト教の創世記以外は排外する動機があったことを指摘した[54]。

この裁判によって進化論を生物学の授業で教えることを禁じる法律は合衆国憲法に照らして違憲であることがはじめて認められたのである。この時点でアーカンソー州の他にミシシッピ州でも反進化論の法律があったが、連邦最高裁判所の判断が下ったことで、テネシー州のモンキー裁判から実に43年経ってはじめて進化論を教える自由がアメリカの司法の最高機関で宣言された裁判であった。このとき存命していたスコープスも最高裁の判決に「これはずっと私が働き続けてきたことです。……この判決に大変満足していると言っても差し支えありません」と述べた[55]。

まとめ

もともとキリスト教徒の多いアメリカにおいて宗教の教義に反する進化論を学校教育で教えることには反対する声が後を立たなかった。とくに保守的なキリスト教徒が多い南部州では反対の声が政治的にも大きく、実際に州の法律によって進化論を公立学校において教えることを禁じることが1920年代に起こったので

ある。

　1920年代から1960年代まで進化論をめぐるアメリカの政治には3つの特徴があった。1つ目は同法を反対する背後にキリスト教原理主義の影響である。彼らは進化論を不可知論者、無神論者を育成する理論であるという危惧があり忌むべき悪として見ていた。また一般的にもモラルの低下を防ぐのは宗教的な役割が必要であると考えられているアメリカにあって、キリスト教の教義そのものに疑問を抱かせる進化論は否定的に見られたのである。そのため1960年代にいたるまで南部を中心に一部の州において合法的に反進化論が受け入れられてきた。

　2つ目は先にも上げたが南部州における保守キリスト教の政治力の強さである。反進化論を法制化しようとした州はテネシー州、アーカンソー州、ミシシッピ州など南部州がほとんどであった。そして連邦最高裁判所の違憲判決が出た60年代まで反進化論法がこれらの州では認められていた。この背景として連邦制という政治構造がそれを助けたことも否めない。連邦制においては日本よりも州の自治が強く、特に教育に関しては州や地方政治がその方針を決めるのが普通である。保守的なキリスト教徒の多い南部にあっては、連邦政府による教育への干渉を受けることがなく、結局連邦最高裁判所でアーカンソー州の反進化論が違憲と判断されるまで、これらの州では反進化論を保持し続けてきたのである。

　3つ目は国際政治の影響である。冷戦の状況下にあって1957年のソ連の無人人工衛星スプートニクの打ち上げ成功のニュースはワシントンの政治家に単に衝撃を与えたばかりでなく、実質的に州政府にも科学教育にも影響を与えた。生物学の基礎となる進化論を否定する教育システムでは科学発展の促進に弊害があると明確に認識させたこの出来事により、南部においても反進化論法を破棄する状況が1960年代にできてきたということである。

　いずれにせよ結論としてダーウィンの進化論を生物の基礎として受け入れる状況がアメリカに整ったのは1960年代を待たなくてはならなかった。ただし進化論を絶対的な真実と受け取った訳ではなく、次に述べるように1980年代には天地創造説を進化論と同等に同時間だけ教える法律を成立させる運動が起こるなどした。その意味で進化論・反進化論を巡る議論は60年代に終わった訳でなくその後も続いたのである。

■注

1) チャールズ・ダーウィン著；リチャード・リーキー編；吉岡晶子訳『新版・図説　種の起源』（東京書籍、1997年）、271 − 272 頁。
2) ダーウィン『前掲』、273 − 275 頁。リチャード・リーキーの解説より。
3) ダーウィン『前掲』、275 − 276 頁。リチャード・リーキーの解説より。
4) ダーウィン『前掲』、124 頁。ただし自然選択説はダーウィンの時代には実験で証明できなかったので、それが進化の主要メカニズムなのかはダーウィン自身も立証されたとは考えていなかった。『前掲』274 ページのリーキーの解説より。
5) ダーウィン『前掲』、18 頁 (序文)、133 頁。
6) ダーウィン『前掲』、116 頁。
7) ダーウィン『前掲』、260 頁。結論の挿絵の文より。
8) Ernest L. Nickels, "The Scopes 'Monkey Trial': A Debate about Evolution." In FrankieY. Bailey and Steven Chermak, eds., *Famous American Crimes and Trials* (Westport: Praeger Publisher,2004).
9) R.Kent Rasmussen,ed.,*Censorship*, vol.3, (Pasadena:Salem Press, Inc.,1997), pp.711-712.;Nickels,Ibid.World's Christian Fundamentals Association (WCFA) などのキリスト教原理主義のグループが全米に反進化論の運動を展開していった。
10) William Jennings Bryan, "God and Evolution," *The New York Times* (February 26, 1922).
11) *Ibid*.
12) *Ibid*.
13) *Ibid*.
14) "Bryan on Evolution 'Silly,' Says Pastor," *The New York Times* (February 27, 1922).
15) Derek Jones, *Censorship: A World Encyclopedia*, vol.4., (London: Fitzroy Dearborn Publishers,2001), pp.2172-2173.; Rasmussen, *Ibid*.; Nickels, *Ibid*.; Bernard K. Duffy, "The Scopes Trial: A Collision of Cultures." In John W. Johnson, Ed., *Historic U.S. Court Cases: An Encyclopedia*, vol. 2 (New York: Routledge, 2001), pp.942-946.; "Tennessee Bans the Teaching of Evolution; Governor Says the Bible Disproves Theory," *The New York Times* (March 25, 1925). この法律はすべてのキリスト教の司祭、牧師などから支持された訳ではなかった。カルベリー・バプテスト教会のジョン・ロウチ・ストラトロン博士やウェイスト・サイド・ユニタリアン教会のチャールズ・フランシス・ポッター博士などはペイの主張に反対した。"Dr. Potter Assails Anti-Evolution Bill," *The New York Times* (March 25, 1925).
16) "Fights Evolution To Uphold Bible," *The New York Times* (July 5, 1925).
17) "Fights Evolution To Uphold Bible," *Ibid*. 明らかにバトラーに見られるのは州の政治に

州以外の人々、とくに連邦政府が干渉することには不快感を表したのであり、当時に限らず今でもアメリカ人は教育については州の自治が尊重されるべきだという考えがある。

18) Jones, *Ibid.*; Rasmussen, *Ibid.*; Nickels, *Ibid.* バトラー法はテネシー州の議員ジョージ・ワシントン・バトラーが提出した法案であった。そのため彼の名前を冠して「バトラー法」と呼ばれるようになった。
19) Jones, *Ibid.*; Rasmussen, *Ibid.*
20) Jones, *Ibid.*; Rasmussen, *Ibid.*
21) "May Move Scopes Trial To Nashville," *The New York Times* (July 3, 1925).
22) George William Hunter, *A Civic Biology*, (New York: American Book Company, 1914), p.196.
23) Alan M. Dershowitz, *America On Trial* (New York: Warner Books, 2004), pp.263-267.
24) Mary E. Hull, *Censorship in America* (Santa Barbara: ABC-CLIO, Inc., 1999).; Leon Lynn 1997. "The Teaching of Evolution Is Censored." In Laura K. Egendorf, *Censorship* (San Diego: Greenhaven Press, 1997), p.48.; Jones, *Ibid.*; Rasmussen, *Ibid.*; Nickels, *Ibid.*
25) Nickels, *Ibid.*
26) Nickels, *Ibid.*; Duffy, *Ibid.*
27) Hull, Ibid.; Lynn, *Ibid.*; Jones, *Ibid.*; Rasmussen, *Ibid.*
28) Hull, Ibid.; Lynn, *Ibid.*; Jones, *Ibid.*; Rasmussen, *Ibid.*; Nickels, *Ibid.*
29) Sheila Suess Kennedy, ed., *Free Expression in America* (Westport: Greenwood Press, 1999),pp.69-78.
30) Hull, *Ibid.*; Lynn, *Ibid.*; Jones, *Ibid.*; Rasmussen, *Ibid.*; Nickels, *Ibid.*
31) *John Thomas Scopes v. The State*, 154 Tenn. 105 (1926).
32) *Ibid.*
33) "Scopes guilty, fined $100, Scopes Law," *The New York Times* (July 22, 1925).
34) "Tennessee Takes Step to Repeal Its 42-Year-Old 'Monkey Law'," *The New York Times* (April 13, 1967). スコープス裁判の事件を題材にした映画は「Inherit the Wind」という題名の映画であった。
35) "Tennessee Keeps Its 'Monkey Law'," *The New York Times* (April 21, 1967).
36) *Ibid.*
37) "'Monkey Law' in Tennessee Ousts a Science Teacher Again," *The New York Times* (April 15, 1967).
38) *Ibid.*
39) "Full Pay is Asked in Evolution Case," *The New York Times* (April 16, 1967); "Tennessee Teacher Is Rehired but Vows 'Monkey Law' Fight," *The New York Times* (May 13, 1967). スコットは年間4,700ドルの給料を受けていた。
40) Kary Doyle Smout, *The Creation/Evolution Controversy: A Battle for Cultural Power*

(Westport:Praeger, 1998). p.110.; see also *Bill McLean v. Arkansas Board of Education*, 529 F. Supp. 1255 (E.D. Ark. 1981). (以下 McLean v. Arkansas).
41) *Epperson v. Arkansas*, 393 U.S. 97. (1968).
42) *Epperson v. Arkansas*, Ibid.; "Arkansan Fighting Darwin Study Ban," *The New York Times* (December 7, 1965).
43) Roy Reed, "In Rural Arkansas, Some Call Evolution A Threat to Faith," *The New York Times* (December 18, 1981).
44) *Epperson v. Arkansas*, *Ibid.*
45) "Judge Excludes Religious Issue In Little Rock's 'Monkey Trial,'" *The New York Times* (April 2, 1966).
46) *Ibid.*
47) "Ban on Teaching of Evolution Overturned by Arkansas Judge," *The New York Times* (May 28, 1966).
48) *Ibid.*
49) *State v. Susan*, 242 Ark. 922 (1967).; "Arkansas Upheld on Evolution Ban," *The New York Times* (June 6, 1967).
50) "Darwin and That Theory Are Back in Court," *The New York Times* (October 17, 1968).
51) *Epperson v. Arkansas, Ibid.*; "Darwin and That Theory Are Back in Court," *Ibid.*
52) *Epperson v. Arkansas*, *Ibid.*
53) *Ibid.*
54) *Ibid.*
55) Fred P. Graham, "Court Ends Arkansas Darwinism Ban," *The New York Times* (November 13, 1968).

第4章

ダーウィンの進化論を読む権利 2
──天地創造説を教える自由──

はじめに

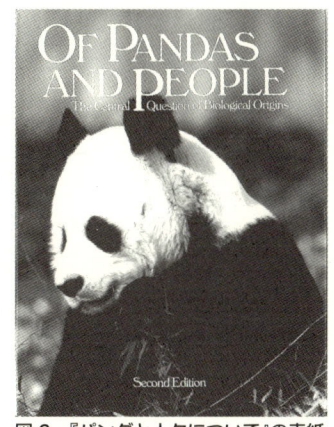

図6 『パンダと人々について』の表紙

1968年のアーカンソー州の反進化論を巡る裁判（*Epperson v. Arkansas*）以降、進化論を生物の時間に教えることが問題になることはなくなった。しかし1980年代になると聖書の天地創造説を進化論と一緒に生物科学で教えることをキリスト教の原理主義たちは求めるようになった。彼らは天地創造説は科学的に証明できるとして創造科学（Creation Science）または科学的天地創造説（Scientific Creationism）と呼び、進化論と同等に同時間にわたり生物科学の授業でこの説を教えることを法制化するためにロビー活動を各地で行った。実際にこのロビー活動が成功して、公立学校において創造科学を進化論と同等に教えると定めた同時間法が通過した州があった。

しかし創造科学は科学ではないとする生物学者、科学者、教師等はこの州法に対して猛反対した。また米国自由人権協会もこれらの州法は憲法修正第1条の国教樹立禁止条項に違憲であるとして、これらの学者や教師と共に州法の違憲性を求めて裁判を起こした。1982年アーカンソー州の同時間法を巡る裁判は1925年のモンキー裁判の続きだとして、「第2次スコープス事件」「第2次モンキー裁判」

として全米の注目を浴びたが、結局、連邦地方裁判所の判決では裁判官は創造科学を科学とは認めなかった。またルイジアナ州の同時間法を巡る裁判は連邦最高裁判所まで争われたが、やはり1987年の判決では創造科学を生物学で進化論と同等に教えることは認めず、同法は国教樹立禁止条項に違憲であると判断した。

この裁判以後も進化論に反発するキリスト教原理主義者は天地創造説を生物科学で公立学校で教えることを求めた。そこで考え出されたのが知性的計画説（インテリジェント・デザイン Intelligent Design）であった。知性的計画説では「神」「創造主」などの言葉は使わず、生命の起源は現代の科学では証明されない超自然的な力が働いたと説明するものであった。天地創造説より宗教色を出さないだけに巧妙な説明であるともいえた。そしてこの知性的計画説に基づいた『パンダと人々について』という本を生物の教科書として使用することをキリスト教原理主義者たちは求めて各地でロビー活動をするようになった。そのような中フィラデルフィア州ドーバー市の教育委員会が知性的計画説を進化論と共に生物学で教えることを2004年に決定した。

しかし最終的には2005年に地方裁判所は知性的計画を教えることは憲法修正第1条の国教樹立禁止条項に照らして違憲であると判断した。また政治的にも同教育委員会は実質的に委員が2004年末の再選選挙で敗戦するなどしてメンバーが変り、住民にもその知性的計画を推進する政策は支持されなかったことが明白になった。

本稿では1980年代から現代に至るキリスト教原理主義者の進化論反対の運動がどのように行われてきたのか、また裁判ではどのような判断がなされたのかについて考察する。

1980年代の天地創造説の復興

1968年の連邦最高裁判所において反進化論の法律が違憲であると判断されて、ダーウィンの進化論を教室で教える自由が確立されたが、進化論を否定するキリスト教原理主義者たちはその後も生物の時間に進化論を生徒が信じないようにするための方法を模索し続けた。

社会状況からも進化論を教えることを政府も推進し始めたのに対して、キリスト教原理主義者たちは反攻勢を仕掛けてきたのである。先にも述べたが教育行政はあくまで地方自治体が権限を握るという原則があるため、キリスト教原理主義者の意見の反映しやすい教育委員会などでは、進化論を否定はしなくともその理論の権威を落とすような方法を取るなどした。しかし司法の場では彼らの主張が通ることは稀であった。たとえば1981年には最高裁判所ではカリフォルニア州の天地創造説支持者の主張を斥けるという裁判があった。原告は進化論を学校の教室で教えることは、本人と子供の信教の自由の権利を妨げるものであると主張したのであった。しかし裁判では進化論を教えることは子供の信教の自由を妨げていないと判断した。

先にも述べたが天地創造説は、神によって人類が現在の人間の姿として地上に6日目に創造され誕生したと信じるため、原始的な種から人間が進化した進化論は誤りであると見る。またすべての生命はある役割と目的をもって神によって計画され造られたと信じる。そして聖書は天地創造やその他の出来事を正確につづった歴史であると主張する。つまりノアの方舟の話や地球の年代についての記述などをその聖書の言葉のまま信じることである。天地創造説を推進する人々は進化論が反キリスト教的、また神への冒涜であり、子供にとっては害がある考え方であると主張したのである[1]。

この考え方を科学的に説明しようとしたのが、創造研究インスティチュート（The Institute for Creation Research）の設立者ヘンリー・モリスなどである。またデュアン・ギッシュ、ウェンデル・バートなども天地創造説を積極的に推進し、創世記は科学的に証明されるし、また逆に進化論は科学的に説明のつかない理論であると主張したのである。とくにモリスとジョン・ウィットカムが1961年に出版した『ジェネシス・フラッド』（Genesis Flood）という本の中で使った「科学的天地創造説」という言葉が1965年ごろに広く使われ始めた。聖書の創世記にある記述が科学的に証明されるとしたこの考え方は「科学的天地創造説」の他にも「創造科学」とも呼ばれた[2]。ヘンリー・モリスは「科学的事実が聖書とわずかでも矛盾することはない」と述べ科学が聖書の記述を証明できると公言して憚らなかった[3]。

そこでキリスト教のグループは、進化論が学校で教えられるのなら、天地創造

説も同様に教えられるべきだと主張するようになった。彼らは全米21の州にわたって、聖書の創世記など天地創造説を進化論と同等に同じ時間だけ教育することを求める運動を展開していった。そして遂にアーカンソー州において州議会を動かし、1981年に「均衡取り扱い法」(balanced treatment act、または通称「同時間法」equal-time act) という法律が制定され、天地創造説が正式に学校で教えられることを法制化するに至ったのである。しかし天地創造説は、授業でのカリキュラムとしてふさわしくないという反対の声も上がり、「第2次スコープス事件」と呼ばれる議論を巻き起こした。同年5月には米国自由人権協会が同法は憲法修正第1条に定められている政教分離の原則と表現の自由に違憲であるとして訴訟を行った。この裁判は連邦地方裁判所にて12月7日から17日に審議され、1982年1月5日にウィリアム・オバートン裁判長は同時間法が違憲であると判断した[4]。

アーカンソー州の第2次「モンキー裁判」

アーカンソー州においては1981年に同時間法が法案が通過された。この法律の制定においてはサウス・カロライナ州のシティズン・フォー・フェアネス・イン・エジュケーソン（Citizen For Fairness In Education）というグループを設立したポール・エルワンジャーという人物が天地創造説を学校教育において教えるべきだと主張した。エルワンジャーは法律家でも科学者でもなかったが、進化論の自由選択の原理や適者生存の原理はナチズム、人種差別、中絶を広げるものだと考えた。1977年ごろエルワンジャーは、後に創造研究インスティチュートで働くウェンデル・バートによって準備された提案を全米の組織や人々に持ちかけた。その提案というのが公立学校において進化論と同等に科学的天地創造説を扱うことを要求する案であった[5]。

エルワンジャー自身は進化論と創造的天地創造説の両方とも科学とは考えていなかったものの、その提案を法制化するために表立っては天地創造説を科学理論として広める方法を考えた。実際、エルワンジャーはロバート・ヘイズという牧師にあてた手紙の中で「進化論も天地創造説も科学的理論ではないものの、この

時点で進化論が真の科学的理論ではないことを世界に教えることは実質的に不可能であるので、法案の文の中では進化論と科学的天地創造説という言葉を自由に使うことにする」と述べるなどしている。そしてこのアイディアを法制化することによって進化論を排除することを目的とした[6]。

　1981年2月にエルワンジャーの提案を知ったアーカンソー州リトル・ロックの牧師が所属する福音主義者のグループに呼びかけ、この提案を法制化するための行動を起こすことを決定したのである。その動きに賛同した州上院議員のジェームズ・ホルステッドが彼らの要求を受け議会に法案を提出した。成人してから信仰に目覚めた福音主義派のキリスト教徒であったホルステッドは法案の内容の合法性について州教育庁、科学者、教育者、州司法長官に忠告を求めることはしなかった。そして州の上院でも内容を詳しく検討されることがないまま22対2の評決で通過し、州下院では科学者の出席のない公聴会が15分開かれた後に69対18の評決で通過された。1981年3月19日に州知事のフランク・ホワイトは法の内容を見る前に署名して同時間法は正式には「創造科学と進化論科学のための均衡取り扱い法」（Balanced Treatment for Creation-Science and Evolution Science Act）、または「1981年590法」（Act590）として法制化された[7]。

　ホルステッドは議会の場で法案の意図として自身の宗教的信念から提出したと明言はしなかったが、公的に法案提出の際などで法案の宗教的目的を公言して憚らなかった。また他の議員もこの法案の教育的目的や効果について表立って異論を唱えるものはいなかった。またホルステッドは憲法修正第1条の政教分離の原則に違憲であるとは考えていなかった。なぜなら彼は政教分離の原則はひとつのキリスト教の宗派が他の宗派の信仰を妨げるのを禁じるものであるという立場に立ったからである[8]。

　また州知事のホワイトは福音主義キリスト教徒で州知事の選挙で当選した際はキリスト教系の団体から支持され当選した経緯もあり法案には前向きな姿勢を示していた。この法案を読む前に署名したホワイトは「私はキリスト教徒です。……そして私は聖書に描かれている天地創造を信じています」と述べ、キリスト教徒としての心情から法案に署名する姿勢を見せた。しかも彼はその法案の内容が「神学的に自由主義、人間主義、無神論の宗教を禁じること」を目的としてお

り他の思想を否定する文面であることを報道関係者に指摘されるまで気づかなかった。後に州議員の中では十分な審議のないままに法制化された法律に対して後悔する声も見られた。この法案に賛成票を投じたビル・クラーク州下院議員は「これはひどい法案です。しかし、もし私たちが評決に戻ることができたとしても誰も反対できないほど巧みに書かれているのです」と、ほとんどの議員は法案の目的を十分理解していなかったことを示した[9]。

　アーカンソー州の同時間法（590法）の第4章には科学的天地創造説と進化論について科学的証拠と推論として2つの理論の違いを述べている。それによると科学的天地創造説を示した第4章(a)では①何もないところから宇宙、エネルギー、生命が突然創造、②ひとつの組織体からすべての種が創造されるところの突然変異と自然選択の不十分性、③動植物の原種の限られた変化、④人間と類人猿の異なる先祖、⑤世界的洪水の発生を含めた天変地異説による地球の地質学の説明、⑥地球と生命の比較的近年の始まりを説明したものとした[10]。

　それに対し進化論について書かれた第4章(b)では①無秩序な物質から宇宙の自然的過程による誕生と非生命から生命の誕生、②原始の種から現在の種の進化を発生させたとする突然変異と自然選択の原理の十分性、③突然変異と自然選択による原始の種から現在の種の誕生、④類人猿を共通の祖とする人間の誕生、⑤地球の地質学と斉一観による進化の連続の説明、⑥数十億年前の地球の誕生とそれ以降の生命の始まりについての説明したものだとした[11]。

同時間法をめぐる裁判―公判―

　この裁判では同時間法（590法）が第1に国教樹立禁止を謳った憲法修正第1条に照らして違憲であるかという点、第2に同じく修正第1条に保障された生徒と教師の表現の自由が590法によって妨げられているのかという点、第3に590法の内容が曖昧であり憲法修正第14条に示された法の手続きの平等の保護に違憲であるのかという点が争われた[12]。

　1981年12月7日から始まった裁判ではまず原告側の口頭弁論から開始された。原告側は同法に反対するさまざまなキリスト教宗派の牧師などから構成された

人々であった。彼らは科学的天地創造説は科学的な証拠が不十分である点を述べた。たとえば法廷での証言者たちはこの説が聖書の創世記に基づいていることを証言し、同時間法は宗教的目的があることを指摘した。たとえば旧約聖書の専門家であるデュポール大学宗教学部のブルース・ヴァウター牧師が「創造科学と呼ばれるところのこの法律は創世記の最初の11章を引用しているのに、その注釈を示していない本のようなものです」と述べた。またリトル・ロックのメソジスト派の司教ケネス・ヒックスは590法第4章の6つの定義は創世記の文字通りの見方を表しているとして、「この法律の意図しているところが何なのかについて〔法律の文面は〕ヒントを与えてくれる」と述べた[13]。

　これら宗教家が科学的天地創造説を公立学校の生物学において教えることを認める法律を反対した理由は神学や信仰を形式化させてしまうと考えたからである。ヒックスはこのアーカンソーの同時間法は「神と神の意思がどのようなものであったかを突き止める神学的探求の過程を軽く取り合っている」と批評する発言をしている[14]。

　また他の原告側の証言としてカナダのゲルフ大学の哲学史教授のマイケル・ルーズも宗教と科学の違いを証言し、超自然的な力によって地球が創られたとする天地創造説は自然法によっておらず科学ではないと証言した。またルーズは天地創造説について「奇跡が含まれている。……誰も宗教が間違っているとは言っていません。……それらは科学でないと言っているだけです」と、宗教を否定しているのではなく、宗教を科学として扱うことを否定していることを述べた[15]。

　この裁判では天地創造説を支持する被告側が科学者の証人を集めることがなかなかできず裁判当初より不利な立場に立たされた。スティーブ・クラーク州司法長官は幾人かの科学者への証言の要請を断られていた。その背景にあったのが天地創造説を支持することは科学者にとっても他の科学者から圧力を受ける事情があったとクラークは発言し、「私たちはある程度、被害者であると思います」と述べるような状況だった[16]。また被告側の証人に立つ約束をしていたのにも関わらず、二人の科学者が証言しないというハプニングも起こった。その一人は証人喚問予定の前日の夜に何ら連絡もせず町を去り、もう一人の電気技術者は証言するための手続上の不備で証言できなかったのである[17]。

　また法廷に立った被告側の証人にしても天地創造説の科学的論拠を出すよりは

進化論の非科学性について見解を述べる人の方が多くいた。ダラス神学校の教授ノーマン・ガイスラーはダーウィンが宗教に対する信仰心がなく自然淘汰の原理が彼の神だったことを告白した事実を述べたりした。これに対し米国自由人権協会の弁護士はガイスラーに聖書の信憑性を反対尋問した。悪魔の存在を信じるというガイスラーに対してUFOのような現象をどう理解するのかと問いただした。それに対し「UFOは世界を困惑させることを目的とした悪魔的な現象である」と述べるなど地に足のついた議論とは程遠い質疑応答がなされた[18]。またバプテスト派教会のカーティス・トーマス牧師は同時間法（590法）が子供たちのモラルの悪化に歯止めをかけるという内容の証言をした。「今日の〔裁判の〕決定は通常のモラルを基準にすることがないのでしょうか」と述べ、進化論によって子供が無神論者になり神に対して責任を負わなくなってしまうとした。そして人間が神によって創られたと理解することで神によって創造された他者の権利を犯すことはなくなり、他者への責任も持つと述べ、同法は有益であることを述べたのである[19]。

　またフォート・スミスの学校区において化学の教師をしているジム・タウンリーが同時間法（590法）なしでは学問的な自由が得られないと証言するなどした。彼は進化論の疑問点を指摘する創造科学のいくつかの考え方を授業で紹介するのに同法が必要であると述べたのである。また放射線での化石の時代を見分ける放射能年代測定の信憑性には疑問がある点などを指摘し、生命が何百万年前に誕生したのかは証明されていないと述べたのである。しかしこのような発言に対してウィリアム・オバートン判事は放射線による時代の特定の技術的な誤りを教室で述べるのに同時間法（590法）が必要だとすることは理由にならない点を指摘するなどタウンリーの証言にしても裁判官を説得するのに十分な内容ではなかった[20]。結局、タウンリーにしてもオバートン判事の質問に窮して最後は「私は天地創造説を教えたいのです」と言わざるを得なかった[21]。

　実際この被告側の証言は同時間法（590法）を擁護するために科学的な説得性を持つものはほとんどなく、判決の出る前に天地創造説の支持者は裁判での敗北を予想していた。創造科学法律弁護基金のカール・ハントは被告側の弁護人をした州司法長官スティーブ・クラークが十分に天地創造説を弁護していなかったと批判した。また福音主義キリスト教のグループのリーダーのW・A・ブラント牧

師も「とても胸につまされることです。私は裁判の開廷の時からおりましたがそのときから負けるのがわかりました。……スティーブ・クラークは打ち負かされていました。誰もが知っていたことです」とすでに敗北を認めていたのである[22]。

同時間法の裁判—判決 *McLean v. Arkansas*（1982）—

アーカンソー州の連邦地方裁判所で行われたこの裁判では1982年1月5日に判決が下された。まずオバートン判事は判決の主文で憲法修正第1条で示されている国教樹立禁止条項に同時間法（590法）が触れていないかを述べた。その中で1947年の最高裁判所の判例（*Everson v. Board of Education*）を引き、国教樹立の禁止は州や連邦政府が教会を設立しないことであり、ある宗教を擁護するような法律またはひとつの宗教が他の宗教に優位になるような法律を作ることを禁じていることであり、またある宗教を擁護するために税金を徴収したりしないことと述べた。そして公立学校においては多様な背景をもつ人々に奉仕するのが目的であり非宗教性を持たなくてはならないとした。たとえば憲法修正第1条は公立学校において聖書を読むことを認めないことを指摘した[23]。

また州法が国教樹立禁止条項に違反しているかいないかを検討する基準として1971年の最高裁判所の判決（*Lemon v. Kurtzman*）の3つの基準を引用した。原告の名前にちなんでレモン・テストと呼ばれる基準で、第1にその州法が非宗教的目的であったか、第2にその州法による主要な効果がある宗教を促進したり抑制したりしていないか、第3に州法によって政府が過度に宗教に関わりをもつようにしていないかという基準を設けた[24]。

この基準に従ってオバートン判事もこの同時間法（590法）が国教樹立禁止条項に違反していないかを判断した。同時間法（590法）に関してはオバートン判事はその成立した過程を述べ、天地創造説を推進するシティズン・フォー・フェアネス・イン・エジュケーソンの設立者エルワンジャーの法案が州議員ホルステッドによって支持され議会にその法案が紹介された経緯に注目した。その中でエルワンジャーは創造科学を科学とは考えていなかったものの宗教的動機を隠すために天地創造説を科学と関連させた意図があったことと、進化論に反対し公立学校

において創世記を教える意図があったことも指摘した。そして法律を成立させるにあたってはキリスト教の人々の感情に訴え、進化論の信頼を損なわせることが目的であることなどを本人が述べていることを証拠として述べた。また州の上院議員でエルワンジャーの考えを法案として提出したホルステッドも敬虔なキリスト教徒であり、この法案が宗教的原理を公立学校で教えることを承知し賛同していた。ホルステッドは公的な場では非宗教的な法案であると公言していたにも関わらず明らかに宗教を推進する目的があったとオバートン判事は述べた。その意味でレモン・テストの第1の基準からすると同法は違憲であると述べた[25]。

　次に590法の第4章の科学的天地創造説と進化論の定義について審議し、その内容が創世記の最初の11章から引用しているのは疑いないことであるとした。そして創世記の記述通りに解釈しようとするキリスト教原理主義の見方をそのまま法律の文面にしているとオバートン判事は述べた。そしてその法律の主要な効果として考えられることは特定の宗教の信仰心を推進することになるとして国教樹立禁止条項の測るレモン・テストの第2の基準からしても違憲であると判断した[26]。

　また法律の文面において科学的天地創造説を科学として扱っていることに疑問を呈した。科学の性質として自然法則に従っていること、自然法則に照らし合わせて説明できること、経験的世界において試験しうる性質であること、結論は最終的なものでなく一時的なものであること、正誤を実験で確認しうることであることとした上で、天地創造説は科学と呼びうる性質ではないと判じた。たとえば天地創造説では人間や地球が何もないところから生まれたとしているが、自然法則では説明がつかないとしたのである。また590法第4章では世界的洪水の発生を含めた天変地異説の説明を試みているが、これは創世記のノアの洪水について説明しようとしていると指摘して、科学的に証明できないノアの洪水から地球の地質学の説明は科学的ではないとオバートン判事は言及した[27]。

　そして創世記の説明を非宗教的に教室で教えることは難しいことであり590法は矛盾を含んでいるとオバートン判事は述べた。同法の天地創造説に関する質問を教師が教室で受けた場合、答えの拠りどころとするのは創世記であり、これを示した教科書を使用することを州が認めることは州が宗教に必要以上に関わらざるを得ない状況になりレモン・テストの第3の基準に照らしても違憲であると

判断した。

　またオバートン判事は表現の自由に関しては、公立学校の教師においては個々人がそれぞれの教科において重要だと思う点について強調する自由はあるとしながらも、州から選定された教科書を使わなくてはならないなど制限があるとした。その上で公立学校の教師が任意で何でも教えられるような自由はないとオバートン判事は判断した。また590法の場合、教師がその法律に従って天地創造説を科学として教えることは由々しき結果を招くと付け加えた。たとえば生物学、地理学、医学などの大学へ進学を望む生徒にとって法律の内容は科学の重要な理論を学ぶことを妨げ有効ではないとした。

　またオバートン判事は公立学校では人々が望む科目を教えるべきかということに関しては、憲法に照らして違反していないことが前提条件となることを指摘した。オバートン判事はアメリカの多くの人々が聖書の概念を信じていることを認めつつも、世論が支持することでも憲法で保護された信教の自由や国教樹立禁止の条項に違憲である場合は、憲法が重視されるとしたのである。したがってこの判決では天地創造説を科学として教えることの自由は政教分離の原理から禁じられたのである[28]。

　この裁判は1925年のテネシー州の裁判とは大きく異なっていた。1925年の裁判では当時世間一般に受け入れられていなかった進化論を教えることは少数派の意見を反映しており、その進化論を教えることの自由、つまりその表現の自由と学問の自由が争われた。その一方で原理主義者や同時間法支持者たちは天地創造説を科学として教えることの自由を政治的に実現したものの1980年のこの裁判では政教分離の原理から違憲判断を受けたのである。つまり進化論を生物学の授業で教えることは1980年代には全米でも一般的になっておりその表現の自由と学問の自由は守られたが、生物の授業で天地創造説を唱える表現の自由と学問の自由は認められず、逆に政教分離の原理から違憲だとされたのである。ただし正確に言うならば天地創造説を科学の教科で教える自由はなかったものの比較宗教学など他の機会で教える信教の自由を禁じることはなかった。この裁判で同時間法を支持する州政府の副司法長官デービッド・ウィリアムスは「問題は多数派の意見ではなく、多数派が少数派の立場を鎮圧することが許されるのかということなのである」と述べて、天地創造説を科学として教える表現の自由を推進する少

数派の意見を代弁したが、裁判官はあくまで天地創造説は科学として扱うことはできないことを強調し政教分離の原理からその正当性を判断したのであった[29]。

一般的なアメリカ人が学校の生物や科学の時間に進化論とともに天地創造説を教えることに関して異論を唱えるかどうかは別にして、この天地創造説を信じるかという質問に対しては信じる人もかなりいたといえる。この裁判の後の1982年のギャラップの調査では「過去1万年以内に神が人間を彼の姿に似せて創った」という意見に賛同する人は回答者の44％に上った。宗教の教義に関係なく人間が何百年もかけて下等な動物から進化したと言う意見に賛同する人はわずか9％にすぎなかった。また神の意思によって人間が何百年かけて下等な動物から進化したという意見には38％が賛同した。したがって進化論を支持した人の中でも人間に進化したのは神の介在があったためだと信じた人が多く、キリスト教の社会的な影響はかなりあったといえる。またこの調査ではプロテスタントは聖書の文面通りの天地創造説を信じる傾向があるのに対し、カトリックは神の介在での進化論を信じる傾向があったという。いずれにせよ1980年代のアメリカにおいて人間の起源におけるキリスト教の影響は根強かったのである[30]。

ルイジアナ州の同時間法の成立と裁判
―― *Edwards v. Aguillard* （1987）――

アーカンソー州の「第2次スコープス事件」は地方裁判所で結審したが、天地創造説を進化論と同等に教えることを定めたルイジアナ州の法律は連邦最高裁判所まで争われた。アーカンソー州の同時間法（590法）が成立した数か月後の1981年7月21日にルイジアナ州においてルイジアナ685法、通称「創造科学と進化論科学の均衡取り扱い法」（Balanced Treatment for Creation-Science and Evolution Science Act）という同時間法が通過した。

この法律はアーカンソー州の590法と多少内容が異なっていた。ルイジアナの685法ではアーカンソー州590法と同様に創造科学と進化論を公立学校において自然科学、人文科学、他の科目で同等に取り扱うとしたが、どちらかの理論が教えられればもうひとつの理論も同等に教えられなくてはならないとしたのである。また創造科学を教えることは学問の自由の下に保護されるべきであるとし

てそれをひとつの目的としていた[31]。

　この法律を推進したのは間違いなくキリスト教原理主義者たちであったが、彼らはあくまで公立学校にて宗教を教えるものではないと主張した。ルイジアナ685法の法案を紹介した州上院議員のビル・キースは「科学的天地創造説は創世記の記述に信用を与えていますが完全に創世記の天地創造の記述とは別です。創世記の記述は何が起こったのかを説明しているのです。それに対して科学的天地創造説は科学的なデータを基にどう起こったのかを説明するのです」と述べて科学的天地創造説を創世記とを分けてあくまで科学であると述べた[32]。

　しかしアーカンソー州の同時間法同様にルイジアナ州685法もそれに反対する保護者や米国自由人権協会から訴訟を受け、最終的には1987年6月19日に連邦最高裁判所において7対2の評決で違憲判決が下されたのである。判決の主文においてウィリアム・ブレナン判事はレモン・テストを下にルイジアナ州685法は憲法修正第1条で示された国教樹立禁止条項に違憲だと述べたのである[33]。

　ブレナン判事はレモン・テストの最初の基準であるこの州法が非宗教的目的を持つものであるのかについてまず審査した。その結果、同法の文面で学問の自由を保護すると明記しているのに関わらず、一定の宗教を促進するかまたはある宗教の宗派を抑制するような科学理論を教えるのを禁じるように立案されたことを示し国教樹立禁止条項に違反すると指摘した。つまりこの法律によって生命の起源について教師は授業を自由に教えることができないこと、この法律はすべての科学的理論を教えることを積極的に推進していないこと、この法律は創造科学に対しては肯定的な内容である一方で進化論に対しては否定的な見方をもつこと、この法律の立法過程から創造科学は超自然的創造主という宗教的な信条を前提としていること、そして科学の多くの理論から進化論だけを峻別して立法がなされたことをブレナン判事は指摘した[34]。

　またブレナン判事は主文の中で立法の経緯に注目し、法案を提出した州上院議員キースが創造科学は超自然の創造主という信念を含むと議会で述べたり、また進化論を自身の宗教的信念とは対照的なものとして蔑視する意見を述べるなどしたことから法律の内容は進化論を教室から排除する意図があったとした。またキースは立法の成否を決める議会での議論に対して「私はこのすべてを神を支持する勢力と神を支持しない勢力との戦いだと見ています」と述べ、宗教的信条を

擁護するための立法であるという発言をしていたことを指摘し、州議会が特定の宗教を支援する立法を行ったと論じた[35]。

この判決の同意意見でルイス・パウエル判事はルイジアナ州同時間法（685法）が文面と立法経緯から特定の宗教を促進するとして多数決判決に賛同したものの、連邦政府が州や地方政府の教育行政における権威に干渉することに躊躇も示した。アメリカの建国の精神に触れアメリカの子供たちが建国における宗教的な継承を学ぶことは憲法に抵触しないという意見を述べた。パウエルは「歴史事実として学校の子供たちはこの国家の宗教的に継承されてきたすべての側面について適切に教えられることはできるし、またそうすべきである。学校の子供たちが建国の父たちの宗教的信念の性質とこの宗教的信念がその時代の意識と私たちの政府の構造にどのように影響を与えたのかについて教えられることに何ら憲法的な問題を見いだしはしません」と述べ、生物科学における天地創造説が憲法に抵触しても、アメリカの建国精神の基礎になった建国者たちの宗教的精神の側面について学ぶことは違憲ではないと述べた。たとえば比較宗教などの科目でこのようなことを教えることはまったく問題ないとした。また公立学校において宗教的な文献や聖書にしても歴史、文明、倫理学、比較宗教などの科目で使うことは憲法に抵触しないとした。あくまで宗教的文献を使い、その特定の宗教を政府が促進することが国教樹立禁止条項に抵触する行為と述べたのである[36]。

これに対しアントニン・スカリア判事とウィリアム・レンキスト裁判長の2人はこの多数意見に反対した。スカリア判事の反対意見においては科学的天地創造説が生命の突然発生を証明するデータがあれば学校で教えることは何ら問題がないとした。つまり天地創造説の科学的な知識体系は宗教的信念ではなく、いかに生命が始まったのかを学校の生徒が自由に考えるために公平で均衡のとれた科学的な知識であれば、それを知ることは学問の自由を守ることになると述べたのである。また立法において議員が進化論と共に天地創造説をカリキュラムを入れるかどうかの議論において宗教的目的を持っていたかを証明することはできないと述べたのである。つまりレモン・テストは不適当であるという立場を取った。スカリア判事の論理は天地創造説者のそれと同様のものであった[37]。

いずれにせよスカリア判事やレンキスト裁判長のように科学的天地創造説を科学として支持したのは少数意見であり、多数派はそれを特定の宗教を公立学校に

おいて教えることであると判断し憲法修正第1条の国教樹立禁止条項、つまり政教分離の原則に違憲であると判断した。この裁判は天地創造説は科学でないと示し、それを教室で教えることは違憲であると示した意味で重要な判決であった。

天地創造説は科学か、もしくは宗教の教義か

　1990年代になると、裁判でも進化論を否定する法律や条例は、表現の自由・知る権利を侵害しているとして次々に違憲判決が下された。しかしキリスト教保守系のグループはあくまで、進化論はキリスト教の教義に反する異端の考えとして学校教育で進化論を教えることに反発した。とくに進化論を否定する法律を長い間支持してきた中西部や南部では反発は大きかった。

　たとえば1990年半ばからルイジアナ州のタンギパホア郡では政令で進化論を教える際に、進化論はひとつの理論であり事実ではないという内容の注意書きを読み上げなければならないとした。しかしその後、1997年に地方裁判所はこの政令は憲法に照らして違憲であると判断した[38]。

　また1995年には、アラバマ州において州の教育委員会が6対1の評決で生物の教科書に但し書きを添えることを決定した。この内容はイーグル・フォーラム（Eagle Forum）という保守のグループが考えたもので、教科書で述べられている進化論はすべての科学者が支持しているわけではなく、地上に生命が誕生したときのことを見た人がいる訳でないため生命の起源は事実ではなく理論として扱われるべきであるというものであった。同州の知事だったフォブ・ジェームズも天地創造説の立場に立ち、人類の始まりを知りたければ、創世記を読むべきであると主張しこの政策を支持するなどした[39]。

　同様に1996年、ジョージア州ホール郡の教育委員会が科学のカリキュラムに天地創造説の説明を加えることを了承した。しかしこの決定は同州の司法長官の勧告により違憲性があることを指摘され、後にその決定を覆している。

　また同年、テネシー州の州上院ならびに下院の教育委員会において、進化論を事実として教える教師、つまりキリスト教の創世記を暗に否定する教師を解雇することを認めた法案を議会で審議した。そして州上院の修正案では進化論を世の

中の生物を生み出した超越した力に対して証明されていないひとつの信念と位置づけて進化論を否定した。この州議会の動きに対して、州司法長官は同案が連邦憲法に照らして違憲であるという勧告をした。しかしそれにも関わらず、テネシー州議会では議論が数か月にわたり同法の合法的運用を模索し続けた。つまり公職である議員の間でも、天地創造説を正しいとする考えを持ち、それを学校教育に反映させるべきだと考える人が少なからずいたのである。しかし結局、議会の目指す方向性が憲法に照らして違憲になる可能性があると結論にいたり法案は破棄された[40]。

　いずれにせよ天地創造説を信奉する人々が、1990年代にも地方政治への働きかけをし続け法制化を目指したのである。実際のところは多くの州で必ずしも天地創造説の教育現場での導入に成功した訳ではないが、宗教的な信念から彼らの政治への働きかけが止むことはなかった。

教科書『パンダと人々について』を科学で使用できるか

　1987年の最高裁判所の判決（*Edwards v. Aguillard*）により天地創造説を進化論と同等に同時間教えることは憲法に違憲であるという判決がなされてより天地創造説を支持する人々の戦略は「知性的計画」（Intelligent Design）という説を教えることに焦点におくようになった。「知性的計画」は天地創造説のように創造主として神を前面に出すことはないものの、人知を超えた智慧によって計画され人間は造られたとする考え方で、基本的には天地創造説を唱える人々が言い回しを変えて主張した説であった。

　知性的計画の考え方は科学の教科書として『パンダと人々について』と題して「思想と倫理のための機関」（Foundation for Thought and Ethics）という機関から出版された[41]。この機関は国税庁から免税の特権を得ている宗教機関であり天地創造説を推進するグループであった[42]。

　そしてこの本を生物科学の授業で使用することを推進する動きが見られた。たとえば1992年カリフォルニア州ヴィスタ市において、天地創造説を唱える創造研究インスティチュートの会計をしていた人物が同市の教育委員会の委員に選出

された。このメンバーは同教育委員会管轄下の学校に『パンダと人々について』を科学の教科書として使用することを提案した。しかし公立学校の教師たちがこの本を教科書として使用することを拒否した。この後この教育委員会のメンバーは進化論の理論的弱点を授業で教えることをさらに提唱し始めたが、この案も強く反対され、結局この委員会のメンバーは解職され、天地創造説がヴィスタ市の学校で教えられることはなかった[43]。

この『パンダと人々について』を教科書として使用し知性的計画説を教えることは合憲か違憲かが法廷で争われる事件がフィラデルフィア州ドーバー市で2004年末に起こった。同市の教育委員会であるドーバー・エリア教育評議会の中に生物化学の授業の時間で天地創造説を取り入れることを提案した評議会委員がいた。9人から構成される同評議会の中、アラン・ボンセル評議会長とウィリアム・バッキンガム評議会カリキュラム委員長が天地創造説を強く支持し、最終的には知性的計画説を管轄下の公立学校で教示することを決定したのである[44]。

ボンセルは2001年末から同評議会のメンバーに入った。彼は2002年初めころから同評議会管轄下の学校において祈祷の時間を設けることや天地創造説を進化論と同等に教えることなどを発言していた。その後も2003年3月にも天地創造説を学校で教えることを評議会の会議の中で発言するなどが見られた。また同年6月には当時進化論を教えていた生物学教師に圧力をかけるなどした。天地創造説は聖書や宗教に起因すると生物の授業で発言するこの教師に対して、ボンセルはその教師に授業内容が物議をかもし出していると警告するなどしたのである[45]。

そして同2003年6月から翌年6月まで学校教師から推薦された進化論を含んだ一般の生物の教科書を教育評議会が故意に購入を遅らせるなどした。この間ボンセルの意見と同調していたバッキンガムは2004年になると天地創造説を促進するグループである「ディスカバリー・インスティチュート」と連絡をとるようになり知性的計画説を知った。彼は合法的に知性的計画説を進化論と共に教える方法を相談したり、同グループの作成したDVDを取り寄せて生物科学の教師に配布する準備などした。2004年6月に行われた同教育評議会の会合ではバッキンガムは進化論と天地創造説を同等に取り扱う教科書の購入を勧めるなどした。バッキンガムは7月に天地創造説を支持する法律グループに連絡を取り知性的計

画説を基にした生物学の教科書『パンダと人々について』を知り、この本を評議会カリキュラム委員会の会合で正式に推薦するようになったのである[46]。

最終的には2004年10月18日ドーバー・エリア教育評議会が6対3の票決によって知性的計画を教える決議案を通過させた。それによると「生徒はダーウィンの理論における欠陥または問題と他の知性的計画説に限らず進化の理論を教えられること。但し書き：生命の起源は教育の対象でない」という内容であった[47]。

さらに翌月の11月19日には同学校評議会がドーバー高校1年生における生物の時間において次のようなコメントを読むことを支持する通知を出した。そのコメントとは次のようなものだった。

> ペンシルバニア州学術基準により生徒はダーウィンの進化論を学び当該の部分を含む共通テストを受けることを要求する。ダーウィンの理論は今も新しい証拠が発見されその真偽が試されているひとつ理論である。つまりこの理論は事実ではないし、証拠のない欠陥が存在している。理論とは広範囲にわたる観察などでよく試論された説明である。知性的計画説はダーウィンの見方とは異なる生命に起源についての説明である。参考書『パンダと人々について』は知性的計画説が実際織り成すところを理解するため生徒に利用できる本である。どの理論に関しても生徒は視野を広くもつことを奨励される。学校は生命の起源についての議論は個々人の生徒とその家族に委ねるものである。州の基準に従うため学校区として教室の教授内容は生徒がその基準を十分に満たす評価を得る準備に的を絞るものである[48]。

あきらかにこの内容では進化論は真実ではないと間接的に述べており、知性的計画説という進化論とは異なる理論を紹介することを述べていた。また教室では教師が州の基準のテストで十分な点数を取れる準備はしても生命の起源について判断するような講義はしないことを示していた。

2004年12月14日、このドーバー・エリア教育評議会の決定について同学校区に通う子供を持つ何人かの保護者がこの決定は国教樹立の禁止を定める憲法修正第1条に照らして違憲であるとしてペンシルベニア州の連邦地方裁判所に告訴をした。このドーバー・エリア教育評議会の管轄下の学校には3,700人の生徒がおり、その中の約1,000人がドーバー高校に通う生徒であった。その中でドーバー高校の1年生と3年生の子供をもつタミー・キッズミラー、同学校区に中学2年生、小学2年生、幼稚園児の両親であるブライアン・レムとクリスティー・レム夫妻、

またそのほかにもドーバー高校と同校区の中学校に通う生徒の保護者デボラ・フェニモアとジョエル・レイブ等が集団訴訟を起こしたのである[49]。

知性的計画説は科学なのか？ ―公判と判決―

公判は翌年の2005年9月26日から11月4日の間に証人尋問などが行われ、同年12月20日に同裁判所において判断が下された。そして結果的にはジョン・ジョーンズ3世判事は知性的計画説は天地創造説と同様の目的を持ち、憲法修正第1条の国教樹立禁止条項に違憲であると判決を下し、ドーバー・エリア教育評議会の決定を不当としたのである[50]。

裁判ではジョーンズ判事は支援テストとレモン・テストという国教樹立禁止条項に違憲であるかどうかを測る基準から判断していった。先にも上げたがレモン・テストとは国教樹立禁止条項について連邦最高裁判所で判断が下された*Lemon v. Kurtzman*という1971年の判決の基準によるのものである。それによれば第1にその州法が非宗教的目的であったか、第2にその州法による主要な効果がある宗教を促進したり抑制したりしていないか、第3に州法によって政府が過度に宗教に関わりを持つようにしていないかという基準であった[51]。支援テストとは1989年の連邦最高裁判所の判決によって示された基準で政府の行為がどれだけ宗教を支援しているのかを判断基準とするとしたものであった。2000年の連邦最高裁判所の判決（*Santa Fe Independent Sch. Dist. v. Doe*）においても支援テストは使われ国家の宗教的な活動について客観的に立法内容、立法経過、同法の施行を鑑みて、公立学校における祈祷が国家の支援になるかを判断するとしたのである[52]。

公判では被告のドーハー・エリア教育評議会の弁護人はこれらのレモン・テストや支援テストが行われた裁判と本件の知性的計画説を争う裁判は性質が異なると主張した。なぜなら被告側は知性的計画説が宗教を教える内容ではないからであると主張したためであった。しかしジョーンズ判事は*Lemon v. Kurtzman*と*Santa Fe Independent Sch. Dist. v. Doe*の裁判と本質的に同様であるとしてこれらのテスト基準を適用できると判断した[53]。

この公判では証言で知性的計画説が生まれてきた歴史的な背景などが明らかにされた。1987年のルイジアナ州の同時間法を連邦最高裁判所が違憲だと判断した後で知性的計画説が生まれたことが指摘された。先にも述べたが同時間法は進化論と同様に科学的天地創造説を同等程度科学の授業で教えることを定めた州法であったが、連邦最高裁判所は科学的天地創造説は特定の宗教を支援することになり憲法修正第1条の国教樹立禁止条項に違憲であると示したのであった。ドーバー教育評議会の公判では原告側の証言に立った神学者のジョン・ホートは知性的計画説が新しい科学的視点を唱えたものではなく神の存在を擁護する宗教的な論議であると述べた。また天地創造説と知性的計画説の違いは「神」、「天地創造」、「創世記」という言葉を知性的計画説が使わないだけでそれ以外は一緒の内容であるという点を示すなどした。そして『パンダと人々について』の中にある名前の伏せられている計画者は神であると指摘した。またこの点については被告側の証言者も計画者は神であると認める証言した。したがって明らかに天地創造説を推進してきた人々が1987年の最高裁判所の判決後、表向きは宗教色をなくし違憲にならないように知性的計画説を生み広げてきたという歴史経過があったことが明らかになった[54]。

　またジョーンズ判事はこれらの証言をまとめた上で歴史的背景とその内容の変化について3つの点を指摘した。1つ目は創造科学の初期の定義は知性的計画の定義と同一であること、2つ目は「天地創造」という言葉は意図的また構造的に「知性的計画」という言葉に変わっていること、3つ目は1987年の最高裁判所の判断の後に知性的計画説が始まったということである。これらのことから意図的に天地創造説が国教樹立禁止条項に違憲にならないように表現のみを変えた理論であると判断したのである[55]。

　また支援テストとして客観的な立場に立つ生徒や保護者がドーバー・エリア教育評議会の決定をどのように認知するのかを検討した。まず客観的な立場の生徒が評議会の定めたコメントを生物の授業で聞いた際、どのように認知するのかを専門家の証言をもとに検討した。その結果、先のコメントを聞く生徒が理解するのは教育評議会は本来進化論を教える意図はないものの州の基準に従って進化論を教えざるを得ないということを暗に伝えている認識があった。しかもあえて「知性的計画説はダーウィンの見方とは異なる生命の起源についての説明である」と

して進化論とは対照的な理論であるかのように引き合いに出しており、意図的に他の生物の理論とは切り離し進化論の真偽を疑わせ、知性的計画説を進化論に変わる科学の代替的な理論であるかのような表現にしていると指摘した。そしてこの指示によって客観的に生徒が認知することは教育評議会の意図するところは知性的計画という宗教的教義を支援しようとしているということだと結論づけた[56]。

　次に客観的な立場に立つ保護者が同教育評議会の決定をどのように認知するかということに関してジョーンズ判事は判断した。ここではジョーンズ判事は教育委員会が発行したニュースレターと地元新聞の報道の内容を検討した。2005年2月に同教育評議会は年間4回発行するニュースレターとは別に特別のニュースレターを発行し、管轄の学校に通う保護者も含め学校区内のすべての住民にそのニュースレターを送り、新しい生物学のカリキュラムについて説明した。その内容には質問形式でカリキュラムの変更について少数の保護者から宗教教育をする疑問があるとした記述があったり、「知性的計画は宗教の単なる隠れ蓑ではないのか」などと質問に答える記述があり、教育評議会自体が先に起こるであろう議論への準備をしていたことを指摘した[57]。

　またマス・メディアが客観的にこの問題をどう見ていたかについて判事は検討した。地元新聞『ヨーク・デイリー・レコード』紙と『ヨーク・ディスパッチ』紙ではドーバー・エリア教育評議会が新しい生物学のカリキュラムを発表して以来、記事の中で宗教的視点が科学として教えられるべきかという内容を報道し続けた。教育評議会がこの提案を出し世間で明るみになった2004年6月1日からこの裁判の公判がはじまる2005年9月1日まで両紙において、この決定について『ヨーク・デイリー・レコード』紙には139通の読者の声が寄せられ、そのうち86通は知性的計画の宗教性に関した関心が述べられていた。また同紙はこの件に関しての43の社説を載せ、そのうち28の社説は宗教的な関心を示していた。また『ヨーク・ディスパッチ』紙においても同様にこの件に関して89通の声が読者から寄せられ、そのうち60通は宗教への関わりについての関心を示したものであった。また社説にしてもこの件に関する19の社説の内、17の社説が知性的計画説の宗教性についての内容であったのである。この事実から世間一般ではドーバー・エリア教育評議会の決定は知性的計画説の裏に隠された天地創造説を生物科学の授業時間に教えることだと理解していたことが示されていたと

ジョーンズ判事は述べ、客観的な立場の人々も地方行政が特定の宗教を支援していると考えていたことを指摘したのである。

また知性的計画説を教える教科書として紹介された『パンダと人々について』という生物学の教科書の内容は生物科学の専門家では受け入れられない不適切な内容であると述べた。ジョーンズ判事はまず執筆者が学術論文に彼らの同書の内容の説を発表したことはなく、また同書の中で進化論について反証している論理にも誤謬があるとした。証人喚問においては同書の一部分について執筆した学者も被告側証人として発言したが、中心になる知性的計画の概念を学術的に証明する論文がないと発言をするなど説得性に欠いたものであった[58]。

たとえば同書の執筆者のひとりであるリーハイ大学生物学教授マイケル・ベイは同書において複雑な分子構造を説明した彼の論をサポートする他者の学術論文がないことを証言で認めた。その一方で原告側の証言に立った古生物学と分子生物学の専門家が各専門的な視点から同書の内容で作為的に曲解した部分について指摘した。たとえば化石の記録と過去の生物について証言したカリフォルニア大学バークレー校の統合生物学教授ケヴィン・パディアンは生物の分岐学から見た種類の分類の仕方が『パンダと人々について』では間違っていること、生物比較の中心的な概念である相同性についても同書の記述は間違っていることなどを指摘した。ブラウン大学生物学教授ケニス・ミラーも基本的分子生物の概念が同書では間違っていることなどを証言した[59]。したがってこれらの証言した専門家は『パンダと人々について』は一般の生物学の教科書として認めなかったのである。結局、ジョーンズ判事は同教育評議会の決定は客観的に立法内容、立法経過、同法の施行を鑑みる支援テストによっても国教樹立禁止条項に反していると示した[60]。

さらにジョーンズ判事は2002年あたりの経緯から第1にドーバー・エリア教育評議会の決定が宗教的目的であり、第2に同教育評議会の決定の目的と効果が特定の宗教を促進しており、第3に同教育評議会が過度に宗教に関わりをもっていたとしてレモン・テストによっても同条項に違憲であると判断した。これらの証言からジョーンズ判事は知性的計画説は超自然的な事象を扱っており科学ではないと論じた。

実際、先にも述べたように同教育評議会の議長をしていたボンセルは評議会の一員になって以来、事あるごとに天地創造説を生物科学の授業の時間に取り入れ

ることを同評議会の会合で述べたり、他の委員に述べたりしていた事実があった。しかも天地創造説を聖書の扱う領域だと述べる生物学教師に圧力をかけるなどしていた。このような事実から評議会という立場でありながら宗教的目的を持ち、実際、学校で教えられる効果を期待していたのである。また同様に評議会委員でカリキュラム委員会の委員長をしていたバッキンガムも天地創造説を支持し、実際同説を促進するグループに連絡をとり、その教材として『パンダと人々について』を生物の授業で使用することを推進していた。その過程で知性的計画説を知り、作為的に宗教色を表に出さずに宗教を生物で教えようとしたのである。しかもボンセルもバッキンガムも公判の証人尋問では天地創造説という宗教を生物で教える目的を持っていたことを隠すために何度か虚偽の発言をしたことが明るみになっていた[61]。

　ジョーンズ判事は『パンダと人々について』は現職の生物科学の教師から反対を受けた教科書であること、教育評議会のどの委員もその内容が生物の時間に教えるだけの内容の質かを誰も科学の専門家に問い合わせていなかったこと、またこの教科書を使用することを薦めた委員たち6人は知性的計画説の内容もよく吟味していなかったことを指摘した。またこの本を教科書として使用することに賛同しない委員や躊躇した委員に対して愛国心がないとか宗教心がないとか批判をした事実があった。たとえば同書の使用に反対票を投じたジェフ・ブラウン、ケーシー・ブラウンは同日10月18日に評決後に委員を辞職したが、その際のスピーチにおいて宗教的信条を問われ疑問視されたことを上げ評議会に対して強く批判した。また同様に反対票を投じて後に委員を辞職したノエル・ウェンリッチも「私は反愛国主義的とレッテルを貼られ、私の宗教的信条を疑問視されました。……宗教は個人的なことです。それは私、神、私の牧師の間にあるものです」と述べて個人の信仰心に干渉されたことに反発した[62]。

　いずれにせよドーバー・エリア教育評議会の行為はレモン・テストによっても国教樹立禁止条項に違憲であるとジョーンズ判事から判断され、最終的には同評議会の知性的計画説は宗教を教えることが目的であり、その説を生物の授業で教えることなどを含めた一連の決定は合衆国憲法の修正第1条に照らして違憲であると判断したのである[63]。

選挙による政治的解決

　2005年12月20日の地方裁判所の判決で知性的計画説の問題は法的に解決していたが、それ以前に政治的解決も見られた。つまり知性的計画説を推進したドーバー・エリア教育評議会の委員が自ら職を去るか、または2005年11月8日の再選選挙において落選するなどしたため、知性的計画説に賛成した6人の委員の中、残ったのはヒザー・ギーシーのみだった。彼女は任期が切れておらず再選選挙の年に当たっていなかった。7割が共和党支持者の保守的な町だったがこの選挙では、僅差ではあるがすべての知性的計画を支持する現職が再選を果たせなかった。しかも16人の候補者のうち、2004年に知性的計画説を中心的に決定したボンセルとシェイラ・ハーキンスに限っては最低の得票しか得られなかった。その意味でこの知性的計画の問題はこの選挙において政治的に決着がついたといえた[64]。

　新しい委員の多数派は知性的計画に反対する人々で、地方裁判所の判決を受けて控訴しないことを即座に決定した。2006年1月3日のギーシー以外は新しい委員で構成される教育評議会の会合では全会一致で知性的計画の政策を破棄し、ジョーンズ判事の判決に控訴しないことを7対1の評決にて決定した。知性的計画に関してはギーシーは「イエス」とも「ノー」とも言わず、棄権票も投じなかったのだが、評議会書記のカレン・ホルザップルがギーシーが「ノー」の投票をしなかったため賛成票として数えたのであった[65]。

　ところでこの知性的計画と進化論の問題は地方政治レベルだけの問題ではなく全米の注目を浴び、現職の大統領までもが関心を寄せる問題であった。実際、この知性的計画をめぐる裁判ではニューヨーク・タイムズ紙やワシントン・ポスト紙も大きくその判決を取り上げるなどした[66]。またこの判決の出る数か月前の2005年8月1日にブッシュ大統領は、知性的計画も進化論同様に公立学校で教えられるべきだとテキサス州から来たジャーナリストたちとの会見の中で発言している。進化論と知性的計画の件についてブッシュ大統領は「〔進化論と知性的計画の〕どちらも適切に教えられるべきだと考えます」と、ジャーナリストの質問に答えている。ブッシュ大統領自身は進化論より知性的計画説〔つまり天地創

第4章　ダーウィンの進化論を読む権利2―天地創造説を教える自由―　105

造説〕を信じているのかという質問には、直接的には答えず、「人びとが異なった考えを教えられるべきかどうかと言うことを尋ねているのでしたら、それは『イエス』と言うことです」とごまかした。この発言に関しては、天地創造説を支持する人びとはブッシュ大統領が、公立学校で天地創造説を教えることを支持していると受け取った。それに対して天地創造説が非科学的と言う人びとは、ブッシュ大統領の発言を無責任だと非難したのである[67]。

まとめ

　1980年代以降、キリスト教原理主義者たちは直接に反進化論を唱える戦略から天地創造説を生物科学の時間に教える戦略に力を注ぐようになった。そのために1980年代には天地創造説は科学的に証明されうるとして創造科学とか科学的天地創造説として進化論と同等に同時間程度、公立学校の生物科学の時間に教えることを求めロビー活動した。しかし1987年連邦最高裁判所によって国教樹立禁止条項に違憲であると判断された後に、神を前面に出さない知性的計画説を訴えるようになった。しかし本章に述べてきたように2005年フィラデルフィア州ドーバー市における教育委員会の知性的計画説を支持する決定も裁判によって国教樹立にあたると判断された。
　これらの進化論と天地創造説に見られる一連の動きをまとめると次のような政治的な特徴が浮かび上がる。まず第1にアメリカではキリスト教原理主義者の反進化論の動きは1920年代以降現代まで変わりなく活発に行われ政治的な影響力をもっているということである。また第2にその原理主義者の主張を受け入れ実現する政治状況も州や地方政治レベルでは見られるということである。それだけキリスト教またはこの場合ユダヤ教を含めた一神教の政治文化がアメリカでは強いということである。第3にアメリカにおける法による支配が民主主義の実現のダイナミズムを起こしているということである。アメリカ民主主義はもともとキリスト教の文化土壌から築かれたためキリスト教原理主義者などの政治活動の影響力があるものの、それが憲法に抵触する場合その動きが抑制されるということである。多種多様な文化・宗教背景を持つ人びとが暮らすアメリカにおいて、自

由・平等・人権を訴える憲法はつねに民主主義を実現させるための指針となっている。また法の意識をもつ人びとが憲法の精神を実現していくために実際に声を上げ行動していくところに表現の自由・信教の自由・政教分離が実現されているということである。

■注
1) Kary Doyle Smout, *The Creation/Evolution Controversy: A Battle for Cultural Power* (Westport: Praeger, 1998). p.110. この他にも天地創造説を唱える人々として、G.E. パーカー（G.E. Parker）、ハロルド・スラッシャー（Harold S. Slusher）、リチャード・ブリス（Richard B. Bliss）、ジョン・ムーア（John W. Moore）、マーティン・クラーク（Martin E. Clark）、W.L. ワイソング（W.L.Wysong）、ロバート・コウフォール（Robert E. Kofahl）、ケリー・セグラヴェス（Kelly L. Segraves）などがいる。
2) *McLean v. Arkansas* 529 F.Supp. 1255 (E.D. Ark., 1982).
3) Philip Hilts, "Creation Trial: Less Circs, More Law," *The Washington Post* (December 21, 1981).
4) Mary E. Hull, *Censorship in America* (Santa Barbara: ABC-CLIO, Inc., 1999).; Act 590,the Balanced Treatment for Creation-Science and Evolution-Science Act と呼ばれる法律。*McLean v. Arkansas* 529 F.Supp. 1255 (E.D. Ark., 1982); Smout, *Ibid*.
5) *McLean v. Arkansas, Ibid*.
6) *Ibid*.
7) *McLean v. Arkansas, Ibid*.; "Law On Creation Theory Proves Boon For Governor of Arkansa,"*The New York Times* (March 22, 1981). リトル・ロックの牧師は Reverend W.A. Blount で彼が議長を務める The Greater Little Rock Evangelical Fellowship が州議会に働きかけた。
8) *McLean v. Arkansas, Ibid*. ホルステッドの憲法修正第１条の政教分離の原理の見方は建国当時からあったと考えられる。つまり政教分離は信仰の自由を守るためのものであるということである。しかしホルステッドの解釈が正しいとしても、Act590 が政教分離の原則に反していないかは別の問題であった。
9) Reed "In Rural Arkansas, Some Call Evaluation A Threat To Faith," *Ibid*.; "Law On CreationTheory Proves Boon For Governor of Arkansas," *The New York Times, Ibid*. ホワイトは後に大統領になる現職の知事だったビル・クリントンに僅差で勝利して知事になった。彼は選挙の勝利は「神のための勝利」と宣言した。

10) Ark. Stat. Ann. Section 80-1663, et seq. (1981 Supp.); *McLean v. Arkansas, Ibid.*
11) *Ibid.*
12) *McLean v. Arkansas, Ibid.*
13) "Arkansas Law on Creation from Bible, Judge is told," *The New York Times* (December 8, 1981).
14) *Ibid.*
15) Reginald Stuart, "Professor Contends That Creationism is No Science,"*The New York Times* (December 9, 1981).
16) Reginald Stuart, "Arkansas Hopes To Validate Creation Science," *The New York Times* (December 11, 1981).
17) Reginald Stuart, "Creation Decision Pledged by Dec. 31," *The New York Times* (December 18, 1981).
18) Philip J. Hilt, "Creationist Tells of Belief In UFOs, Satan, Occult," *The Washington Post* (December 12, 1981).
19) Reginald Stuart, "'Creation' Trial: Old South Against New," *The New York Times* (December 13, 1981).
20) Reginald Stuart, "Judge Questions Why a Law Is Needed to Teach Creation," *The New York Times*(December 15, 1981).
21) Philip J. Hilts, "Creation Trial: Less Circus, More Law," *The Washington Post* (December 21,1981).; 唯一、弁護人側から権威ある科学者の証言としてチャンドラ・ウィックラマシンゲが証言台に立ってダーウィンの進化論とは視点の異なる人類の発生についての仮説を述べた。ウィックラマシンゲはイギリスの科学者サー・フレッド・ホイルと共に生命の種は宇宙で形成されたという仮説を論じていた。Walter Sullivan, "Creation Debate Is Not Limited to Arkansas Trial," *The New York Times* (December 27, 1981).; しかしウィックラマシンゲは科学的天地創造説が唱える中の2つの説、世界的な洪水がある時点で起こったことと地球が100万年以内に誕生したことは否定し、天地創造説を十分に弁護する証言ではなかった。*McLean v. Arkansas, Ibid.*
22) Philip J. Hilts, "Arkansas Creation Trial Ends," *The Washington Post* (December 18,1981). しかしハントはルイジアナ州で行われる同様の裁判にはウェンデル・バートとジョン・ホワイトヘッドの天地創造説を推進する弁護士が裁判の弁護士として立つことを述べ、アーカンソー州の裁判より天地創造説を弁護できると考えていた。バートはクラークに州の弁護団の顧問をすることを申し出たがクラークがそれを断ったという。バートは州の弁護が十分でなかったとして「州は完全に不適切な仕事をしました」と批判した。またパット・ロバートソンやジェリー・フォルウェルなど保守的なキリスト教の団体のリーダーもこぞってクラークの弁護が不

適切であったことを批判した。Reginald Stuart, "Creationist Acted To Dissuade Witnesses For Arkansas Case," *The New York Times* (December 24, 1981).

23) *McLean v. Arkansas, Ibid.* 主文の中では *Everson v. Board of Education,* 330 U.S. 1 (1947) の他にも *McCollum v. Board of Education,* 333 U.S. 203 (1948) などに触れている。

24) *McLean v. Arkansas, Ibid.* この基準は *Lemon v. Kurtzman,* 403 U.S. 602 (1971) によって設けられたレモン・テストと呼ばれる。この裁判の主文でもそれを示している。

25) *McLean v. Arkansas, Ibid.*

26) *Ibid.*

27) *Ibid.*

28) *Ibid.*

29) Reginald Stuart, "U.S. Court to Hear Arguments on Creationism," *The New York Times* (December7, 1981).

30) Richard Severo, "Poll Finds Americans Split on Creation Idea," *The New York Times* (August 29, 1982).

31) Louisiana Act 685 of 1981. La. R.S. 17:286.

32) "Louisiana to Teach 'Creation'," *The New York Times* (July 22, 1981). 法制化を認める署名をしたデービット・トゥリーン知事は上院議員のキースほどの賛同するコメントは示さなかった。彼はこの法案の最大の弱点は「あいまいさと明らかに矛盾する条文がいくつかあること」だと述べた。

33) *Edwards v. Aguillard,* 482 U.S. 578 (1987).

34) *Ibid.*

35) *Ibid.*

36) *Edwards v. Aguillard, Ibid.; Committee for Public Education & Religious Liberty v. Nyquist,* 413 U.S. 756 (1973) などをパウエルは引用し、建国の精神について宗教的要因を度外視することはできないと述べている。つまりアメリカへの移住者たちは国教による弾圧を逃れ宗教の自由を求めアメリカに渡ってきた歴史があった。そしてこの国家において同様の少数宗教の信者に対する非寛容に対しては激しく反抗した。ヴァージニア州のヴァージニア権利宣言においては宗教の自由な信仰活動が認められ、その8年後にはトーマス・ジェファーソンの Bill for Establishing Religious Freedom を受け入れて州法として信教の自由を取り入れようとした。そして多様な人種、宗教の存在するアメリカにおいて信教の自由を守るために国教樹立禁止条項は重要な原理として確立されたのである。

37) *Edwards v. Aguillard, Ibid.*

38) Leon Lynn. "The Teaching of Evolution Is Censored." In Laura K. Egendorf, *Censorship* (San Diego: Greenhaven Press, 1997).

39) *Lynn, Ibid.*

40) *Ibid.*
41) Percival Davis and Dean H. Kenyon, Of Pandas and People (Haughton Publishing Company:Dallas, 1989).「思想と倫理のための機関」(Foundation for Thought and Ethics) が著作権を持つ。
42) *Tammy Kitzmiller v. Dover Area School District,* 400 F. Supp. 2d 707 (M.D. Penn. 2005). 以下 *Kitzmiller v. Dover Area School District* と表記。
43) Lynn, *Ibid.*
44) *Kitzmiller v. Dover Area School District*, Ibid.
45) *Ibid.*
46) *Ibid.*
47) *Ibid.*
48) *Ibid.*
49) *Ibid.*
50) *Ibid.*
51) *Ibid.*
52) *Ibid.*; 支援テストは *County of Allegheny v. ACLU*, 492 U.S. 573 (1989) で判断基準としたものである。その後 *Santa Fe Independent Sch. Dist. v. Doe*, 530 U.S. 290 (2000) で立法内容、立法経過、同法の施行を検討することが同裁判での支援テストの基準となった。
53) *Kitzmiller v. Dover Area School District, Ibid.*
54) *Ibid.* 知性的計画説を支持する証言に立ったマイケル・マイケル・ベイとミニックは知性的計画者は神だと証言した。しかし彼らは知性的計画は科学であり宗教ではないと主張した。
55) *Ibid.*
56) *Ibid.*
57) *Ibid.*
58) *Ibid.*
59) *Ibid.*
60) *Ibid.*
61) *Ibid.*
62) *Ibid.*
63) *Ibid.*; Christina Kauffman, "It's Over in Dover," *The York Dispatch* (December 21, 2005). ボンセルとバーミンガムは政教分離は信じないと述べ、この判決に対して反対の意を表した。バーミンガムはこのときすでに教育評議会を辞職し、ノース・カロライナ州に引っ越していた。
64) Laurie Goostein, "A Decisive Election in a Town Roiled Over Intelligent Design," *The New*

York Times (November 10, 2005).; Christina Kauffman, "Dover dumps designers," *The York Dispatch* (November 9, 2005).

65) Christina Kauffman, "Board member suggests appealing design decision," *The York Dispatch*(January 4, 2006).; Christina Kauffman, "After more than a year of holding that distinction," *The York Dispatch* (January 4, 2006). 敗訴を認めたドーバー・エリア教育評議会は訴訟費を払うことを認めたのである。

66) Laurie Goodstein, "Issuing Rebuke, Judge Rejects Teaching of Intelligent Design," *The New York Times* (December 21, 2005); Gary Gately, "A Town in the Spotlight Wants Out of It," *The New York Times* (December 21, 2005); "Excerpt From the Ruling on Intelligent Design," *The New York Times* (December 21, 2005); Michael Powell, "Judge Rules Against 'Intelligent Design'," *The Washington Post* (December 21, 2005); David Brown and Rick Weiss, "Defending Science by Defining It," *The Washington Post* (December 21, 2005).

67) Elisabeth Bumiller, "Bush Remarks Roil Debate Over Teaching of Evolution." *The New York Times,* (August 3, 2005). ちなみに大統領の科学分野における顧問ジョン・マーバーガーが大統領の発言には深い意味がないとして、「進化論は現代生物学の基礎です」と述べ「知性的計画は科学的な概念ではありません」と一蹴した。しかしこの出来事自体、いかに天地創造説を科学として公立学校で教えようとする動きがあるのかを物語っている。

第5章

非宗教的な人間主義を裁いた事例

はじめに

　ユダヤ・キリスト教の一神教における価値はアメリカの国家建設の基礎であり現在でも重要な価値観となっている。国勢調査の結果では2001年の成人人口2億798万人の中、キリスト教徒は1億5,951万人（約77%）、ユダヤ教徒283万人（約1.3%）に上る[1]。この実態からしてもユダヤ・キリスト教の価値観は社会の基礎にあることは疑いない。しかし一方でアメリカは政治的にも制度的にも憲法に保障された信教の自由と政教分離の原理から多様な価値観も保護してきた。そして20世紀に入ってさらに多様な価値観が受け入れられると同時にユダヤ・キリスト教の伝統的な価値観が以前ほど受け入れられなくなってきた。そのことは伝統的な一神教の価値観を尊重する人々に危機感を募らせたのはいうまでもない。

　本章では1980年代にアラバマ州で教師と保護者が州で認定された教科書の使用拒否を求め裁判に発展した事例を考察する。この事例ではユダヤ・キリスト教の伝統的な価値観を保つ人々が、教科書に示された価値観が彼らの価値観を否定すると批判することから起こった。つまり州政府から認定された教科書は非宗教的な人間主義という「宗教」を子供たちに教えると主張し、連邦憲法修正第1条の国教樹立禁止条項に違憲であるとして公立学校での使用を禁じることを求めたのである。その結果、連邦地方裁判所ではこれら認定された教科書は非宗教的な人間主義という「宗教」であると認め、政教分離を定める国教樹立禁止条項に違憲であると判断した。この判決を不服とした人権団体や保護者が控訴し、結局連

邦控訴裁判所においては第一審の判決は覆され、これらの教科書は非宗教的な人間主義は「宗教」ではないと判断したのである。

本章ではユダヤ・キリスト教の伝統的価値観を持つ教師や保護者が非宗教的な人間主義の教科書のどのような点を「宗教」だと訴えたのか、地方裁判所はなぜこれらの教科書で教えていることを「宗教」であると判断したのか、教科書の使用を支援した人たちはどのような理由で教科書の使用を求めたのか、なぜ連邦控訴裁判所は第一審の判決を覆したのかなどを分析し、この問題における政治的また司法的解決について述べる。

教科書の内容に反対した人たち

1982年5月28日にアラバマ州に住むイシュマエル・ジャファリーという3人の子供を持つ保護者が、モービル郡教育委員会に対して公立学校での祈祷の時間や他の宗教的行事を取りやめるように訴えた。ジャファリーは公立学校で宗教的行為を行うのは政教分離の原則に反していると主張したのである。さらにジャファリーは6月30日に教室での祈祷の時間を認めた州法の改正も求めて別の訴訟も行った[2]。

これに対しダグラス・スミス、ロバート・ウォートン、スー・ウェッブスター等が1982年6月30日にジャファリーの訴えを裁判所が認めて祈祷の時間を一時停止することは、連邦憲法修正第1条とアラバマ州憲法に定められた信教の自由を妨げるものだとして逆に提訴したのである。そしてさらに同年9月30日に、スミスと他の人々がジャファリーの一時停止を政教分離の原則に照らして裁判所が許すなら、州で認可された非宗教的な教科書の使用を同様の理由で一時停止すべきであると申し立てたのである。その後、スミス側に600人以上の人々が申し立て人に加わった[3]。

その結果、1983年1月14日にはジャファリーの告訴については連邦地方裁判所は連邦憲法に示された個人の権限について審査をする権限がないとして、実質的にジャファリーの訴えを斥けたのである。しかし控訴裁判所は地方裁判所の判決を覆し、地方裁判所は連邦憲法で保障された個人の権利について審議できると

して再審議を命じた[4]。

それを受けて1985年8月15日に地方裁判所は審議を最初からし直すために関連する人々にその申し立てをする機会を与えたのである。それに応じて同年9月16日にスミスと他の教師や保護者が州で認可された教科書は非宗教的人間主義という「宗教」を教えるものだとして、これら教科書の使用禁止を申立てた[5]。

原告のスミス側の教師や保護者が指摘した教科書の問題点は次のような点であった。教科書がキリスト教の信仰に反して神の名を汚すということ、教科書がキリスト教の神を排除して人間主義という「宗教」を教室で教えること、教師がその意思に反して反宗教的な教科書を使用することを強制されたこと、教師がその意思に反して宗教的な観点から正邪を教えることを妨げられたことなどであった。つまり州に認可された教科書を使用することは生徒にとってキリスト教を否定されるばかりでなく反キリスト教的な宗教を教えられるという害があることを指摘し、教師にとっては自分の意思に反して反キリスト教的な内容を教えなくてはならないばかりか、キリスト教に基づいた視点を教室で教示できないという害があると指摘したのである。そしてそれは政府が特定の宗教を排除することになり憲法修正第1条の国教樹立禁止条項に照らして違憲であると訴えたのである[6]。

また税金を払っている市民が彼等の子供に信仰に反する教えを強制的に教示されるべきではないし、教師にとってはこれらの教科書の使用を強制されることで表現の自由を妨げられ、生徒にとってはキリスト教に基づいた知識を得ることを否定され知る権利を妨げられたと述べたのである。そして原告は公立学校において祈祷の時間が政教分離の原則を定めた国教樹立禁止条項に抵触するのであれば、「世俗主義、人間主義、進化論、物質主義、不可知論主義、無神論」という「宗教」を教えることも同条項に抵触し違憲であると主張したのである[7]。

原告側の弁護人を務めたトーマス・パーカーは「私たちが求めているのはこの明確な中立性が公平に応用されることなのです」と述べ、「学校からユダヤ教とキリスト教が公平に排除されているのです。私たちは人間主義を公平に排除して欲しいと頼んでいるのです」と人間主義が「宗教」としてユダヤ教やキリスト教の教義と同様に公立学校の教材から取り除かれるように求める発言をした。またこの裁判では原告側は福音主義者の社会リーダーであるパット・ロバートソンが設立した「フリーダム・カウンシル・ファウンデーション」が弁護士代を支援し

た[8]。

　これに対してモービル郡教育委員会は認定された教科書が非宗教的な人間主義という「宗教」を教えるものではないと主張した。これらの教科書の中には非宗教的な人間主義の見方もキリスト教の見方も含んでいるとして、これらの教科書が宗教を設立する訳でも、また憲法に反して個人の信教の自由を妨げるものではないことを指摘した。また教師が憲法に反することなく宗教の側面について発言することは禁じられてはいないし、たとえ反キリスト教の事例が教科書に書いてあったとしても子供に悪影響を与えることにはならないと述べたのである[9]。また被告側には「ピープル・フォー・ザ・アメリカン・ウェイ」というリベラルな人権団体と米国自由人権協会が裁判の支援をした[10]。

　また被告の教育委員会側に保護者が証言して問題とされた教科書はキリスト教の信仰に影響がないと発言するなどした。たとえばキリスト教徒で同学校区の高校に通う子供をもつ小学校教師が証言をして、原告が指摘する部分にもいくつかは賛同しつつも公立学校において何らかの宗教が教えられていることはないと指摘した。またカリキュラムの中で宗教教育がなされるような問題点があったとしても教師がそれを正していくことができるとした。この公判で証言した他の教師は批判的思考を子供につけさせることは教育の目的のひとつにあり、教科書をそのまま受け入れることを教室で要求はしないと述べた。また同教師は家庭科や社会の教科書に示された酒や覚せい剤などの問題に対して生徒自身に答えを見いださせるような教育方法は良くないと述べ原告の主張に多少賛同しつつも、そのような状況においては教科書を排除するよりも教師が宗教的信仰心から正しい答えを導くことが妥当だと指摘した[11]。

　被告のアラバマ州教育委員会は教科書選定の経緯を述べ、教科書の内容に問題がない点を指摘した。それによると教育関係者14人と他の専門家9人の計23人からなる教科書選定委員会によって問題になった教科書は選定された。教科書選定委員が教科書を選出した後に一般の市民も州の23箇所の場所で閲覧でき意見を委員会に伝える機会を持った。その後、同委員会が州教育委員会に選定した教科書を推薦し、同教育委員会によって最終決定がなされたと報告した。公判では州教育委員会のひとりジョン・タイソンも証言をして、彼が教育委員に選出されて以来、教科書の選定の過程でアメリカ社会における宗教の貢献についての内

容を問題にされた教科書はなかったと述べた。またタイソンは個人の意見として価値観は学校ではなく教会や家庭で教えられるべきものであるとして、教科書の非宗教性は問題ではないと述べた。そして公立学校の役割として「公立学校に行く目的はどのように読んで書くのかについて〔生徒が〕学ぶことです」と道徳や価値観を学ぶよりも読み書きなど技術的な面を学ぶ場であると指摘した[12]。

しかし政治的に見ればアラバマ州知事だったジョージ・ウォーレスとモービル郡学校区教育委員は原告の主張の方に賛同していたこともあり、この裁判の被告は州教育委員会が独立して、その教科書の決定を擁護していた観があった。実際、1986年2月に州教育委員会はその3か月前に州知事ウォーレスが原告側を支持する書面に署名していたことを発表した。それによると「アラバマ州知事は人間主義は宗教であると賛成しました」、「公立学校の教科書において人間主義を促進することは憲法修正第1条に照らして違憲です」、「プロテスタント主義、カトリック主義、ユダヤ主義の役割はアラバマ州の公立学校から排除されてきました」などと文面に記されていた[13]。

またモービル郡教育委員会は1986年2月26日に会合を開き州知事が署名した内容と類似した同意書を3対2の評決において支援することにした。教育委員会の3人の白人の委員が賛成票を投じ、2人の黒人の委員が反対票を投じた。つまり被告でありながら原告を支持するような複雑な立場を示したのである。反対票を投じた副教育長で歯科のロバート・ギラードは「これは自殺行為と呼ぶところのことです。……もし私が〔賛成票を投じ〕教科書のページを破るのを許したのであれば、教育委員の義務において職務怠慢であったということになったでしょう」と賛成票を投じた委員を暗に職務怠慢だと皮肉った。しかし現実的には、州知事と事件の起こったモービル郡教育委員会が非宗教的な人間主義を「宗教」と認める同意書に署名したことで、公式的にも州教育委員会のみが原告側と対峙する形となった[14]。

ただし州教育委員会のタイソンにしても非宗教的な人間主義を「宗教」だと批判する人々を公に攻撃することはなかった。むしろ「非宗教的な人間主義について批判する人々は、隣人として持ちたいような人たちです。彼らは善良で、正直で、勤労で、地に足のついた人たちです」と述べ、非宗教的な人間主義を批判する人々は良き市民であると位置づけた。つまりそれだけアラバマ州において非宗

教的な教育内容について反対していた人が多かったということである[15]。

　さらにこの裁判を担当するアラバマ州地方裁判所のブレヴァード・ハンド判事は1983年1月に学校で行う祈祷の時間は憲法の政教分離の原則に対して違憲でないとしてキリスト教系保守を支持する判決を行うなどしており、ハンド判事は「公立学校において進化論、社会主義、共産主義、非宗教主義、人間主義などの寄せ集めの概念が広がっている」と判決文で見解を示したことがあった。いずれにせよ被告としてのモービル郡教育委員会にとっては裁判で不利な条件が揃っていた[16]。

　しかしそのような状況の中で12人の保護者が被告側の主張を支持することを表明した。これらの保護者の弁護士ジョージ・マーニックは原告側が教科書に含まれている内容について誤った認識をしていること、教室で使用されている副教材を見過ごしていることなどを指摘した。また原告の表現の自由の議論は誤りであると指摘した。マーニックは「彼ら〔原告側〕が主張していることは、法律家の観点からすると、〔教科書の内容が〕真実かどうかを問題にしていないということです。……教科書に記された特定の事項に何らかの要求を〔原告が〕する権利はありません。……原告がしようとしていることは学校のカリキュラムを彼らの宗教的議論に合わせようとしていることです」と原告側を批判した[17]。

ジョン・デューイのアメリカの教育における影響

　この裁判は1986年10月6日に公判が始まり全米の注目を浴びた。ワシントンから弁護士やニュースの記者が集まり、教科書の出版社は裁判の行方に注目したと当時の新聞では報じられた。

　公判では研究者や大学教授が問題になった教科書の内容について非宗教的な人間主義という「宗教」を教えているのか意見を論じ合った。まずここで議論されたのはアメリカにおけるジョン・デューイの教育における哲学の影響であった。つまり原告に批判された非宗教的な人間主義という思想の源にデューイの影響があると判断し、その哲学が議論されたのである。その意味でこの公判は学術会議のような内容から始まった。ある証言者はデューイのアメリカの教育哲学や方法

への歴史的影響について述べた後、現在において影響はないと述べる一方で、ある証言者は現在においてもデューイの教育哲学と方法が影響していると述べた。

グレネル・ハルピンというオーバーン大学の心理学教授がアメリカの教育システムについて証言した。その中では行動主義、認知理論、人間主義など学問的な視点から教科書が生徒に与える影響を述べた。ハルピンは教室における教科書の位置づけは重要だとしながらも、教科書が生徒個人のもつ信念に影響を与えることはないとした。ただし教科書の内容を教示する教師によって影響は異なると述べた。その上で教科書の述べていることが生徒の信念と異なることで生徒に心理的な負担が掛かるとも述べた。また人間主義的な心理学ではユダヤ・キリスト教の一神教の神が教育の中心になることはないとも述べた[18]。

また教育の歴史と哲学をオーバーン大学で教えているチャールズ・ラッダーが証人に立ち、学校における教師が何らかの価値観を教えることなしに教材を教えることは不可能であると証言した。その上でジョン・デューイの教育の哲学における影響を述べた。ラッダーはデューイの哲学が人間中心の考え方を教室に与え、その教育方法が広まったと述べた。ただしラッダーはデューイの影響は1950年くらいまでで現在における教育哲学における影響は低いとし、現在においては社会的圧力が教育に影響を与えていると証言した。また自然現象と超自然現象を共に教室で教えることは可能であると証言した[19]。

これに対してラッセル・カークはデューイの哲学は現在の教育界にも影響を与えていると述べた。カークはデューイが宗教の頽廃を指摘し人間のニーズに合わず、人間主義を重視しそれを未来への「宗教」と呼んだことを紹介した。そしてカークはデューイが神による人間の魂の支配よりも社会的秩序を重視したこと、新しい知恵を重視して1900年以前の本を薦めなかったこと、過去にとらわれるより未来の平等主義的な社会建設を重視したこと、古い信念よりも近代の生物や物理の科学原理から発した新しい倫理観によって平和的な社会が築かれることを指摘したことを述べた。またデューイは社会が宗教的なものを必要とすることを指摘したが、それは過去の宗教（つまりユダヤ・キリスト教など）ではなく普遍的性質をもったモラル体系であると信じたことなどを紹介した[20]。

またカークは「非宗教的な人間主義」について歴史的にこの考え方がどのように生まれたのかについて述べた。カークは、この言葉が1933年のアメリカ・ヒュー

マニスト協会の設立の後に見られた言葉であると指摘した。当時、人間主義を唱える学者にはデューイの他にもハーバード大学のアーヴィング・バビットや『ネイション』誌の編集者ポール・ムーアがいた。バビットやムーアは古代のギリシアやローマの人間の歴史経験から学ぶ知恵としての人間主義を提唱し、彼ら自身はそれを「倫理的な人間主義者」と呼んだ。それに対しデューイと彼の弟子たちは彼らの人間主義を「宗教的な人間主義」と呼んでいた。しかしユダヤ・キリスト教の一神教の創造主を信仰をもたず、世界は神の介在なしでそれ自体で存在しているという主張をしていたことから、彼らの考え方に賛同しない人々が「非宗教的な人間主義」と揶揄して呼び、バビットやムーアの唱える人間主義と立て分けたのが始まりであるとカークは述べた[21]。

コーネル大学のリチャード・ベアは問題になった教科書が享楽主義の影響を受けていることを指摘した。そこには神の存在を否定し、人間の価値基準に頼った実存主義と関連があるとした。またアブラハム・マズローやカール・ロジャースといった人間性心理学者が神の存在を介在せず人間が自身の選択をするといった考え方を教育方法に取り入れることに影響を与えたと指摘した。ユナイテッドステイツ国際大学のウィリアム・コールソンもカール・ロジャースの人間性心理学はもっともアメリカの教育界に受け入れられている心理学であり、道徳主義的な教育ではルイス・ラス、メリル・ハーミン、シドニー・サイモンなどの影響があることを述べた。その上で問題を指摘された教科書が彼らの学問の影響を受けていることを認めた。つまりその教育方針として子供自身が自分の頭で価値を判断し、自身の生き方を選択し、自身を大切にしていくという価値観であるとした。そして彼等の学問はデューイの哲学を応用したものであるとした[22]。

そしてコールソンはデューイが示した新しい宗教の4つの要素として、結果の中にのみ正邪があること、神による救済よりも人間自身による救済を重視したこと、子供は過去から解放されるべきであること、あらゆる方法をもって生活の中から価値を見いだしていくこととした。そしてコールソンはラッダーがデューイの哲学が現在に影響を与えていないということに反論し、アメリカの教育者はデューイを研究対象としてみていなくともデューイの提唱した方法論によって教育研究をしているとした。つまりデューイの教育哲学・方法がアメリカの学問の土台にされていることを指摘した。またこのような影響からデューイの哲学を「宗

教」と呼ぶ学者がいることもコールソンは指摘した。実際、この公判の中でメリーランド州ヒストリカル・ソサエティーのティモシー・スミスは非宗教的な人間主義は無神論の人間主義であり、そして宗教の機能を持つと考える学者が多いと証言するなどした。また教科書の出版社、編者などもデューイの哲学の影響のある教育環境で育ってきた事実もあり、それが教科書の内容にも影響していると発言する学者もいた[23]。

裁判ではこれらの学際的な証言に基づき、伝統的な宗教的価値観を持つ人が現在のアメリカの教育に広まっている非宗教的人間主義の視点を受け入れることへの困難な事実があることを判事は指摘した。また明らかにカークの証言にもあったように「非宗教的な人間主義」はデューイの唱えた人間主義の説であり、「宗教的」な思想体系を持った説であると指摘した[24]。

問題とされた教科書の内容

この裁判では原告側が45冊の歴史、社会学、家庭科の教科書が非宗教的な人間主義という「宗教」を教えていると訴えた。公判で提出された資料にはその抜粋が掲載されていた。

たとえば『ティーン・ガイド』（Teen Guide）という教科書では「あなた自身が……あなたの生涯の設計者です。もし何かをしたいなら、計画を立てそれを達成するために懸命に働くことです。容易なことではありません。でも不可能ではないのです」等の内容が不適切だと指摘した。つまり一神教の神の存在が人間の生涯に介在しておらず、非宗教的人間主義を人生の中心においていると批判したのである。『ケアリング・デサイディング・アンド・グローイング』（Caring, Deciding and Growing）という教科書の中では、「……私たちは他人に自分の生き方を指し示してもらう代わりに自分の生き方を方向づけていくことができるのです」「自分に対して肯定的に考えるのです」と自分の生き方に自信を持つことを示唆している。しかし非宗教的な人間主義に反対する人々はこの教科書の内容も神への信仰によって生きることを示唆していないという点を指摘した[25]。

また他にも『コンテンポラリー・リヴィング』(Contemporary Living) という教科書の中で「自己実現は人間の最も必要とすることです」という言葉に注目し、最も必要とすることは神に対して喜びを与えることではないのかと問い返すなどした。他の文章の中では「成長は6つの方法で図れる。時間的、肉体的、知性的、感情的、社会的、哲学的にである」と書いてあることに対して、精神的、宗教的には成長を図ることはしないのかと疑問を呈するなどした。また「有神論者（神の存在を信じる人）が無神論者（神の存在を否定する人）と結婚した場合、彼らはいくつかの点で問題を修正しなくてはならないと思われる」という内容に対しても疑問を上げた。なぜなら有神論者にとっては無神論であること自体が問題であって、修正すべき点は無神論者にはあっても有神論者にあるとは考えないためであった[26]。

『パーソン・トゥ・パーソン』(Person to Person) という教科書の中では離婚について「離婚数：100年前は34組に1組の離婚があった。離婚は神に対する罪であると考えられていた。多くの人は離婚を不道徳で、弱く貧しい性質の現われだと考えた」と過去形で書いてある文章に疑問を呈した。また『トゥデース・ティーン』(Today's Teen) という教科書では「モラルは人々によって作られたルールです」とか「子供たちはモラルを主に家庭で学びます。もちろんモラル基準は家庭によってさまざまです。子供たちはまた学校、祈りの場、友人からもモラルを学びます」という点については宗教からモラルが主に形成されると考える有神論者との意識の差について指摘を受けた[27]。

いずれにせよユダヤ・キリスト教の文化を持つアメリカにおいて有神論者の視点から非宗教的な記述を教育者や心理学などの専門家が指摘した観もあったのは事実である。もしくは学者として公平な視点を保とうとしたゆえにデューイの哲学のマイナス面も述べ、かえって非宗教的な人間主義が「宗教」であるかのような印象を裁判官に与えたともいえる。原告側は教科書の示す道徳観が神への信仰に基準を持たないことで、宗教心の厚い家庭で教えている道徳観と学校で教える道徳観に違いが出ることを指摘し、教育や心理学の専門家にも教科書に示されたそれらの非宗教的記述があることを認めさせるのに成功したともいえる。そして非宗教的な人間主義を教えることは「宗教」であると結論づけたのである。

非宗教的な人間主義を「宗教」と認めた地方裁判所での判決

　1987年3月4日に行われたアラバマ州の連邦地方裁判で、ハンド判事はまず連邦最高裁判所が宗教の定義について明確でないことを指摘した。むしろ最高裁判所がしようとしたことは問題とされた事例の行為が信教の自由や国教樹立禁止条項に反しているかどうかという点であった。判事はここで *Lemon v. Kurtzman* (1971) で州法の合憲性を判断したレモン・テストを基準にした。この基準では第1にその州法が非宗教的目的であったか、第2にその州法による主要な効果がある宗教を促進したり抑制したりしていないか、第3に州法によって政府が過度に宗教に関わりを持つようにしていないかという基準によって合憲性を判断した。

　そしてこの基準を適用した意図として判事は4つの点を上げた。1つ目は合衆国憲法は宗派に関わらずすべての宗教の信仰を保護する意図があったこと、2つ目は宗教的であることとは概して現在のアメリカ人が宗教に対して抱いている考え方で決定されること、3つ目は政府は新しい宗教の信仰を妨げたり、禁止したりはできないこと、4つ目は政府は信教の自由の下に行われる行為に対して理にかなった制限を加える義務もあるということである。この点を上げた理由は宗教が非常に個人的なことであり主観的なことであり、他人の客観的な基準で宗教を定義できない場合もあることを判事は示したのである。つまりキリスト教以外の既成の概念も「宗教的」というだけで宗教として扱われることがあるということを示唆したのである。これはまた信教と思想の自由の延長線上にあることだと述べた。さらに判事は宗教が伝統的な宗教、つまり一神教ユダヤ教、キリスト教、イスラム教等に限ることはできないとして、信念体系をも含まれるとした。そして憲法はこれらの信教を保護するとした上で、政府による宗教の特定の支援や制限は許されないとした。それは他者の信教の自由を妨げることになるからであるとした[28]。

　そして最終的には判事は公判での証言などから非宗教的な人間主義は「宗教」の役割を果たしているとして、その概念を含んだ教科書を公立学校で使用することは、政府が特定の「宗教」を支援することになるとして合衆国憲法修正第1条

に違憲であると判断したのである。つまり非宗教的な人間主義は人間世界で理解できることのみを信じる宗教であるとしたのである。判事は「もっともこの宗教で重要なことは超越的また超自然的なことを否定することである。神、創造主、神聖がないことである。万物はそれ自体存在しているという論理によって完全に物理的であり、それ故に本質的に認知しうるとしている」と述べた上で、原告側の主張した宗教の定義を認めた。そして公判の証言などから、アメリカ社会におけるユダヤ・キリスト教の貢献を教科書は排除しており、非宗教的人間主義の影響を促進しているということを指摘した。そして問題になった教科書のうち1冊を除いて44冊の教科書を公立学校において使用することを差し止める命令を出した[29]。

この裁判の結果に人間主義は宗教ではないと主張を支持した人々は、判事に対する不信と驚きの声を上げた。アラバマ自由人権協会のマリー・ウィードラーは「私たちは判事がこれらの教科書が違憲であると判断したことに驚愕しております」と述べたり、「ピープル・フォー・ザ・アメリカン・ウェイ」のジョン・ブキャナンは判決について「学校の教科について政府が思想取り締まりをしたのと変わりませんし、ひとつの宗教的なグループの信念が〔公立学校で〕教えられてしまう前例となる危険な試みです」と発言するなどした[30]。

この判決を受けて学校関係者は使用停止を命じられた教科書の回収をすぐ開始した。州教育庁のジョー・ピーリーは約7,000人の生徒が使用していた教科書を回収し始めたことを発言し、「もしこれらの教科書がすぐに排除されなければ、各郡や市の教育委員会は侮辱罪の対象となります」と述べた[31]。

地方裁判所では10週間の猶予期間を与え、その間は教科書を使用することを認めた。しかし対象となった教科書を使用していたのは同州の130の学校区の中、114の学校区に上ったこともあり裁判所の命令の影響が大きいことは明らかであった。この状況の中、1987年3月12日には州教育委員会は会合を行い、3時間半の討議の後、5対4の評決で地方裁判所の決定に対して控訴することを決定した[32]。この際、教育委員会の議長でもありアラバマ州知事でもあるガイ・ハントは反対票を投じた。つまり州知事はキリスト教原理主義の保護者を支持したのである。このこと自体、地勢的にも政治的にも非宗教的な人間主義はアラバマ州において人気がなかったことを示していた[33]。

その後、3月17日にはハンド判事は教科書の使用停止命令の修正を行い4冊の家庭科の教科書については使用の継続を認め、残りの40冊は使用停止とする命令にした[34]。また州教育委員会は使用停止命令を一時的に執行しないことを要求したのに対してハンド判事は3月23日にその要求を斥け、同教育委員会に問題あると判断した教科書をすぐに回収するように命じた。いずれにせよこのような判決に州教育委員会が控訴することは決定的になった[35]。

控訴裁判所での逆転判決

　連邦地方裁判所の判決を不服としたモービル郡の教育委員会は第11巡回連邦控訴裁判所に控訴した。そして最終的には地方裁判所の判決の5か月後の1987年8月26日にトーマス・クラーク、ジョー・イートン、フランク・ジョンソンの3人の判事からなる控訴裁判所は教育委員会の主張を認め地方裁判所の判決を覆したのである[36]。

　この間、同年の6月19日に連邦最高裁判所がルイジアナ州の同時間法が憲法修正第1条に照らして違憲であると判決を下すなどし、アラバマ州教育委員会にとっては追い風となる判断が下されるなどの政治状況があった。同時間法では公立学校において進化論と同等に同時間だけ天地創造説を教えることを定めていた。最高裁判所は7対2の評決において宗教的な動機によって作られた同時間法は憲法修正第1条の国教樹立禁止条項に違憲であると示したのである。この判決に対してアラバマ州の教科書問題の原告側の弁護を支援していた「ナショナル・リーガル・ファウンデーション」のロバート・スコルロッドはこの最高裁判所の判決に対して「確実にこれは〔私たちにとって〕心強い決定ではありません。……そして好ましいことではありません」と述べた。それに対して州教育委員会側の弁護人は「私たちはこの決定を大変良いものだと考えます。……この判例は州が非宗教的な考えが宗教の教義と対立したとしても、非宗教的な考えを教えることができるという憲法上の原則を強く再確認したのです」と述べた。同時期に同様な事例が連邦最高裁によって判断されたことは、控訴裁判所の判決に大きく影響したことは疑いなかった[37]。

この最高裁判所の判決の数日後の非宗教的な教科書の裁判での45分の公判ではフランク・ジョンソン判事が事件のはじまりについて質疑をするなどした。そこではアラバマ州の公立学校で祈祷の時間を認める法律に対して起こった当初の地方裁判から、非宗教的な人間主義の教科書に裁判が移った際の地方裁判所のハンド判事の役割についてなどについて質問した。ジョンソン判事は「私はこの訴訟を誰が駆り立てたのかについて明らかにしようとしているのです。……それは〔原告・被告の〕当事者なのか、地方裁判所の判事なのか」と問いただしたのである。明らかにジョンソン判事は地方裁判所のハンド判事が原告を駆り立てて、非宗教的な人間主義について裁判を行ったと疑っていたのである。この質問に対して原告・被告の両者とも公立学校における祈りの時間に関した裁判から教科書の裁判へと方向を変えることを自ら行ったことを否定した。その上で人間主義を批判する保護者側の弁護士トーマス・パーカーはハンド判事は非宗教的な人間主義が未解決のままだったため正しく問題を処理したと述べるに止まったのである[38]。

　またトーマス・クラーク判事は教科書が「付随的に〔非宗教的な人間主義者の信念に〕言及していることで州が何らかの責任を持つことはない」と述べて、付随的に非宗教的な人間主義に言及している教科書を使うことは違憲性はないことを示唆した。そしてパーカーに州教育委員会が故意に非宗教的な人間主義を促進するためにこれらの教科書を選択したと考えているのかについて質問した。それに対してパーカーは州がどのような意思を持っていたかは問題ではなく、これらの教科書が宗教を促進する効果があるのであれば、それは違憲であると述べた。これに対して州教育委員会側の弁護人は原告側が宗教を促進するような効果があったのか証拠を出していないと反論した[39]。

　結局この公判の2か月後の1987年8月27日に控訴裁判所は非宗教的な人間主義の教科書を使用することは違憲でないと判断した。ただし非宗教的な人間主義は「宗教」かどうかということについては直接的には判断することはなかった。むしろ州教育委員会が宗教を促進しているのかを原告側が証明できたのかについて討議した。そして地方裁判所同様にレモン・テストを基準とする際に重要なことは、このテストは公的機関である政府が特定の宗教を支援したかを図る基準であることと、もしそれに反しておらず合衆国憲法に照らして違憲でない場合、地方の教育行政に対して司法が判断を控えることが原則であると述べた。この事例

第 5 章　非宗教的な人間主義を裁いた事例　125

においては、あくまで司法の判断することは地方（または連邦も含め）政府が憲法修正第 1 条の国教樹立禁止条項に反していないかということであると指摘した[40]。

　その上で、控訴裁判所は地方裁判所の歴史、社会、家庭科の教科書に関する審査内容には間違いがあると述べた。つまりこれらの教科書はどれも政府に認められた非宗教的な人間主義を広めようとしている訳ではないし、一神教を否定する政府の意図を伝えるものではないとした。つまり政府の意図が故意的なものではないことを指摘したのである。たとえば家庭科の教科書における地方裁判所の分析ではその文脈にあるメッセージに注目して非宗教的な人間主義を教えようとしていることを、政府が「宗教」を支援し促進している違憲行為だと判断した。それに対して控訴裁判所の裁判官は、この論理はレモン・テストの意図を誤って適用しているとした。つまり政府がある特定の宗教に寛容であるだけでレモン・テストにおける政府の宗教促進に当たらないとした。また同テストでは政府が確信的に特定の宗教を取り入れるか、または特定の宗教を故意に禁止しようとしているかの条件を満たさなければならないとした。つまり州の法規制がたまたまある特定の宗教やまたはすべての宗教の考え方と一致したとしても、それが合衆国憲法の国教樹立禁止条項に違憲とはならないと指摘したのである[41]。

　また同様に歴史や社会の教科書に関しても地方裁判所のハンド判事が「ほとんどのアメリカ文化の宗教的な側面を無視している」と述べ、宗教の重要な役割を省略している点を指し、これらの教科書が宗教、特に一神教の宗教の重要な概念を差別しているとして違憲判決を導いたことに控訴裁判所の判事は反論した。控訴裁判所はもともとアラバマ州の教科書はその選定にあたり歴史と社会の教科書において非宗教的目的を持っていたことを示した。その上で客観的な人が教科書の中で特定の宗教に関する話題を省略した理由は州政府が特定の非宗教的な人間主義という「宗教」を支援することを目的としたからではないと述べた。つまり州政府がわざわざ一神教を排除する目的をもったり、非宗教的な人間主義を支援する目的をもって、特定の宗教に関する話題を省略していないことは明白であると指摘したのである。またこれは多様な宗教や信条を持つ人々に奉仕する必要がある公立学校においては珍しくないことであるとしたのである[42]。

　また問題とされた教科書を使用したことによって生じる効果は非宗教的な人間主義を推進する政府の支援には当たらないとして、この点においてもレモン・テ

ストを満たしていないと判断した。むしろこれらの教科書の意図は独立した考え方、多様性への寛容、自尊心、成熟性、自立、論理的決定を教えることであり、非宗教性をもつ公立学校として適当であると述べた。さらにこれらの教科書が一神教の信仰に対して強く反対するという証拠もないとし、原告側もそのような証拠を示していないことを指摘した。そして多くの問題とされた教科書では宗教はモラルの源泉であると指摘していることを上げ、一神教の信仰へ敵対する考えではないとした。その意味で一神教の信仰に対しても中立の立場を教科書は保っており、政府が意図的にこれらの宗教を排除しようとしたものではないと結論した[43]。

そして裁判では憲法に示された政教分離の基本的意味として宗教と政府が長期にわたり崇高な目的を達成するために協力し合う関係であると指摘した。そしてアメリカの伝統として宗教の目的を達する場として家庭と教会の役割と個人における信仰を重視してきたことを指摘した。つまり宗教は個々人の内面の事柄であり、政府が教会の宗教活動や家庭や個人の信仰を意図的に支援したり、妨げたりしてはならないということである。一方で政府が意図的に特定の宗教を支援したり排除していない限りは、公立学校において政府が宗教の思想と一致するメッセージをもつ教科書を使用することは国教樹立に当たらないと示唆したのである。このモービル郡学校区における教科書の問題の場合、特定の保護者や教師が教科書の内容に対して彼らの宗教的信条に反するとしてその排除を求めたが、これらの教科書自体は特定の宗教を支援したり排除したりするものではなく国教樹立禁止条項に反していないと控訴裁判所の判事は判断したのである[44]。

そして連邦最高裁判所の判例を上げながら、アメリカの公立学校は宗教的教義から中立を保ちつつ必要とされる知識を教えることを目指しており、その上で子供たちは自身の宗教を基盤とした上で、各人に最大に適した知恵を身につけることを前提としていると控訴審の判事は示した。いずれにせよこの控訴裁判所では非宗教的な人間主義は「宗教」ではないとは明確には示さなかったものの、地方裁判所の決定を覆し非宗教的な人間主義の教科書が憲法修正第1条の国教樹立禁止条項に違憲ではないと判断したのである[45]。

判決後の原告と被告の反応

　判決後、アラバマ州教育委員長ウェイン・ティーグは「私たちは訴訟で問題あるとされた教科書を採用する過程で当教育委員会が適切に行動してきたと確信しておりました」と素直に裁判の結果を歓迎し、教育委員会の教科書の検定が正しかったことに安堵の声を上げた[46]。「ピープル・フォー・ザ・アメリカン・ウェイ」のジョン・ブキャナンは判決に対して「公立学校の教育、教育の自由、学ぶ自由のために大きな勝利である」と表現した。しかし同時にブキャナンは全米レベルで本の排除が行われている傾向について警鐘も鳴らした。彼はアメリカの北東部以外の地域で本の排除がキリスト教原理主義者によって進められていると指摘した。人口としては原理主義者は少数派であるにも関わらず影響を与えていると述べ、その理由として、「アメリカ市民の大多数が無関心」であるからであると述べた[47]。

　一方で控訴審の判決に対して原告側の保護者のスポークスマンのジュディー・ウォートンは必要ならば連邦最高裁判所まで争うと述べ、この控訴審の判決に対して不満の声を上げた。彼女は「私どもは学問の自由に対して大きな一撃を加えられたように感じています。……たったひとつの考え方〔非宗教的な人間主義〕のみが推進されたのです。このようなことが行われれば〔子供たちに〕教育を施さず、〔ひとつの見方のみを〕植えつけてしまうのです。これは合憲ではありません」とあくまで控訴裁判所の決定は憲法に基づいていないと発言した[48]。

　また原告側の弁護を支援した「ナショナル・リーガル・ファウンデーション」のロバート・スコルロッドは「裁判でキリスト教徒がもはや平等の立場に立てることがなくなったのが明らかになりました。……我が連邦憲法の200周年の年に、裁判所がアメリカ人の大多数の公民権を奪う決定を出したことは悲劇です」と、司法においてキリスト教の（とくに原理主義者の）主張が通らなくなったことを嘆いた。とくにこの年は先にも上げたようにルイジアナ州の同時間法も最高裁判所において違憲判決が出ており、司法によってキリスト教の教義が公立学校から排除された年でもあり、彼らにとっては二重の痛手となった[49]。

　その後、同年1987年11月25日に教科書に反対した保護者側が連邦最高裁判

所に上告しないことを発表してこの裁判は終結した。上告しなかった理由としては、最高裁判所判事のルイス・パウエルが引退し、ロナルド・レーガン大統領が次の最高裁判事候補としてアンソニー・ケネディーを指名していた時期にあたり、最高裁判所でどのような判決が下されるのか予想がつかない状況を上げた。また現実的には最高裁判所がこの事例を審議することを拒否する可能性もあることを上げた。つまり控訴審において地方裁判所の判決を覆したことで最高裁判所で審議をする場合、長期間にわたる証言や公判の内容の再審議の時間を費やさなければならないことが予想された。そのような長期間にわたる審議を求められる事例を最高裁判所は取り上げないと予想したのである[50]。

　この保護者側の弁護人のひとりボブ・シャーリングは「私たちは訴訟の結果には満足しています。……地方裁判所において非宗教的な人間主義は宗教であると判断しました。控訴審はこのことについては意見を覆してはいません」と、あくまで公立学校で教えられている教科書は非宗教的な人間主義という「宗教」であることを再確認したのである。もちろんさまざまな理由から保護者側が上告しなかったと思われるが、最終的には最高裁判所で勝利する可能性が低いと見ていたのが実情ではないかと思われる。つまりルイジアナ州の同時間法が最高裁判所では違憲と判断されていたことや、非宗教的な人間主義を「宗教」と見なすこと自体、やはり一般的に見て無理があったためである。

ま と め

　アラバマ州において争われた非宗教的な人間主義が「宗教」であるという議論は同州ばかりでなく1980年代初めから全米の各地で起こった。実際に1981年のニューヨーク・タイムズ紙には非宗教的な人間主義を批判する動きが各地であったことを報道している。ミネソタ州の「ストップ・テキストブック・センサーシップ」という教科書の思想取り締まりを監視する草の根グループのテリー・トッドは『ハックルベリー・フィンの冒険』や『ロビンソン・クルーソー』が人間主義の下に学校から排除されていると批判した。テキサス州の「プロ・ファミリー・フォーラム」という市民グループは『人間主義はあなたの子供を害している?』

というタイトルのパンフレットを配布した。その中では「人間主義はいたるところにあります。これは私たちの国に破壊的なことであり、家庭にとって破壊的なことであり、個々人にとって破壊的なことです」と記していた。そしてこれらのグループは人間主義を非公式な宗教であり、学校で起きていた犯罪、麻薬問題、性問題、権威の失墜の元凶であると指摘したのである[51]。

　これらのグループは子供が学校に通う保護者に対して非宗教的な人間主義の害をパンフレット、小冊子、映画などを使って啓蒙し、人間主義は生徒に自殺、中絶、安楽死を受け入れるように洗脳し、保護者に嘘をつくことを進め、社会主義的非競争的な行為を教えつけているとしていると訴えたのである。たとえばキリスト教放送ネットワーク（Christian Broadcasting Network）によって制作された29分の映画では中絶された胎児、麻薬に苦しむ十代の子供たち、十代の売春、ポルノ、殺人など子供に関連する社会問題の元凶が非宗教的な人間主義であるとされていた。これらの情報は信仰心のある保護者にとって衝撃的なことであり、公立学校において発生したあらゆる問題の原因として非宗教的な人間主義を受け入れたことに原因を求めた。特に中西部や南部や他の地方都市のキリスト教の保守的な人々が多い地域にあっては、非宗教的な人間主義は格好の非難の的となった[52]。

　本章で取り上げたアラバマ州でもモービル郡の学校区における訴訟問題以前にもアラバマ州教育委員会が非宗教的な人間主義を教えるとして『ジャスティス・イン・アメリカ』と『アンフィニッシュド・ジャーニー』という社会の教科書を教材として排除したこともあったのである[53]。その意味でアラバマ州においても非宗教的な人間主義を「宗教」として見る見解はこの裁判以前からあった。

　またこの非宗教的な人間主義を「宗教」として批判した人々は同時に進化論を批判してきたキリスト教の原理主義者であったり、敬虔な福音主義者であったりした。彼らはキリスト教の教義がモラルの源泉であり公立学校においてもキリスト教の祈祷の時間や宗教的な教義が教材や授業に反映することを望んだ。しかし時代の変化とともにキリスト教の創世記に記された天地創造とは対立する進化論が公立学校で教えられ、それが司法の上でも1960年代には合憲と判断された。次に天地創造説を進化論と同等に生徒に教えることをキリスト教の保守層は望んだが、それもルイジアナ州の同時間法が違憲だと1980年代に判断されて、彼

らにとって公立学校はもはや反キリスト教的教材を教える場として映ったのである。

　しかし司法の場において違憲判決が出されたとしても、彼等の信念が揺るぐことはなかったし公立学校の非宗教的な傾向に関しては、つねに反対の声を上げて行動したのである。宗教的信念からの行動であるため、ある面司法で違憲判決が出ても彼らの行動を止めることはできなかった。またこれからもできないのではないかと思われる。先にも上げたが、「ピープル・フォー・ザ・アメリカン・ウェイ」のジョン・ブキャナンが述べたようにキリスト教の原理主義者は絶対的な多数を占めている訳ではないのに関わらず、彼等の声が政治に反映するのは、それだけ彼等の行動がよく組織だって政治を動かすだけの戦略があったからである。また同時に他の多数の人々が無関心であったことも重要な事実であるといえる。

　だが逆に大多数の人が無関心でも少数の人は憲法における政教分離の原則、表現の自由を保護するために立ち上がったことも事実である。「ピープル・フォー・ザ・アメリカン・ウェイ」のようなグループや米国自由人権協会などは公立学校に特定の宗教色がでることは政教分離の原則に反していると見なし、同様に宗教色が出ることに反対する他の市民とともにその動きに歯止めをかけるために司法に訴える手段を使った。その意味でこれらのグループや市民もアメリカの政治の中で重要な意味をもっていることは疑いない。

　いずれにせよこの非宗教的な人間主義を「宗教」と見なすかどうかという議論を巡って起こったこの事件はアメリカの社会における価値観の衝突をいかに政治的また法的に解決したのかを示す例だといえる。

　またこの事件に関して哲学的な側面からいうならば、アメリカの教育におけるジョン・デューイの哲学の影響の大きさを物語った裁判であるといえた。デューイの哲学がどこまで現在の公立学校の教材や方針に影響を与えているかは人によって意見が異なり明確ではない。実際に本章で上げた裁判の中でオーバーン大学で教えているチャールズ・ラッダーはデューイの哲学は1950年代までだと主張する一方でユナイテッドステイツ国際大学のウィリアム・コールソンは現在でもデューイの哲学はさまざまな現代の学問分野を通じて影響があると主張した。たとえばアブラハム・マズローやカール・ロジャースといった人間性心理学は明らかにデューイの哲学を応用したものだと主張した。いずれにせよ神の存在を介

在せず子供一人ひとりの可能性を実際の社会または学校経験を通じて開かせるというデューイの考え方はアメリカの教育に大きく影響を与えたことは間違いないし、現在のアメリカ社会の発展の下にデューイの人間主義の哲学があったことも疑いないであろう。

しかし同時にキリスト教の原理主義者にとってはデューイの哲学が受け入れがたい考え方であったことはモービル郡の裁判からも明らかである。その意味でこの裁判は哲学と宗教の対立という側面も持っていたのであった。別な言葉で言えば一般的に普遍性をもつと考えられるデューイの人間主義に対してキリスト教はその普遍性を認めなかったところに問題の根深さがあったということである。

■注

1) U.S. Census Bureau の調査結果より。http://www.census.gov/compendia/statab/tables/07s0073.xls
2) *Douglas T. Smith v. Board of School Commissioners of Mobile County,* 655 F. Supp. 939 (S.D. Ala 1987).
3) *Ibid.*
4) *Ibid.*
5) *Ibid.*
6) *Ibid.*
7) *Douglas T. Smith v. Board of School Commissioners of Mobile County, Ibid.*
8) Dudley Clendinen, "Conservative Christians Again Take Issue of Religion In Schools To Courts," *The New York Times* (February 28, 1986).
9) *Douglas T. Smith v. Board of School Commissioners of Mobile County, Ibid.*
10) Clendinen, *Ibid.*
11) アメリカの教育では批判的思考（critical thinking）を重要視するが、ある面この教育方法自体を伝統的なキリスト教徒は批判していたといえる。*Douglas T. Smith v. Board of School Commissioners of Mobile County, Ibid.*
12) *Douglas T. Smith v. Board of School Commissioners of Mobile County, Ibid.* タイソンは後にモービル郡の地方検事になった。
13) Clendinen, *Ibid.*
14) Clendinen, *Ibid.* 原告はあくまでモービル郡教育委員会であるが、もともと教科書を認定したのは州教育委員会であるため、モービル郡教育委員会は、ある面その責任を持っていなかっ

たといえる。
15) Clendinen, *Ibid*.
16) *Ibid*.
17) Barbara Vobeda, "Humanist' Textbooks on Trial in Alabama," *The Washington Post* (October 6, 1986).
18) *Douglas T. Smith v. Board of School Commissioners of Mobile County, Ibid*.
19) *Ibid*.
20) *Ibid*.
21) *Ibid*. バビットはデューイの唱える説は神聖なものの介在がなくても個人や社会が完全であるという点において人間主義ではなく人道主義 (humanitarianism) であると指摘した。
22) *Douglas T. Smith v. Board of School Commissioners of Mobile County, Ibid*.
23) *Ibid*.
24) *Ibid*.
25) *Ibid*.
26) *Ibid*.
27) *Ibid*.
28) *Ibid*. 判事は *United States v. Seeger*, 380 U.S. 163 (1970) や *Welsh v. United State*, 398 U.S.333 (1970) などを判例として挙げている。
29) *Douglas T. Smith v. Board of School Commissioners of Mobile County, Ibid*. 使用を認められた1冊の教科書は Daniel J. Boorstin, Brooks Mather Kelly and Ruth Frankel Boorstin, *A History of the United States* (Massachusetts: Lexington, 1981) であった。
30) Barbara Vobejda, "Judge Bans 'Humanist' Textbooks," *The Washington Post* (March 5, 1987). この時点で当時州知事であり州教育委員会議長であったガイ・ハントは何らコメントもしなかった。
31) "Mobile Books pulled from shelves in Alabama," *Arkansas Democrat-Gazette* (March 6,1987). このアラバマ州での判決は同教科書を使用している州などにも注目を浴びた。たとえば排除を求められた教科書の中、6冊を使用していたアーカンソー州の教材選考の取りまとめ役をしたスー・オゥエンズ「すべての教科書は細心の注意を払って評価されましたし、これらの教科書に問題ある点はありません」と述べるなど同州の関係者の中にも裁判の結果には満足していない発言など見られた。Anne Farris, "Sue Owens with home economics books banned in Alabama," *Arkansas Democrat-Gazette* (March 6, 1987).
32) "Ban on Textbooks Appealed," *The New York Times* (March 13, 1987). この記事では129の学校区の中114の学校区が教科書を使用していたとあるが、3月24日のニューヨーク・タイムズ紙では130の学校区の中100以上の学校区が教科書を使用していたと報じていた。

33) "Court Reverses A Ban On 'Humanist' Schoolbooks," *The New York Times* (August 27, 1987).
34) "Federal Judge Frees Four Texts From Alabama Ban," *The Washington Post* (March 18, 1987).
35) "Judge Won't Lift Ban On Texts In Alabama," *The New York Times* (March 24, 1987).
36) *Douglas T. Smith v. Board of School Commissioners of Mobile County*, 827 F.2d 684 (1987).
37) Barbara Vobejda, "Ruling Sets Back Fundamentalist Challenge," *The Washington Post* (June 20, 1987).
38) Barbara Vobejda, "Book Ban Contested In Alabama," *The Washington Post* (June 24, 1987).
39) Vobejda, "Book Ban Contested In Alabama," *Ibid.*
40) *Douglas T. Smith v. Board of School Commissioners of Mobile County*, 827 F.2d 684 (1987).
41) *Ibid.*
42) *Ibid.*
43) *Ibid.*
44) *Ibid.*
45) *Ibid.*
46) Barbara Vobejda, "Appeals Panel Overturns Alabama Ban on 44 Textbooks," *The Washington Post* (August 27, 1987).
47) "Court Reverses A Ban On 'Humanist' Schoolbooks," *The New York Times* (August 27, 1987).
48) Vobejda, "Appeals Panel Overturns Alabama Ban on 44 Textbooks," *Ibid.*
49) "Court Reverses A Ban On 'Humanist' Schoolbooks," *Ibid.*
50) Barbara Vobejda, "Challengers Of Textbooks Won't Appeal," *The Washington Post* (November 26, 1987).
51) Dena Kleiman, "Parents' Groups Purging Schools of 'Humanist' Books and Classes," *The New York Times* (May 17, 1981).
52) Dena Kleiman, Ibid. キリスト教放送ネットワークが制作した映画のタイトルは「Let Their Eyes Be Opened」というもの。非宗教的な人間主義を批判するグループとして Pro-Family Forum, Eagle Forum, Moral Majority, the Heritage Foundation, America's Future などがあった。
53) Kleiman, *Ibid.*

第3部　宗教と道徳をめぐる本

第6章

『スローターハウス5』を読む権利

はじめに

図7 カート・ヴォネガット著『スローターハウス5』の表紙

カート・ヴォネガット Jr. によって書かれた『スローターハウス5』はアメリカの学校や図書館からその内容が反社会的、わいせつ、言葉が不適切等々の理由から批判され学校や図書館の本棚から排除の対象とされてきた。同書はフィクションの小説だが、中心的なテーマのドイツにおける1945年2月に起こったドレスデンの無差別爆撃は当時捕虜として当地にいた作者本人の体験に基づくものであった。題名の『スローターハウス5』というのはアメリカ兵捕虜が収容された場所でもともとドレスデン市の家畜の屠殺場（スローターハウス）の5番目という意味である。ドレスデンの無差別爆撃はイギリス軍とアメリカ軍におけるドイツへの掃討攻撃で高性能爆弾と焼夷弾によってドレスデンの街を無差別に破壊した攻撃であった。ドレスデン警察が発表したところによると推定13万5千人の人が犠牲になったという。しかもこの攻撃では犠牲者のほとんどが一般市民で東欧からの難民もいたことから、実際はこの数字より多くの犠牲者がでたと考えられる。しかも連合国側が1963年までこの攻撃について公表していなかった[1]。

このドレスデンの体験を通しヴォネガットは戦争の愚かさと人間の精神性へ与える悪影響を小説の中で直接的に述べた。そしてヴェトナム戦争への反戦運動や市民運動が広がる当時のアメリカ社会において反戦を支持する幅広い読者を得たのである[2]。またその後も多くの作品がベストセラーになるなどアメリカの現代文学を代表する作家になった。実際、ヴォネガットが2007年4月11日にニューヨーク州マンハッタンで84歳で亡くなった時、ニューヨーク・タイムズ、ロサンゼルス・タイムズは1面でそれを報じ、いかに彼の作品が影響を与えたかを述べた[3]。

いずれにせよ『スローターハウス5』は米国図書館協会の調査では1990年から2000年の間で図書館から排除を求められた本としては上位の69位を占める。ただし1969年に出版された同書がもっとも学校や図書館からの排除を求められたのは70年代から80年代であることを考慮するなら、同書の社会的影響が強かったのはこの時期であるといえる。実際、この本がもっとも問題とされ裁判にまで発展したのは70年代から80年代であった[4]。

『スローターハウス5』を教室で教えることは憲法に反するのか

1971年3月24日ミシガン州ロチェスター市のコミュニティー学校に通う子供を持つブルース・リビングストン・トッドという父親が『スローターハウス5』を教材から排除することを求めてオークランド郡巡回裁判所に申し立てを提出した。トッドは子供の通うロチェスター市の公立高校の現代文学という教科の授業において教材として使われていた『スローターハウス5』について「このような本を公立学校区やそのシステムにおいて教科の一部や関連教材として使用することは違法、つまりこの国の法律である合衆国憲法修正第1条と第14条に反するものである」と述べた。この訴状の中でトッドは『スローターハウス5』の主題にあった反戦や反米主義的なことに対して反対したのではなく、その本の部分的に述べられた反宗教的、反キリスト教的な内容に対して反対したのである。彼は同書の反キリスト教的な内容は公的機関が特定の宗教を抑制することになり、政教分離を謳った憲法に照らして違憲であると訴え学校の教材から排除することを

求めた。そして原告は被告の学校区の教材選択が国教樹立禁止条項と法の手続きの下の平等に反していると訴えた[5]。

　この訴状に対してロチェスターコミュニティー学校区は1週間後の3月31日にこの申立てに返答し、問題になっている『スローターハウス5』は「現代文学という非宗教的な一般科目に関連して使用されており、同書が付随的に宗教的な事柄に触れていることだけで合衆国憲法修正第1条と第14条に違憲することはない」と主張した。つまり本の主題が宗教を宣揚する内容でなく、付随的に反キリスト教的な表現が入っていたことを上げて、公立学校が特定の宗教を擁護したり制限したりすることはないということを指摘したのである。また公立学校で使用する教科書の選定は学校区の排他的な権威であり、司法の監査や審査の対象とはならないと主張したのである[6]。

　ヴォネガットの『スローターハウス5』の中ではそのキャラクターの言葉から実際キリスト教へ対して不信感を持った表現が使われていた。たとえば十字軍を愚劣なものとして評価したイギリスの法学者チャールズ・マッケイが1841年に出版した『異常なる民間の妄想と群集の狂気』という本を紹介して十字軍が「無知にして野蛮な暴徒の集団」だと引用したりしていた[7]。また半分サイエンス・フィクション仕立てにしてある同書の中では宇宙人トラルファマドール人がキリスト教徒の残虐性の原因は「新約聖書が行きあたりばったりな物語」にあることからくると言わせたり、この宇宙人たちがイエス・キリストよりチャールズ・ダーウィンの方が魅力的な地球人であると評価していると描いたりしている。キリスト教への信仰の深い人々にとっては天地創造説と相反するダーウィンの進化論は受け入れがたい理論であるために、このような内容を含む『スローターハウス5』が反宗教的だと彼らに確信させたことは疑いなかった[8]。

　裁判は1971年4月7日にオークランド郡裁判所のアーサー・ムーア判事の下で公判が開かれた。その結果、同年6月9日に原告であるトッドの主張を支持しオークランド学校区に『スローターハウス5』を排除する職務執行命令を下したのである[9]。命令内容としては直ちに同書を学校の図書館から排除すること、学校区が管轄下の学校において同書を促進することを止め今後も推薦したり促進したりしないこと、同学校区の学校の教科の中で教材として使用の禁止に対処するために学校図書館から禁書をすること、学校区が管轄下の各学校において十分

に同書の促進や推薦を止め教科の教材として排除を確認できた場合は図書館の蔵書として戻すことはできることを命じたのである[10]。

これに対して被告側のロチェスター・コミュニティー学校区は同年6月8日に第一審の判決を不服としてミシガン州の連邦控訴裁判所に控訴したのである。この裁判では学校区を支持するために米国自由人権協会のミシガン支部が意見書を提出するなどした。そしてその結果、連邦控訴裁判所は先の第一審の判決を覆し、『スローターハウス5』の排除をする職務執行命令を無効としたのである[11]。

この控訴審（*Todd v. Rochester Community Schools*）では判事は本の中で宗教的な事柄を含んだり参照したりすることだけで公立学校での使用を禁じるような法律はないと述べた。また原告の言うような付随的に宗教について書いてあるだけでも国教樹立禁止令に反するという論理が正しいとするなら他の多くの本が学校の教科書として使用できなくなることを指摘した。たとえばシェークスピアの『ヴェニスの商人』のシャイロックの部分は取り除かれなくてはならなくなるし、ジョン・ミルトンの叙事詩も読めなくなる。また逆にアドルフ・ヒットラーの『我が闘争』のような危険な内容も教材として紹介できなくなると指摘した。そして憲法は知的欲求を充たす学問の自由を制限することはないと述べたのである。また同書の内容は原告が指摘するような反宗教的な内容というよりむしろ連合軍のドレスデン無差別爆撃を扱った反戦を訴える内容であると述べた[12]。

また学校が故意にキリスト教の威厳を傷つける目的で『スローターハウス5』を使用したという事実はなく、また特定の宗教を樹立するようなこともないし、原告もそのようなことはまったく主張していなかった点を指摘した。また聖書が物語として位置づけられているとしてもそれがキリスト教を蔑む目的であった訳ではなく、教室において主観的に宗教を支持したり制限したりするようなこともなかった点を指摘した。裁判所が指標とした判例（*Abington School District v. Schempp*, 374 U.S. 203（1963））では、制定された法律の目的と主な効果は何か、法律が憲法で定められた議会の権限を越えるような宗教の促進や樹立を目指すものなのかなどを基準とした[13]。

また *Schempp* の判決において同意の意見を提出したウィリアム・ブレナン判事はアメリカ建国の父たちが憲法で示した政教分離の意味は政府が宗教団体の宗教活動を実質的に支援したり、本質的に宗教目的のために政府の機関を用いたり、

政府の政治目的のために本質的に宗教を利用するようなことを禁じたことであると論じたのである[14]。

またこの控訴裁判所はオークランド郡裁判所のアーサー・ムーア判事の判決の中で『スローターハウス5』がわいせつであるという理由を下に判断をしている節があることに裁判官個人の感情移入があると指摘した。これはもともと告訴した原告側も『スローターハウス5』がわいせつであることを糾弾していたわけでもないのに、ムーア判事の判決文ではわいせつな記述について指摘し同書を批判している点を上げたのである。このように原告も問題視していない部分を取り上げ、争点をその記述に合わせること自体、判事の感情移入があると指摘したのである。しかも控訴審ではムーア判事が取り上げたわいせつの記述は最高裁の判例の基準から審査した場合わいせつとは見なされないと述べた[15]。

また控訴審では公職である裁判官が人々の趣向の善悪、優劣の判断をすることはできないと指摘した。それにも関わらず憲法修正第1条で保護されている表現の自由で守られた本の表現に対してムーア判事は自分の価値観から判断を下したと指摘したのである。ムーア判事は判決文の中でトッドの告訴の適性を審査するために『スローターハウス5』の内容を読んだことを「かなりの時間を実際浪費した」と表現し、内容には「かなりうんざりした」と個人的な感想を述べていた。そして同書について内容はお粗末で価値もないと判断し、教育者にとっても同書を子供たちに紹介する必要性に疑問を投げかけている。そして「繰り返し述べられるわいせつと不道徳は単に品位を下げ何ら教育も施さない」と断じたのである。そして「確実に学校区が現代文学を教えるためにわいせつ、ポルノ、逸脱した不道徳を選定する必要はない」と結論づけたのである[16]。

これに対して控訴審の判決では憲法は権威あるものが思想取り締まりをしたり、自分の判断を人々に押し付けることを許してはいないと述べ、地方裁判所のムーア判事は法律の是非について判断はできてもモラルを教示することはできないと指摘したのである。その上でムーア判事の判決文から見られることは、彼個人の価値観から『スローターハウス5』の優劣を判断しており、法律に照らして違法かどうかを判断していないと控訴審では指摘した。そして学校はさまざまな考え方を比較し真実を明らかにする場であるとして、「戦争、宗教、死、キリスト、神、政府、政治そして他の事例を扱うヴォネガットの文学はマキャヴェッリ、シェ

イクスピア、メルビル、レーニン、ヒットラー、ジョセフ・マッカシー、ウォルト・ディズニーの作品と同様にこの州の公立学校においては受け入れられるべきである」と述べ結論づけた[17]。

各地の学校での禁書・焚書

　この控訴審の裁判の結果、ミシガン州において『スローターハウス5』を読む権利が裁判で認められたものの、それがアメリカのすべての人々に受け入れられた訳ではなかった。たとえば1973年ノース・ダコタ州ドレイク市の学校の文学教師ブルース・セヴェリーが同書を授業で取り扱った際に保護者から強く批判を浴びる事件があった。その保護者の批判に対処して同校を管轄する学校区が同書をポルノであると判じ焚書にする決定をした。それを受けてシェルダン・サマーという学校の用務員が同書32冊を1973年11月7日に焚書にするという事件が起こった。これに対して教育長は焚書は思想取り締まりを象徴するものではないと主張したものの生徒からは同書の焚書には反対の声が上がるなどした[18]。

　この事実を知ったヴォネガットはドレイク教育委員会委員長チャールズ・マッカシーに抗議の手紙を送った。1973年11月16日付けの手紙の中でヴォネガットは、委員会の中の何人かの人が『スローターハウス5』を悪の作品で著者を悪人だと位置づけたことは彼をひどく傷つけたと述べた。そして彼自身が農民の出身で6人の子供を育て第2次世界大戦では兵士として出兵し勲章を受けたことを述べ、彼が他のアメリカ人と変わらない一般の人間であることを書いた。そして本の中で、一部のキャラクターが粗野な言葉を使っていることを認めつつも、実際の生活の中で人々、特に兵士などがこれらの粗野な言葉を使っており実際の社会の一部を表現したにすぎないことを主張した。そして大人がこのような粗野な言葉を使っていることを子供も知っているし、この本を読むことで子供を傷つけることはないし、過去に大人が子供のときにこれらの言葉を聞いて傷つくことはなかったと反論した。その上で『スローターハウス5』を排除するなら、思想取り締まりをする教育委員会を「悪い市民であり愚かであると人々が呼ぶ資格があるであろう」と思想取り締まりについて反対する意見を述べた[19]。

このヴォネガットの手紙に対してマッカシーは電話や手紙で返答することはなかった。しかも悪いことに『スローターハウス5』を教材として使ったセヴェリーは教師としての契約が継続されることはなかったし、教育委員会はこの問題によって彼の給料を保留しようともした。また彼の家の窓が石で割られたり、車のタイヤをパンクさせられたり被害を受けるなどしたのである。同僚の教師や生徒からも嫌がらせを受けるなど、セヴェリーはこの事件で精神的にも大きな被害を受けるなどした。その意味で彼は『スローターハウス5』を教材として使っただけで、この保守的なコミュニティーにおいて村八分にあったのである[20]。

この事件が示したことはこの時代にアメリカでは地域によって本を読む権利が必ずしも完全に保障されていなかったということである。特に公立学校においてはコミュニティーの教育行政への影響力がつよく反映するため、保守的な地域によっては『スローターハウス5』の表現を受け入れない地域もあったということである。それはたとえ先の控訴審において同書が学校教育で問題ないと判断されても、それを他の地域が受け入れるかは別の問題であったということである。特に次に上げるニューヨーク州アイランド・トゥリース学校区の最高裁判所の判決がでる1982年までは司法の教育行政への干渉は地域にはほとんど影響がなかったといえる。

なぜ学校区は図書館から本の排除を決定したのか

1975年には最高裁判所まで審議が繰り広げられた発端となる禁書がニューヨーク州ロングアイランドで起こった。この裁判は公立図書館における蔵書の自由を審議した事例で後に重要な判例としてさまざまな裁判で取り上げられた。

1975年9月19日から21日にアイランド・トゥリース・ユニオン・フリー学校区教育委員会のフランク・マーティン、パトリック・ヒューズ、リチャード・アーレンズの3人の教育委員が保守的な市民グループであるピープル・オブ・ニューヨーク・ユナイテッドの会議に参加した。このグループは同州の教育立法に関心をもつ保守的な思想を持つ保護者たちのグループであった。このグループが教育上問題がある本として11冊のリストを提示した。ヴォネガットの『スロータ―

ハウス5』はその一番最初の題名として上げられていた[21]。

　同学校区教育委員会の教育委員長と副教育委員長は問題のある本として上げられた本が蔵書としてあるのかを管轄下のアイランド・トゥリース高校の図書館目録で調べた。その結果、リストの中の9冊が蔵書として学校図書館に置かれていることを見つけた。学校区教育委員長は管轄下の中学校校長に図書館目録を調べてもらいさらにもう1冊問題のあるとされた本が蔵書として置かれていることを発見した。この結果を受けて1976年2月24日に私的な会合として教育長や中学・高校の校長に学校区が非公式な指示としてこれらの問題あるとされた本を図書館から排除することを求めた。さらに同年3月3日に学校区教育委員会が正式文書で下位の各学校教育長にリストにある11冊の本を排除することを指示したのである[22]。

　しかしこの間、学校区のすべての教育委員がこの動きを支持していたかは不明である。教育委員会のマーティンやアーレンズが積極的にこれらの本を排除する動きに対して、学校区の教育委員長は本審議委員会を設置して本の内容について審議した後に決定することを示唆するなど慎重な態度も見られたからである。教育委員長リチャード・モーロウはこの正規の手順を取ることで不要な混乱や反発を避けることが賢明だと考えた。しかしこのモーロウの懸念に対し、アーレンズは問題の本が即刻図書館から排除されるべきであると主張した。結局教育委員会ではアーレンズ等の主張が通り、学校区として本の排除を命じた。しかしこの強行的な教育委員会の行動は一般の人々の知るところとなり、ニューヨーク州のマス・メディアが一斉に教育委員会を批判した[23]。

　3月19日には学校区教育委員会はプレス・リリースを発表した。それは同教育委員会の本の排除を批判するマス・メディアに対処する内容であった。たとえば、ニューヨーク・デイリー・ニュース紙が教育委員会の委員会が学校図書館に夜に忍び込み本をとろうとしている諷刺画を掲載した。それに対して、プレス・リリースではニューヨーク・デイリー・ニュース紙が真実を歪曲していると指摘した。そしてさらに教員組合が教育委員会に対して人々が悪意をもつようにマス・メディアを煽動しているとして教員組合の委員長ウォルター・コンペアを批判した。そして排除を求めた本に関してはその内容が反米主義、反キリスト教、反ユダヤ教、わいせつ、野蛮、常識からの逸脱であると述べ、図書館からこれらの

本を排除することを正当化する意見をプレス・リリースの記事の中で述べた[24]。教員組合が主導的に煽動したかは別として、反対者たちが教育委員会の本の排除が正当な手続きに沿っていないことを批判したことは事実である[25]。

ただしこのプレス・リリースでは「教育委員会は本の禁書や焚書を薦めるものではまったくないことを明確にする」と述べた上で、学校図書館でこれら問題あるとした本を蔵書とはできなくとも一般の公立図書館でこれらの本が置かれることは問題ないとした。しかし「私たち〔教育委員会委員〕全員の総意として精神の発達段階にある子供たちに容易に手に入りやすい学校図書館にこれらの本を置くことに賛成しない」と述べた。これは教育委員会の決定が表現の自由に反していないことを主張したものであった。また連邦教育長官T・H・ベルの言葉を引き、保護者は家庭においての価値観を学校においても教えることを期待しているとして、コミュニティーによって選ばれた教育委員は学校における「物理的・医学的な危険と共にモラルの低下の危険から子供を守る義務」があると主張したのである[26]。

1976年3月30日に教育委員会は会合を開き、問題ある本を教育委員会のオフィスに移動した。この教育委員会の会合には市民も参加し、賛否の意見が分かれ夜中過ぎの午前1時まで開かれたのである。これは教育委員長のモーロウが本の排除に関して手順を踏むことを重視した結果であり、彼自身は市民にこの会合に参加することを呼びかけていたためであった。モーロウは再度この件に関しては手続きを踏まえて問題になっている本を吟味して排除するか保持するかを決定することを訴えた。教育委員会の動きに反対する市民は、本の排除の理由が曖昧であることを強く批判するなどした。結局モーロウの主張が通り同日に本審査委員会を設置することになった。この本審査委員会は本の内容を吟味して教育委員会に問題になった本を図書館に置いておくかどうかを推薦するとした。この本審査委員会は図書館員を含まない4人の同学校区の保護者と4人の学校の職員の8人から構成された[27]。

排除を推進してきたアーレンズはこの本審査委員会に生徒を含めないのかという意見に対して「生徒が本の適性について決定することは不適切です。……アイランド・トゥリースの生徒は最善の幅広い教育を受けるべきです」と述べた。この発言で分かるように教育委員会の何人かの委員は生徒が本が彼らに適切である

のか判断することはできないと見なした。このような意見に対して多くの参加者は本を読んでいない教育委員会の委員がどうして生徒がこれらの本を読むのは不適切であり、それらを排除しようとしているのかと詰め寄るなどした。それに対して教育委員会は、アーレンズがピープル・オブ・ニューヨーク・ユナイテッドの会議で使われた問題あるとされた本の抜粋をまとめた資料によって内容を知ることができることを示した。また最終判断は本審査委員会の推薦を待つというような答えに終始して、あたかも教育委員会の本の排除は一時的な決定であるかのような説明をした。これに対しアメリカン・ジューイッシュ・コングレスというユダヤ人団体は本の一部の抜粋から本の内容を評価することはできないことと子供たちは善悪を判断できる独立した精神を築くためにあらゆる見解に触れさせることの重要性を述べて教育委員会に反対するなどした[28]。

つまり本を排除することに賛成する人々と反対する人々の間には教育観に対する相違と本の評価に対する評価の違いがあった。教育観に対する相違とは、本の排除に賛成する人々は生徒は本の評価を正しくできないし不道徳な言葉や内容に影響を受けると考えるのに対して、本の排除に反対する人々は生徒は本にこめられた趣旨を十分に理解し不道徳な言葉や内容に影響を受けないと考えたことである。また本の評価については本を排除したい人々は本に表現された言葉を取り上げたり、年齢に不適切だとした描写を指摘したのに対して、本の排除に反対する人々はそれらの言葉や描写は本の本当に伝えようとしているメッセージを考慮すれば付随的なことであるし、それらのことも実際の社会的側面を表現していると考え無駄ではないと評価していた点である。

いずれにせよ同年4月30日にははじめての報告がなされバーナード・マラムード著の『修理屋』という本の図書館へ返却と、同書の授業での使用に関しては保護者の承認を必要とするとした推薦がなされた[29]。この本に関しては本審査委員会が7対2の評決で図書館への返却決定がなされた。7月1日には最終報告がなされ、他の問題あるとされた本の中で4冊の本が図書館に蔵書として残し、2冊は排除することを本審査委員会は推薦した[30]。またその他の2冊に関しては同委員の意見が分かれまとまらず結論に至らず、1冊はすべての委員が読みきれず判断できないとした[31]。『スローターハウス5』に関しては5対3の評決により図書館に蔵書として置かれるものの貸し出しに際しては保護者の承認を必要とする

とした推薦が行われたのである。つまり完全に排除が推薦されたのは2冊の本のみであった[32]。

この本審査委員会の推薦の報告を受けて、教育委員会は1976年7月28日に会合を開き、オリヴァー・ラ・ファージ著の『笑う少年』の返却と図書館の保持を認め、リチャード・ライト著の『ブラック・ボーイ』は保護者の承認の下に生徒が貸し出しをできるとし、残りの9冊に関しては小・中学校の図書館から排除され、授業のカリキュラムの内容からも排除すると決定した[33]。つまり教育委員会は自ら設置した本審査委員会の推薦をほとんど受け入れず大半の本を排除したのである。

この決定をした会合には約100人の市民が参加した。しかしアーレンズは教育委員会が「本の事項に関しては質問を受けません」と述べ、あくまで本の議題事項に関しては強行の姿勢を取った。そして本の排除に関しての「決定は私たち〔教育委員会〕の権利であるばかりでなく義務なのです。そしてたとえマス・メディアによる攻撃が起ころうとも私たちはこの行動〔権利と義務〕を行使します」と教育委員会の権利を確認し、本の排除に批判・反対したマスメディアを非難した。また他の委員であるフランク・マーティンは米国自由人権協会が排除された本を図書館に戻さなければ訴訟をすると脅したことを非難した。マーティンは「米国自由人権協会はアメリカにおいて共産主義の破壊分子を支援し擁護してきました」と述べ、この問題とは関係のないことを上げて米国自由人権協会に対して非難を行った。しかもマーティンの意見に反論しようとするニューヨークの自由人権協会の参加者に対してアーレンズは反論の機会も与えなかった。アーレンズは同協会のバーバラ・バーンステインがアイランド・トゥリースの住民でないことを理由に発言を許さなかったのである[34]。

いずれにせよ本審査委員会の推薦を受け入れず9冊の本の排除を決定した理由として教育長が説明したことは、教育委員会の委員と彼自身の保守的な政治哲学がこれらの本を蔵書として図書館に置き、生徒に利用できることを許さないということであった。そして彼らが教育委員として選挙で選出されたのもコミュニティーの人々が彼らの保守的な政治哲学を支持したからであると市民の支持を受けていることを主張した。つまりこれらの本は彼らの保守的な哲学からするとわいせつであり、悪趣味であり彼らを選出したコミュニティーの人々もこれらの本

を教科に加えることは望んでいないと主張したのである。その上で反キリスト教、反ユダヤ教の本は教育上相応しくないと判断したことも付け加えた。また本の排除に反対する声に対しては学校以外の場で保護者が反対しない限り読むことは自由であると述べ、あくまで表現の自由、読む自由を制限しているものではないという立場を取ったのである[35]。

　また5月26日には教育委員会の委員選出の選挙もあったため、その政治的な影響がこの本の排除の決定に影響を与えたことも否めない。アーレンズは「本の禁止の問題は選挙戦において大きな問題のひとつでした。……いずれにせよ〔この問題があったから保守的な〕現職は再選されたのです」と述べ、選挙戦を行っていた現職は保守的な選挙民にアピールする材料として本の排除をする発言をしたことを後に認めたのである[36]。

　ヴォネガット自身はこのような本を読む権利を制限することに対して、禁書は本の売れ行きを良くするだけだと皮肉を言いつつも、アメリカで表現の自由が制限されることに「アメリカ人として、自分の国においてこのようなことが起きることに嫌気がさします」と述べた[37]。

学校区を告訴した生徒と地方裁判所の裁判

　1977年1月4日にスティーブン・ピコらがアイランド・トゥリース・ユニオン・フリー学校区の決定に対して連邦憲法ならびにニューヨーク州憲法に照らして違憲であるとしてニューヨーク州最高裁判所に差し止めを求めて訴訟を起こした。これに対して同年1月29日に同学校区は司法による解決に反対するための市民の署名を地方裁判所に提出した。これに対してあくまで原告側も略式判決がなされることを地方裁判所に求めた[38]。

　この地方裁判所ではジョージ・プラット判事が4つの事柄について判断した。教育委員会の決定における事物管轄、集団訴訟としての認可、図書館の排除や利用制限の教育委員会の決定に関しての合憲性、科目の教材使用を禁じた教育委員会の決定の合憲性についてである。

　まず事物管轄については、裁判所は教育委員会は被告として裁判対象になると

述べた。これは原告側の言い分を認めたのである。原告は教育委員会とその公的な立場の委員の両方に関して法的措置を判断するように求めた。それに対して被告側は教育委員会と公的立場としての委員が法的措置の対象となる人物ではなく訴訟の対象とはならないと主張した。これに対して裁判所では実際にアイランド・トゥリース学校区の本が排除されたのは教育委員会による決定と行政命令によってであり、教育委員会とその構成する委員は法的判断を受ける対象になるとして事物管轄を認めた[39]。

　原告が学校区の学校におけるクラスの生徒たち一般を代表しているのかということに関しては裁判所は原告が同学校区の生徒全員を代表して訴訟を起こしているとはいえないと述べた。この裁判ではアイランド・トゥリース学校区の高校に通っていたスティーブン・ピコ、ジャクリン・ゴールド、グレン・ヤリス、ラッセル・リエガーと中学に通っていたポール・ソチンスキー、また保護者のフランシス・ピコ、ロナ・ゴールド、サミュエル・リエガー、リチャード・ヤリス、ヘンリー・ソチンスキーが原告であった。裁判では学校区の生徒の1人や2人の少人数が全体を代表して訴訟を起こしていると認めるには、いくつかの条件を充たしていなければならないとした。つまり生徒全員が訴訟をすることが現実的でない場合、問題がクラス全体の問題であると認められること、原告の訴える内容がクラス全体の不満や要求と一致していること、原告の訴えがクラス全員の利益を公平かつ適当に保護することである。これに対して裁判官は原告の訴えはクラスの生徒たち全員を代表していないと判断した。また問題はクラスの生徒全員に利益のあることとはいえないと裁判官は述べたのである[40]。つまりこの点に関しては原告側の主張を斥けたのである。

　そして図書館の本を排除したり、貸し出し制限を加えたりする教育委員会の決定については連邦憲法の表現の自由に違憲ではないと判断した。判事はニューヨーク州憲法、連邦憲法の表現の自由と学問の自由に対して合憲かどうかを判断するにあたり、まず当事者適格があるのは学校の生徒と教師であるとした。つまり図書館から本を排除することの合憲性を争うものであるが、図書館員は第三者の立場であり学問の自由を争う当事者適格はないとした。その上で図書館の本の排除について4つの判例を引いた。その中の3つの判例は教育委員会の本の排除の決定は表現の自由、学問の自由を保護した憲法に照らして違憲であると判断し

たものであった。残りのひとつは学校区の図書館の本への制限は合憲であると判断した例であった。その *Presidents Council, District 25 v. Community School Board # 25*（1972）は本の貸し出し制限を加えた学校区の決定は合憲であると判断した例であった[41]。

アイランド・トゥリースの裁判において判事がこれらの判例を引くにあたって、基本的な学校区の権限はどのようなもの か最高裁判所の判例から判断した。判断基準としたのは *Epperson v. Arkansas*, 393 U.S. 97 （1986）であった。この判決の中で注目したのは、公立学校の教育では直接的に憲法で保障された基本的な価値に反しない限りには州や地方政府の権威が認められるという点であった。そして司法が学校区の図書館の本の選択に対して審査を加えるようなことは学問の自由を保護するためにはあってはならないとした。また学校区が一旦購入を認めた本を後になって不適切だと判断して図書館から排除することは学校区の権限内であると判断した[42]。

その基本原理に鑑みて本の排除は違憲だとした3つの裁判の判例は、図書館を自由な考えを交換し合う場として重要であるという一般論に捉われすぎていると判断した。そして公立学校においては利用できる予算、本棚の広さ、人材など限られた条件の中で本の選択に関して教育委員会が責任をもつということは当然であると指摘した。また教育委員会の委員はそのコミュニティーから選出された人々であり、本の選択に関してのコミュニティーの有権者に対して責任を持つとも述べた。つまり教育委員会の本の排除の決定に関しては司法ではなく州の教育委員会か学校区の行政が有権者の利益になるように最終的には判断すべき問題であるということであった[43]。

そして司法が教育委員会の決定に関して判断できるのは国教樹立禁止条項に反したり、信教の自由を制限したり、一般的に受け入れられている科学的な理論などの教授を禁じたり、教室の中での自由な議論を制限したりするような明確な違憲性をもつ時であると指摘し、この裁判においてはそれらの違法な行為はなされていないとジョージ・プラット判事は判断した。つまりアイランド・トゥリースの教育委員会が本の内容で図書館から排除することを決定したことは合憲であると判断したのである[44]。

また教育委員会がこれらの本をカリキュラムの使用から禁じたことに関しても

違憲でないと判断した。この問題の焦点は教育委員会がカリキュラムの教材として本を制限することは教師の学問の自由が損なわれるかどうかということについてであった。プラット判事は原告側の中には教師が含まれておらず、またこれらの本を授業で使用することを示している教師がいない状況もあり、これらの本を教材としてカリキュラムの使用から禁じる決定が違憲であるかどうかを示す意味はないとした。また原告側が教師の学問の自由が損なわれると主張することは、実際に本を教える教師がいない現状においては憶測の域を出ていないとして斥けたのである。結局、この裁判においてはアイランド・トゥリース学校区教育委員会が基本的な憲法修正第1条によって保護されている表現の自由を直接的に違反している訳ではなく、『スローターハウス5』を初め9冊の本を図書館から排除し、カリキュラムとしても使用を禁止した決定は合憲であると判断したのである[45]。

控訴裁判所での判決
　　―学校区が排除した本を読む権利は認められる―

　ピコをはじめとする原告側はこの地方裁判所の判決を不服として控訴した。そしてこの控訴を受けて第2巡回控訴裁判所は2対1の評決で1980年10月2日に地方裁判所の決定を覆す判断を下した。主文においては教育の行政における州と地方政府の主な権威を認めた上で、司法がどの程度教育に関する問題について審議できるのかをまず述べた。つまり司法が審議できる表現の自由・学問の自由を保護した憲法修正第1条への違憲行為があったのかについて判断した[46]。

　この控訴審では *Epperson v. Arkansas* や *Presidents Council, District 25 v. Community School Board #25* の判例にもあるように教育現場の日々の決定に司法の介入があってはならないことを強調した一方で、表現の自由・学問の自由は重要なアメリカの価値であることを再度確認し、この件においてどの程度アイランド・トゥリース学校区の判断がこの価値を尊重したのかについて審議した。まずこの裁判では小中高の学校図書館は一般の公立図書館より学校の責任者の権限が大きいと示した。そして地方裁判所で判断されたように本を置けるスペースなど限られた条件の中で本の選択ができるとした。しかし本件については、これらの学校区の本選択の権利があることを認めた上でも、通常の選択の権利の範囲を

逸しているという見方を示した。つまり通常の本の購入・排除の手続きを経ずに「普通ではなく、不規則な干渉」によって本を排除したという点に注目した。具体的には一部の教育委員の恣意的な判断であいまいな基準の下に本が取り扱われ排除されたことは、教育委員会の逸脱した行為であるとした。その理由から司法が連邦憲法に保護された表現の自由や学問の自由に反していないかを審査するのに十分な理由があるとしたのである[47]。

そして教育委員会の排除の行動は手順が不適切であるとも指摘した。つまり教育委員会の委員全員がこれらの問題になった本を自ら読む以前に排除の決定を下したこと、また予測できないコミュニティーの支援を得られるとの見込みのもとに行動を起こしていることである。これらの不適切な行動と判断から本の排除をすることは学問の自由を阻害することになりかねないと述べたのである。そして個人の好みや趣向によって他者の異なった考えを排除することは憲法に保障された表現の自由を侵害すると述べた[48]。

これに対して反対意見を提出したウォルター・マンスフィールド判事は学校区の判断は正しいとした。なぜならこれらの本の内容が下品、下劣な言葉であったり、性描写、誤った文法、性や麻薬の正当化、反キリスト教、反ユダヤ教、黒人への差別などが含まれるからであると学校区側の主張を支持したのである。マンスフィールド判事は問題があるとされた本からの抜粋を持ち出してその描写が学校教育にはふさわしくないと指摘したのである[49]。

マンスフィールド判事が引用した『スローターハウス5』の表現の問題箇所は、戦時中の話の中で兵士だった主人公が他の兵士と交わした言葉や捕虜収容所を描写した表現であった。ウェアリーがビリーを怒鳴りつけたときに発した「ファック」(セックスをするという意味の卑属な表現)、「マザーファッカー」、(「母親とセックスする男」という意味で人を蔑むときに発する卑俗な言葉)、「コンドーム」、「性交」、「エロ写真」、「くそったれ」などの表現、そして先にも上げたがキリスト教を痛烈に批判する表現、同性愛に触れた部分などであった[50]。そしてこれらの表現が教育の場に相応しいものではなく、教育委員会の決定は教育に関したニューヨーク州の教育に関する法律に照らしても妥当であると判断したのである。つまり教育委員会は本を焚書したわけでもないし、妥当な判断で本を排除したとみなしたのである[51]。しかしいずれにせよマンスフィールド判事の意見は2

対 1 の控訴審で少数意見であり、多数決の主文では教育委員会の本の排除は違憲であると判断したのである。

その後、原告は再審議を控訴裁判所に求めたが 10 人の判事の評決で 5 対 5 となり、規定により再審議はされないことが 1981 年 3 月に決定された。ここでは先の控訴審の判事でもあったジョン・ニューマン判事は事実として本の排除の状況は憲法修正第 1 条に保護された表現の自由を脅かすものであると述べた。それに対しマンスフィールド判事はここでも「教育委員会は本を排除する資格がある」と述べ、問題の本も内容が不適切であると指摘した[52]。

歴史的判例となった最高裁判決
— Board of Education, Island Trees Union Free School District v. Pico (1982) —

控訴審の判決を不満としたアイランド・トゥリース・ユニオン・フリー学校区は連邦最高裁判所に上告し、その控訴審の判決の撤回を求めた。しかし最高裁判所は控訴審の判断を支持し、同学校区の本の排除は違憲行為だと判断したのである。特にこの最高裁判所の判断として重要なことは、公立学校の図書館における本を読む権利は授業におけるカリキュラムの教材としての本を読む権利とは異なっていると示した点であった。つまり図書館はあらゆる知識を蓄積した場所であり読む権利を最大限に認める場所であると指摘した上で、このアイランド・トゥリース学校区の件に関しては学校区の委員が個人の政治的な信条から本の排除を決め、また正当な手続きもなくして実行したことで憲法修正第 1 条に反すると判断したことであった[53]。

しかし多様な同意意見・反対意見が出された最高裁判所では 5 対 4 の僅差による多数決でこの事件が判断された。この 1982 年の裁判は、生徒における表現の自由と教育における州・地方政府の権限の分岐点をどこに定めるのか難しい判断を迫られた。実際に学校区における権限は授業のカリキュラムにおいては認められるものの図書館の蔵書に関してはそのような権限があまりないと示したのはその判断の難しさの一端を表していたとも言える。また反対意見では司法が州や地方の教育に関しての決定について判断できないという意見もあるなど、最高裁判事の中でも多様な意見の出たこと自体、司法の教育行政への判断の困難性を示

していた[54]。

　ウィリアム・ブレナン判事は主文の中で、裁判にいたった経緯を述べてから憲法修正第１条は教育委員会が管轄下の公立学校の図書館から本を排除する権限に関しては認めていないとまず指摘した。判例から州や地方の学校区教育委員会が教育の運営に対しては大きな権限を持つ一方で、その権限の行使に当たっては憲法修正第１条の普遍的な規範に従った方法でなければならないと示した。ブレナン判事は司法が州や地方の政治の教育の権限について判断を下した連邦最高裁判所の判例として、1923 年の *Meyer v. Nebraska* と 1968 年の *Epperson v. Arkansas* について言及した。*Meyer v. Nebraska* においては、外国語を公立・私立の学校で教えることを禁じた州法を違憲だと判断し、*Epperson v. Arkansas* では公立学校においてチャールズ・ダーウィンの進化論を教えることを禁じる州法を違憲だと判断した[55]。そこでは州や地方政府の教育行政における権限は絶対ではなく憲法に抵触するような場合、司法の審査が下されるということであった。

　このアイランド・トゥリース学校区の件の場合、本を図書館から排除することで直接的に生徒の読む権利を奪うと見なし違憲行為であると判断した。ブレナン判事は排除された本がまず教科書に関連したものではなく、アイランド・トゥリースの生徒は教材として読むことを課せられてもいない本であると述べた。そして、「被告〔生徒側〕はこの裁判においてアイランド・トゥリースの学校のカリキュラムを規定する学校区教育委員会の権限を制限することを求めてはいない」と生徒側も学校区のカリキュラムの規定権限を否定してないと述べ問題の所在を指摘した。そしてさらに「反対に問題になっている本は本質的に〔生徒が〕自由に選択できるものであり課題図書でもない図書館の蔵書である」と問題になっている本が授業で使われている教材ではなく一般の図書館の蔵書であることを明確にした。教育委員会の方針によって決められる権限は教室で教えられる教材の本に主にあるのに対して、図書館はその性質上あらゆる情報を利用者に提供する場であるため本の蔵書の分野が広範囲であり教育委員会の本の蔵書に対して権限が制限されることを示したのである。しかし教育委員会の権限が図書館の蔵書に対してまったくない訳ではなく、図書館の本の排除に関してはその本が実質的に問題があることを証明した上で正当な手続きを通さなければならないとブレナン判事は見解を示したのである[56]。

しかし同時にブレナン判事は公立学校の学校区は地域の価値観を反映した学校運営をすること、特にカリキュラムに関しては大きな自由裁量権を持つことも再度確認した。判決文でブレナン判事は「公立学校は生徒が市民として社会生活に参加するための準備として重要である」として、学校区がコミュニティーの価値観を反映するようなカリキュラムを組むことを認めなくてはならないと述べた。その上で図書館の蔵書に対しては内容の方向性を決めることはできるものの、委員会委員が狭い党派主義や政治哲学から自分の好まない本を排除することは「見解の抑制」であり憲法に抵触するとしたのである。つまり教育委員会であっても連邦憲法の修正第1条に反するような権限はないとしたのである[57]。

ハリー・ブラックマン判事は同意意見の中で単に「見解の抑制」だけでなく「見解への差別」によっても憲法修正第1条に保護された表現の自由について司法の判断を求めることができると述べた。学校区の教育委員が問題あるとされた本の政治的考えや社会事情への描写に差別観を持ち、その理由によって彼らが本の内容や読む権利を生徒から制限するためにそれらの本を排除することはできないと述べた。またバイロン・ホワイト判事はブレナン判事に賛同しつつも同意意見の中で学校区の本の排除の違憲性を最高裁判所で問う必要はないと述べた。つまりこの件に関しては下位の裁判所の決定に任せることが賢明であるとして、最高裁判所が地域の学校の決定にできるだけ干渉しないほうが良いと考えたのであった[58]。

最高裁判所での反対意見の重要性

この連邦最高裁判所の判決では裁判長の反対意見に他の3人の判事が署名した上で、それぞれが別の反対意見を出すなど司法での教育行政の問題についての解決の難しさを物語っていた。実際ウォーレン・バーガー裁判長の反対意見では基本的に司法が州や地方の教育に関する権限に対して審査することはできないということを述べたものであった。

特にアイランド・トゥリース学校区の教育委員会の委員のようにそのコミュニティーの選挙によって選出された人々が決定したことを連邦政府の機関である司法がどこまで審査することができるのか、また保守的な教育哲学をもつ教育委員

会がそのモラル観から教育に関する決定をすることは法に反するのかを吟味した。そしてブレナン判事の主文に対しての反対意見で連邦裁判所がその決定に対して判断を下すことは連邦政府が地域のコミュニティーの自治を統治することになるのではないかと疑問視したのである[59]。

そしてブレナン判事の主文は新しい憲法修正第1条の新しい解釈を提示して、生徒の学校図書館の本に対する新たな権利を与えたと述べた。まずバーガー裁判長の反対意見の中で本件は連邦最高裁判所の判例 *Meyer v. Nebraska* と *Epperson v. Arkansas* とは異なるものであることを指摘した。つまり上記の裁判では外国語を教えることを禁じる州法や進化論を教えることを禁じる州法を違憲としたが、それは本件のように図書館において情報を受け取る生徒の権利を学校に強要する性質ではなかったとした。情報を送る側の表現の自由と情報を受け取る知る権利は同様の性質ではないとし、判例において情報を受け取る権利については絶対的に憲法修正第1条の権利を認めてきたことはなく、ブレナン判事の多数決の主文において初めて「権利」を打ち立てたと位置づけたと指摘したのである。またバーガー裁判長は司法が図書館の本の読む権利を打ち立てることは憲法に示されていないと糾弾した[60]。

また民主主義の政治システムを保持するために学校は伝統的価値観を次の世代に伝えるために重要な役割を持っていることを指摘し、その上で選挙で選ばれた教育委員会がその管轄する学校において何を教えるべきなのかを指示することは当然の行為であると述べた。またブレナン判事がアイランド・トゥリース学校区の教育委員会が政治的な意図から本の排除をしたという点について、バーガー裁判長はコミュニティーの人々によって選ばれた人々がそのコミュニティーの代表として判断したことは違憲ではないと示したのである。またそれは間接民主主義の核であるとして同教育委員会の決定を支持した[61]。

ルイス・パウエル判事も少数派の反対意見の中で保護者の意見が教育に反映されることが重要であることを述べ、バーガー裁判長同様にブレナン判事の主文は州や地方の教育に対する権限を無視したものであると糾弾した。パウエル判事は「今日の判決以降、どの中学生も教育委員会や教師を告訴することで、市民によって任命された学校運営の代表の教育的な決定を裁判によって覆すかもしれません」と主文の決定の影響力を懸念した。また党派主義によって本の排除がなされ

たという主文の定義はあいまいな定義であるとした。そして控訴裁判所で反対意見を提出したマンスフィールドの資料を提出して各本の内容が党派主義ではなく単に学校図書館の蔵書として不適切であるという内容であったことを示し、党派主義が判断材料にはならないとした。サンドラ・デイ・オコーナー判事も反対意見の中で、学校区教育委員会は学校で教えられるカリキュラムの方針、教師の雇用、本の購入に責任を持ち、同様な理由で本の排除に関しても権限を持つと述べた。ただしオコーナーは個人的な意見としてある本に関しての教育委員会の決定には個人的に賛同しないと付け加えた[62]。

後に連邦最高裁判所裁判長となるウィリアム・レンキスト判事はブレナン判事の主文に対して論理的に反対する意見を出した。まず最高裁判所が地方裁判所の略式判決に対して判断することがまず異例であるとして、連邦最高裁判所が慣例に反して地方の決定に介入している異常性を示唆した。そして不適切な内容の本の排除を決定した教育委員会の行為が党派主義に基づいたものであり、「見解の抑制」であると判断したブレナン判事の主文に対して反対の意を唱えた。つまり下品、下劣である内容の本を排除することは党派主義に基づく行為には当たらないし、その理由によって憲法修正第1条と第14条に反していることにはならないとした[63]。

また地方政府はその役割として「教育者」としての機能をもつとレンキストは述べた。小中学校の教育においては児童や青少年の年代の人たちに対して社会的価値観や知識を教えることに地方政府が従事することは当然であると見なした。教育委員会はどのような授業が教えられるのか、どのような本が購入されるのか、どのような教師が雇用されるのかの決定をする権限があることを指摘し、その一つひとつの決定において、その地域の価値観に鑑みて個々人の教育委員が個人のモラル観の下に判断を下すことは自然であるとレンキスト判事は見なした。そしてブレナン判事の言うように学校図書館が憲法修正第1条の表現の自由の保護された場所という解釈はせず、小中学校の図書館にあっても自由奔放な本の選択の権利が生徒に与えられることはないと述べた。したがってブレナン判事が言うような党派主義による本の排除が学校図書館で行われることは違法ではないとしたのである。またそのような地域の判断に対して連邦最高裁判所が判断を下すことはあってはならないとしたのである[64]。

また公立中学・高校の生徒が連邦憲法修正第 1 条によって情報を得る権利があるのかについて、レンキスト判事は同条項によって「権利」という資格は生徒に生じないとした。もしそのような権利が憲法によって生じるのならば、教育委員会が特定の本を購入・排除することを決定する業務が保護されないと述べた。またこれまで学校で表現の自由が争われた判例で学校図書館の本の排除を違憲と判断する判例はないとした。たとえばブレナン判事が引用した *Tinker v. Des Moines School District*（1969）や *West Virginia Board of Education v. Barnette*,（1943）は、まったく異質の例であるとした。*Tinker v. Des Moines School District* はヴェトナム戦争に反対を示すための黒い腕章をした高校生の表現の自由が争われた例であり、*West Virginia Board of Education v. Barnette* は国旗掲揚に敬意を示すことを強要できないという例であった。どちらも権威に反対する政治的メッセージを表現するものであった。これらの表現の自由と本件の情報を受ける側の知る権利を同等に扱うことはできないとレンキスト判事は裁判長と同様に主張した[65]。

　そしてレンキスト判事はこのアイランド・トゥリース学校区の件の場合、生徒は図書館以外から同書を得られるとして情報を受け取る権利、読む権利が侵害されるとは言いがたいと指摘した。「もし否定された見解が他の利用できる場所において同じ情報源〔本〕から速やかに得られるのであるなら、これらの見解を知ってそこから得られる利益が州政府によって妨げられたことにはならない」と強調した。つまり同学校区で排除された本は書店や公立図書館において利用できるものであり、憲法で保護される読む権利を奪われたことにはならないと指摘したのである。またブレナン判事が学校区の本を排除する行為は購入を最初から制限する行為以上に特定の思想を意図的に排除することであり違憲性が高いとしたことに、レンキスト判事は排除する行為も購入する行為も基本的には特定の見解を制限する意味で一緒でありそれを立て分けて違法性を論じることはできないとブレナン判事の論理にも疑問を投げかけたのである[66]。

　いずれにせよ反対意見を提出した 4 人の判事は、教育委員会の公立学校における本の排除についての権限を当然なことと見なし、生徒における図書館における読む権利が憲法修正第 1 条によって保護されるとは見なさなかったのである。つまり排除された本に対して生徒が読む権利を認めた前例はなく、もともとそのよ

うな権利は憲法に定められてないとした。なぜなら本自体は他の場所でも容易に利用できることもあり、政府が権力によって人々が情報を受け取ることを抑制したことにはならないからであった。逆に言えば読む権利を学校図書館から奪ったとしても読む自由は他の場所で得られる状況では、学校における思想・信条を表現する自由とは異なり読む権利が必要以上に憲法修正第1条で保護されないとレンキスト判事は指摘したのである。

また教育における州や地方政府の権限は重要であり、連邦政府の政府機関がその権限に踏み込むことはできないと指摘した。その意味で多数派の主張を斥けたのである。これはオコーナー判事が個人的には教育委員会の本の排除の決定が思想・信条から出たことには賛同しなくとも、そのコミュニティーが選挙で選出した委員が決定したことに対しては司法が干渉できないと考えた立場にも表れていた。しかしバーガー、レンキスト、オコーナーなどの判事の意見はあくまでこの裁判では少数意見であり、最高裁判所の決定ではなかった。

問題があるとされた本への裁判後の対応

いずれにせよアイランド・トゥリース学校区の本の排除は違憲であると連邦最高裁判所が判断したことについて、スティーブン・ピコや図書館協会、人権団体は歓迎の意向を表明した。すでに高校を卒業していたピコは「完全ではないものの、勝利」と言い、「もし教育委員会の本の排除の動機が政治的なものであるなら司法に訴えることによってそれを制止することができると〔裁判が〕認めた」として、司法による教育への介入に賛同したのである。米国図書館協会のジュディス・クラッグも同様に教育への司法の介入を歓迎した。ただし「すべて他の方法が失敗したときに司法システムを利用すること」と述べ、あくまで最終手段として司法へ訴えられることに賛成した。これは基本的に学校区を訴えた側も基本的に学校運営は教育委員会の権限であることを認めた上での発言であったともいえる。これに対して同学校区の教育委員会委員のフランク・マーティンは最高裁判所の反対意見と同様に「実質として、この決定は地域の〔教育に関しての〕政策を無効にする」として司法の教育行政への干渉に批判をした[67]。

この最高裁判所の判決の2か月後の1982年8月には、アイランド・トゥリース学校区の教育委員会は6対1の票決により『スローターハウス5』を含む問題があるとされた本を図書館に戻すことを決定した。理由として本の排除はもともとアイランド・トゥリースの多くの白人の中流階級が住むコミュニティーの圧力があったためだとして本を本棚に戻すことは妥当だとしたのである。しかし教育委員会は同じ会合で読む権利を制限する他の決定も下した。それは問題があるとされた本を生徒たちが借りた時に、図書館がその生徒の保護者に本を借りたことを通達すると決定したのである[68]。この条件付の貸し出し決定に対して地域の保護者1,200人が反対署名を提出し抗議した。その中心的役割を果たしたエディナ・ヤリスは「彼ら〔教育委員会〕がこのような思想取り締まりについて考えを改めたとは思えません」と条件付貸し出しに反対する保護者は教育委員会があくまで判決後もその姿勢を変えてはいないと抗議した[69]。

　米国自由人権協会はこの貸し出し通知に対してプライバシーの自由に反するとしてニューヨーク州の司法長官にこの決定の違法性を訴えたのである。これを受けて1982年12月、州司法長官ロバート・アブラムはこの政策が図書館の個人記録を保護した法律に違反していると認めた。結局この司法長官の警告を受け翌年1983年1月26日の教育委員会の会合で4対3の評決によって貸し出しの通知をしないことを決定した。つまり本の排除が決定された1975年から8年目にして学校図書館にこれらの本が他の蔵書と同様の条件で置かれることになったのである。この評決でも3人の委員が貸し出し通知を支持したように教育委員会は最後までこの問題に対して譲歩しなかった。貸し出し通知に反対票を投じた教育委員にしても必ずしも本の自由な貸し出しに賛成したともいえなかった。たとえば反対票を投じた4人の一人パトリック・ヒューズは「それらの本を排除することは適切でしたが、この問題にあまりにも時間をかけ過ぎました。……このことはもう済ませて、教育の問題に従事すべきです」と述べ、彼自身は信条的に本の排除に賛成したもののそれ以上は他の差し迫った業務に時間を費やすことが価値的だと判断したのである[70]。

　したがってアイランド・トゥリース学校区の教育委員会が納得した形で問題が終結したとはいえなかった。ただし裁判の結果によって問題視された本が学校図書館に返却され、一般の本と同様に扱われたことを鑑みると裁判の判決の影響は

この学校区の運営には大きかったということである。

ただしこの連邦最高裁判所の判決以降、『スローターハウス5』や問題があるとされた本がアメリカのすべての学校で肯定的に受けいられたとは一概にはいえなかった。たとえば判決の出た後の1982年11月にはフロリダ州ポーク郡の教育委員会のジェームズ・リューバーグが『スローターハウス5』を「下品な言葉と残忍なストーリー」だとして学校の図書館から排除することを求める申請書を提出した。これを受けて郡教育委員長R・C・チャーチウェルが管轄下の各学校から同書を排除するように通達したのである。同郡のレイク・ギボン高校においては一旦『スローターハウス5』を排除した後に、本審査委員会においても3対2の票決において排除を認める決定がなされチャーチウェルの通達を追認する形となった[71]。しかし同じ管轄下にあるレイクランド高校においては『スローターハウス5』を保持しておくことを決定し同じ管轄下の高校でも異なった対応も見られた[72]。

また他の事例では本の排除という形ではなく本の購入の際に内部で思想取り締まりをする規制で最初から学校図書館で本を購入しなかったり、貸し出し制限を加える例もあった。1984年にはウィスコンシン州ラシン郡において『スローターハウス5』に対して貸し出しの制限をする決定がなされた。これはラシン郡教育委員会の内部の思想取り締まりを目的とした本の選定基準によるものであった。1984年末、ラシンの図書館員からの要求を受けたウィスコンシン州図書館協会は教育委員会に思想取り締まりの疑いがあるとして、選定基準に対しての懸念の意を表した。それに対して教育委員会は翌年1985年2月に選定はカリキュラムに沿ったものであると同時に「コミュニティーの基準、要求、関心を反映したものである」と回答したのである。しかしこれに満足しなかった図書館協会は5月に大学・公立・小中高の図書館員からなる審査委員会を設置して選定基準の正当性を審議した[73]。

この動きに対して実質的に本の選定の権限を持つ教育委員会の行政補佐官ウィリアム・グラインデランドはウィスコンシン州図書館協会が「バランスの取れた中立の立場」を取ることを望むと述べた。だが結局1986年4月にはこの本審査委員会はラシンの選定基準は政府内部の思想取り締まりがあるとして、『スローターハウス5』やローリングストーン・マガジン誌などの雑誌などが意図的にそ

れまで排除されてきたと結論づけた。たとえばその基準の中で「物議を醸し出すような性質の出版物に対しては公立図書館、地元書店、ニューススタンドで参照すべきである」という言葉が入っており、明らかに世間一般で批判を受けた出版物に対しては最初から購入対象にはしないように指示していた。また問題があると見なされた本に対しては行政補佐官に報告義務があり、グラインデランドと彼のスタッフが購入するべきかを決定するとされていた。このような行政補佐官の査定に対しては地元の図書館員が非難の声を上げた。いずれにせよこの結論を受けたグラインデランドは、たとえば『スローターハウス5』が「下品な言葉」を含んでいるとして購入の規制を正当化したのである[74]。

　とくに『スローターハウス5』に関しては1984年に購入リストから削除の決定が一旦覆されたのに関わらず実際は購入されなかった事実があった。1986年に同区の図書館員が再び同書を注文したのだが、学校区の内部通知によって「この注文書に『スローターハウス5』がありますが、学校区の図書館審査委員会によって一般の開架におくか制限された本棚に置くかが決定されます」と連絡をうけた。その後1986年12月9日には同委員会の6対2の評決において管轄下の高校の図書館の制限された本棚に置くことが決められたのである。その理由は同書がある特定の年齢層の生徒には不適切であるということであった。

　ちなみにこの事実を知った『スローターハウス5』の作者ヴォネガットは地元の新聞のインタビューに答え、自分の7人の子供に同書を読ませないようにしたことはなかったし、実際彼の子供たちが同書に影響を受けて悪くなったことはないと述べた。その上で「子供の保護者に『私は子供に害を与えるつもりはない』と伝えてください」と学校区の委員会の決定に反論した。いずれにせよこの問題は州の図書館協会が学校区の内部の思想取り締まりで本の購入を控えた例であり、『スローターハウス5』もその一冊とされた例であった[75]。

　また先にも述べたように出版から三、四十年経っても『スローターハウス5』は米国図書館協会の調査で図書館や学校から排除を受けたり、求められた本として100位以内に入る著作であった。1970年代80年代ほど問題視されなかったとはいえ、1990年から2000年の間で69位に入ったことを鑑みても社会・政治に影響を与えたといえるのである。たとえば2006年においてもシカゴの第214学校区において同書の排除が試みられた。同学校区の教育委員レスリー・ピニーが

次の学年度のカリキュラムから内容が下品で不適切だという理由で『スローターハウス5』を含んだ9冊の本を排除しようとした。しかしピニーの試みは教育委員会の会合の評決で否決された。当日5月25日の会場には600人以上もの生徒が排除に反対して押しかけるなどした。結局6対1の評決によってピニーの案は否決されたのである。ピニー自身は評決で彼女の案が否決されることはある程度予想していたが、その上で教師が教室で何を教えるのか関心を人々の中で高めるのには意味があったと述べたのである[76]。いずれにせよ『スローターハウス5』が出版されてから半世紀近く経ち、その間最高裁判所で同書を読む権利が認められても排除を求める声は断たなかったということである。

　これは本を読む権利は重要であるとアメリカでは歴史的に認識してきた一方で子供を悪書から保護するという価値観が時代によって変わるものではないことを示していた。それは人々の価値観の相違から来ることでもありつねに難しい選択を迫られてきたともいえるのである。

まとめ

　本章ではヴォネガットの『スローターハウス5』を巡る事件を取り上げ、なぜ同書が学校の図書館から排除されたのか、また誰がどのような理由で排除をしたのか、排除に反対する人々は何を根拠に反対したのか、司法はどのように答えを出したのかについて考察した。また学校図書館の本の排除について新しい憲法解釈がなされた連邦最高裁の判決から図書館における読む権利がどのように保障されるのかについて賛否両論を考察した。

　1972年にミシガン州で起こった裁判の *Todd v. Rochester Community Schools* では、『スローターハウス5』の内容は反キリスト教的だと考えた保護者が、学校において同書を教材として使うことは害を与えると考えたことが発端であった。原告のトッドは同書が教材として使用されることを防ぐために連邦憲法修正第1条の国教樹立禁止令を盾に訴訟を起こした。オークランド郡巡回裁判所では彼の主張は一旦認められ同書を排除する執行命令が出されたものの、控訴裁判所の判決では同書の内容が特定の宗教を支援するものではないとして巡回裁判所の

判決を覆し学校側の主張が認められたのである。

　1974年にはノース・ダコタ州においては同書を教材として使った文学教師が生徒の保護者から強く批判を受けた。その理由は同書がポルノであるという理由からであった。この保護者の抗議を受け、管轄する教育委員会は同書の排除を決定し焚書にした。そして『スローターハウス5』を使用した教師の契約更新をしなかったのである。

　1975年にニューヨーク州で起こったアイランド・トゥリース学校区の事件では、『スローターハウス5』が下品な言葉、反キリスト教的な表現を使用していることなどが問題とされた。同学校区は管轄下の学校図書館から同書を含む11冊の本の排除を命じた。しかしこの決定に対して図書館における読む権利を侵害されたとする生徒と保護者が決定の撤回を求め訴訟を起こし、最終的には連邦最高裁判所で審議され学校区の決定は憲法修正第1条の表現の自由の保護に反していると判断した。

　その後も『スローターハウス5』は保護者、教育委員会等から反キリスト教的な内容、下品な言葉を使った表現などを指摘され批判を浴びた。しかし同時に文学的価値を評価する教師、生徒、人権団体、図書館協会などは、同書を授業の教材や図書館の蔵書から排除することに反対するなどが見られた。排除に賛成する人と反対する人は同書の生徒への影響の見方がまったく異なっていた。反対する者は反キリスト教的な内容が生徒を不信論者にしたり、下品な言葉が生徒をモラル観のない者にしてしまうことを恐れた。賛成する人は同書の内容は社会の事実の側面を描写しており生徒は内容を十分に理解でき教育上有益であるとし、読む権利を奪うことはできないと主張した。

　たとえば同書の保持に反対した人の例として、アイランド・トゥリースの裁判後も教育委員を努めたフランク・マーティンは裁判後もつねにこれらの本を学校図書館に置くことについて反対し続け意見を変えることはなかった。マーティンは『スローターハウス5』については「冒涜的であり、反キリスト教的」であると主張し、同書を含め問題あるとされた本が子供に心理的に害を与えると考えていた。そしてそれを防ぐことは教育委員会の責任であると主張して止まなかったのである[77]。またその裁判でアイランド・トゥリース学校区の弁護をした全国中学校校長委員会の弁護士アイヴァン・グラックマンは学校は価値観にもっと力を

注ぐべきだと主張し「コミュニティーの人々や保護者は公立学校が〔モラルに基づいた価値観を〕教えていないことに不満を感じているのです。……生徒はコミュニティーの価値観に基づいたものへ教導されるべきです」と述べ、モラル観低下への懸念が示され学校区が本の選択も含めその責任があると述べたのである[78]。

それに対して原告スティーブン・ピコは 1981 年当時、本を排除することは事実を否定することであると述べていた。「私の家では本への深い敬愛がありました。……読みたい本は何でも読めたのです」として学校が排除した本の中の半分の本はすでに読んでいたことを明かし、学校区がこれらの本を排除したことについて教育委員会の委員は「事実を否定することで子供を保護しようとした」のだと述べた。ピコの考えでは学校の生徒は本の伝えようとするメッセージを理解することはできるし、それを知る権利・読む権利は憲法で保護され誰も妨げられないという考え方を示した[79]。

実際著者のヴォネガットがどのようなメッセージを送りたかったのかは推測することは容易ではない。ただヴォネガット自身、『スローターハウス 5』が図書館から排除されるなどされ、つねに表現の自由の問題の渦中におり、その状況の中で言ったことは「私が本当に求めているのは私を支配している者を批判する権利なのです」ということであった[80]。『スローターハウス 5』が下品、わいせつ、反キリスト教的等々と批判を受けたのに対し、実際第 2 次世界大戦中にドイツにおいてドレスデンの無差別爆撃を体験した彼が『スローターハウス 5』で訴えたかったメッセージは戦争を起こした政府に対して、またそのような状況に一般の人々を追い込んだ権威に対しての強い批判であったという自負があったのかもしれない。また戦争の愚かさを彼独自の書き方で表したともいえる。しかしこれは先にも述べたように推測の域を超えないことであり、作者本人しかわからないことだといえる。

いずれにせよ著者の真意がどこにあったにせよ、読む側の『スローターハウス 5』への評価はさまざまであったことは確かであり、子供への悪影響を心配した保護者や教育委員会が同書の排除を求めて行動した。一方でそれに対して表現の自由、読む自由を求める人々も同書の排除は憲法に照らして違憲であるとして行動したのである。その意味で『スローターハウス 5』を巡る図書館からの排除の問題は価値観のぶつかりあいであったといえる。また単に主張のぶつかり合いと

いうだけでなくアメリカの民主主義システムの中でいかに合法的に両者の主張を通すかを模索した例ともいえるのである。

　また『スローターハウス5』の関連した裁判で重要なことは、最高裁判所の判決で学校図書館における生徒の読む権利が与えられたことである。本章でも述べたが判決の主文では教育行政における州や地方政府の権限を認めつつも、政治的な意図から教育委員会が本を排除することは生徒の読む権利を侵害すると判断した。この最高裁判所の判決はその後の図書館における同様の裁判にも影響を与えるものとなった。しかし一方で反対意見にもあるように、この生徒の読む権利についてはそれまで判例で明確に認められていなかった権利であり、憲法の拡大解釈と見なす判事もいた。また地方の行政も教育運営に関して司法が判断することに難色を見せたのも事実である。ある面で最高裁判所の判事の政治的思想のバランスが保守的になったなら同様の裁判でも判決が変わる可能性もあるともいえるような微妙な問題であった。いずれにせよ『スローターハウス5』を巡る政治・司法への影響は大きいものであった。

■注

1) カート・ヴォネガット・ジュニア著、伊藤典夫訳『スローターハウス5』（早川書房、1978年）。ドレスデン無差別爆撃については訳者あとがきを参照。http://www.ala.org/ala/oif/bannedbooksweek/bbwlinks/100mostfrequently.htm

2) "Kurt Vonnegut, Jr." *Encyclopedia of World Biography,* 2nd ed. 17 vols. (Gale Research, 1988).Reproduced in Biography Resource Center. Farmington Hills, Mich.: Thompson Gale. 2007. http://galenet.galegroup.com/servlet/BioRC

3) Elaine Woo, "Kurt Vonnegut: 1922-2007; His popular novels blended social criticism, dark humor," *Los Angeles Times* (April 12, 2007); Dinitia Smith, "Kurt Vonnegut Is Dead at 84; Caught Imagination of His Age" *The New York Times* (April 12, 2007); ワシントン・ポスト紙も18面にヴォネガットの死亡記事を掲載した。"Writer Kurt Vonnegut, Voice of U.S. Counterculture, Dies," *The Washington Post* (April 12, 2007).

4) ただし『スローターハウス5』は70年代、80年代後も学校図書館からの排除が求められることが見られ2006年にもシカゴで学校のカリキュラムから排除される動きがあるなど、賞賛と共に保守的なアメリカ人層からは常に問題ある作品とされてきた。

5) *Todd v. Rochester Community Schools*, 41 Mich. App. 320 (1972).

6) *Ibid*.

7) Charles McKay, *Extraordinary popular delusions and the madness of crowds*, (R. Bentley: London, 1841).『スローターハウス5』(26ページ)の中でオヘアがマッケイ著の『異常なる民間の妄想と群集の狂気』の一部を読み上げる。「歴史はその厳粛なページを通じて、十字軍が無知にして野蛮な暴徒の集団であったことを我々に教えてくれる。彼等の動機は、頑なな妄信に根ざすものであり、彼らが通過した後に残したのは血と涙の道であった。…」とオヘアが引用している。

8) ヴォネガット『前掲』、26-27, 131-133, 247頁。

9) *Todd v. Rochester Community Schools*, Ibid. 一旦1971年5月20日に担当判事のムーア判事の不在中において裁判長によって職務執行命令が出された。しかし6月5日にムーア判事がさらなる事実と法律の確認を求め、5月20日の業務執行命令を無効にして6月9日に改めて判決を下した。

10) *Todd v. Rochester Community Schools*, Ibid.

11) *Ibid*.

12) *Ibid*.

13) *Ibid*.

14) *Ibid*.

15) *Ibid*. 判決文の中では *Redrup v. New York*, 386 U.S. 767(1967) の中で Lust Pool と Shame Agent がわいせつではないと判断した。これらの本に比べると『スローターハウス5』は「日曜学校の読み物である」とまったくわいせつな読み物ではないと控訴審の判決文では述べている。

16) *Todd v. Rochester Community Schools*, Ibid.

17) *Ibid*. オハラ判事の同意意見の中ではこの裁判の主目的は本がわいせつであるとかポルノであるとかを判じるのではなく純粋に国教樹立禁止令に反しているのかどうかを判断すべきであると述べた。ただ既成の宗教権威に対してヴォネガットの本の内容が敵意をもった表現であることは認めたもののそれが裁判の決定に影響すべきではないという立場をとった。

18) CBS News で報じられた。"Slaughterhouse 5 / North Dakota / Severy," *CBS Evening News*
 for Thursday, November 15, 1973., from Television News Archive, Vanderbilt University.

19) Richard E. Ziegfeld, "Kurt Vonnegut on Censorship and Moral Values," *Modern Fiction Studies*, vol. 26, no. 4 (1981), pp.631-632.

20) Ziegfeld、*Ibid*., p.634.

21) *Steven A. Pico v. Board of Education, Island Trees Union Free School District*, 474 F. Supp.387 (E.D.N.Y. 1979). 以下、*Pico v. Island Trees Union Free School District*, (E.D.N.Y. 1979) とする。この他の本の題名として、The Naked Ape(Desmond Morris)、Down These Mean Streets(Piri Thomas)、Best Short Stories (Negro Writers)、Go Ask Alice (Anonymous)、Laughing Boy (Oliver LaFarge)、Black Boy (Richard Wright)、A Hero Ain't Nothing But A

Sandwich (Alice Childress)、Soul On Ice(Eldridge Cleaver)、A Reader for Writers (Jerome Archer)、The Fixer (Bernard Malamud) であった。また *Pico v. Board of Education, Island Trees Union Free School District,* 638 F.2d 404 (1980).

22) *Pico v. Island Trees Union Free School District,* (E.D.N.Y. 1979), *Ibid.*

23) *Pico v. Board of Education, Island Trees Union Free School District,* 638 F.2d 404 (1980). *Ibid.*

24) *Pico v. Island Trees Union Free School District,* (E.D.N.Y. 1979), *Ibid.*

25) "Island Trees, N.Y. Book Panel to Determine Fate of Banned Books," *School Library Journal,* (May 1976), pp.11-12.

26) *Pico v. Island Trees Union Free School District,* (E.D.N.Y. 1979), *Ibid.*; *Pico v. Board of Education, Island Trees Union Free School District,* 638 F.2d 404 (1980). Ibid. またモーロウはアイランド・トゥリース学校区外で用意された排除の本のリストにそのまま従うことに懸念の声を上げていた。

27) *Pico v. Island Trees Union Free School District,* (E.D.N.Y. 1979), *Ibid.* なぜ図書館員が含まれていなかったかは裁判所の資料では明確にされていない。ただしあえて図書館員が含まれていないと明記したのは、図書館員を任命する行為をあえて教育委員会はしなかったということを強調するためであると考えられる。これは図書館員は一般的にどのような本も蔵書とすることに前向きであるという考え方がアメリカ人にはあるからであると考えられる。

28) "Island Trees, N.Y. Book Panel to Determine Fate of Banned Books," *Ibid.*,p.12.

29) Bernard Malamud の The Fixer の日本語訳にバーナード・マラムード著、橋本福夫訳『修理屋』（早川書房、1969 年）がある。

30) 図書館に蔵書として返却を推薦された本は Laughing Boy (Oliver LaFarge)、Black Boy (Richard Wright)、Go Ask Alice (Anonymous)、Best Short Stories (Negro Writers) の 4 冊で排除を推薦されたのは The Naked Ape(Desmond Morris)、Down These Mean Streets(Piri Thomas) であった。A Hero Ain't Nothing But A Sandwich (Alice Childress)、Soul On Ice(Eldridge Cleaver)、A Reader for Writers (Jerome Archer)、The Fixer (Bernard Malamud)

31) A Hero Ain't Nothing But A Sandwich (Alice Childress) と Soul On Ice(Eldridge Cleaver) の 2 冊は本審査委員の意見が分かれ、A Reader for Writers (Jerome Archer) は全員が読みきれず判断が下されなかった。*Pico v. Board of Education, Island Trees Union Free School District,* 638 F.2d 404 (1980). Ibid.

32) *Pico v. Island Trees Union Free School District,* (E.D.N.Y. 1979), Ibid.; *Pico v. Board of Education, Island Trees Union Free School District,* 638 F.2d 404 (1980). *Ibid.*

33) *Pico v. Island Trees Union Free School District,* (E.D.N.Y. 1979), *Ibid.* リチャード・ライト著、野崎孝訳『ブラック・ボーイ：ある幼少期の記録』（岩波書店、1962 年）。

34) "N.Y. school board upholds book ban," *Library Journal* (September 15, 1976), p.1818.
35) *Pico v. Island Trees Union Free School District*, (E.D.N.Y. 1979), *Ibid.*
36) *Ibid.*; *Pico v. Board of Education, Island Trees Union Free School District*, 638 F.2d 404 (1980). *Ibid.*
37) Dowia Lundry and Nina S. Hyde, *The Washington Post* (January 6, 1977).
38) *Pico v. Island Trees Union Free School District*, (E.D.N.Y. 1979), *Ibid.*
39) *Ibid.*
40) *Ibid.*
41) *Miinarcini v. Strongsville City School Dist.*, 541 F.2d 577 (CA6 1976), *Right to Read Defense Committee of Chelsea v. School Committee of the City of Chelsea*, 454 F. Supp. 703 (D. Mass. 1978), *Salvail v. Nashua Board of Education*, (D.C.N.H. 1979) の3つの判例では学校区の図書館の本への排除や貸し出し制限は違憲であると判断した。*Presidents Council, District 25 v. Community School Board # 25*, 457 F.2d 289 (CA2) Cert. denied, 409 U.S. 998, 93 S. Ct. 308, 34 L. Ed. 2d 260 (1972) では本の貸し出し制限を加えた学校区の判断は合憲であると判決した。
42) *Pico v. Island Trees Union Free School District*, (E.D.N.Y. 1979), Ibid.
43) *Ibid.*
44) *Ibid.*
45) *Ibid.*
46) *Pico v. Board of Education, Island Trees Union Free School District*, 638 F.2d 404 (1980). *Ibid.*
47) *Ibid.*
48) *Ibid.* 同意意見を提出したニューマン判事もアイランド・トゥリー・フリー・ユニオン学校区の特に教育委員会の委員の政治的動機がもっとも重要であると言及した。つまり本の排除について政治的な見方に反対する考えを含んだこれらの本を意図的に排除したと見なしたのである。
49) *Pico v. Board of Education, Island Trees Union Free School District*, 638 F.2d 404 (1980). Ibid. マンスフィールド判事が反対意見で引用したのは、「Soul On Ice」の157ページから158ページのキャラクターの表現、「A Hero Ain't Nothing But A Sandwich」の10、64－65、75－76ページの下劣な言葉、「The Fixer」の52、90、92、146、189、192、215、216ページのユダヤ人への差別的な言葉、下品な表現、「Go Ask Alice」の31、47、81、83、84、85、94、110、117、146ページの性に関する描写など一つひとつの作品の描写を引用した。
50) 原作では29ページ（翻訳では47ページ）、32（翻訳50）、34（54）、94－95（131－133）、99（138）、120、122（169）、134（184）、173（237）、175（239）、177（242）、178ページなどであった。
51) New York Law Section 1709に記されている教育委員会の権限と義務を引用している。

52) "L.I. Schools Press Effort to Avert A Book-Ban Trial," *The New York Times* (March 8,1981).
53) *Board of Education, Island Trees Union Free School District v. Pico*, 457 U.S. 853 (1982).
54) *Board of Education, Island Trees Union Free School District v. Pico*, Ibid. ブレナン判事が多数派の主文を書き、マーシャル、スティーブンス判事が署名した。またブラックマン判事は部分的に主文に賛同した上で同意意見を提出した。ホワイトも多数派に賛同し同意意見を提出した。反対意見としてはバーガー、パウエル、レンキスト、オコーナーの各判事がそれぞれ提出した。
55) *Board of Education, Island Trees Union Free School District v. Pico, Ibid*. 連邦最高裁判所の判例としてブレナンは *Meyer v. Nebraska*, 262 U.S. 390 (1923), *Epperson v. Arkansas*, 393 U.S. 97 (1968). を参照した。進化論については他の章で詳細を論じる。
56) *Board of Education, Island Trees Union Free School District v. Pico*, Ibid.
57) *Ibid*.
58) *Ibid*.
59) *Ibid*. これはアメリカの連邦制と三権分立の原則が大きく関わっていた。つまり連邦政府と州政府は国家とし連邦政府が絶対的に中心になるわけではなく、教育行政は州政府の権限がある。州政府は税制や結婚・離婚の法律を独自に持っており、その意味では連邦政府とも対等であるとも言える。また三権分立の原理として選挙で選ばれた行政の決定を司法が判断することは法的根拠が絶対必要であるということである。
60) *Board of Education, Island Trees Union Free School District v. Pico*, Ibid.
61) *Ibid*.
62) *Ibid*.
63) *Ibid*.
64) *Ibid*.
65) *Ibid*. の中で引用したのは *Tinker v. Des Moines School District*, 319 U.S. 624 (1969) や *WestVirginia Board of Education v. Barnette,* 319 U.S. 624 (1943) である。
66) *Board of Education, Island Trees Union Free School District v. Pico, Ibid*
67) Fred Barbash and Charles R. Babcock, "Court Allows Trial in Book Banning," *The Washington Post* (June 26, 1982).
68) "Island Trees school board lifts seven year book ban," *Library Journal* (September 15, 1982),p.1694.
69) Richard Levine and William C. Rhoden, "School Board Unbans Books," *The New York Times* (August 15, 1982).
70) Michael Winerip, "L.I. School Board Ends Its Fight To Ban," *The New York Times* (January 31, 1983). 1975年当時にこの排除を推進した教育委員会のフランク・マーティンは最後まで本の規制を求め続けた。マーティンは「善人が何もしなければ悪ははびこる」とこの決定の際述べ、最後まで反対する姿勢をみせた。

170　第3部　宗教と道徳をめぐる本

71) "Censorship Update," *School Library Journal* (November 1982), p.9.
72) Bertha M. Cheatham, "1982 & Libraries: The News In Review," *School Library Journal* (January 1983), pp.21-25.
73) Alan M. Tollefson, "Censored & Censured: Racine Unified School District vs. Wisconsin Library Association," *School Library Journal* (March 1987), pp.108-112.
74) *Ibid.*, p.109.
75) *Ibid.*, p.112.
76) Lisa Donovan, "Book ban debate draws overflow crowd," *Chicago Sun Times* (May 26, 2006); Rummana Hussain, "Suburban school board rejects proposed book ban," *Chicago Sun Times* (May 27, 2006).
77) Charles R. Babcock, "Book Banning Spreads; But a Court Test *Could Stem the Tide*," *The Washington Post* (May 10, 1982).
78) Julia Malone, "To read, or not to read; book bans and high court," *Christian Science Monitor* (November 17, 1981).
79) Tollefson, "Censored & Censured: Racine Unified School District vs. Wisconsin Library Association," *Ibid.*, p.112.
80) Dennis Persica, "Vonnegut: Free Speech Rights Hard to Defend Panel Wrestles First Amendment," *Times-Picayune* (March 9, 1994).

第7章

アメリカの学校と図書館における『ハリー・ポッター』を読む権利と制限

はじめに

図8 『ハリーポッター』シリーズの表紙

　ジョアン・キャサリーン・ローリング（J・K・ローリング）は、1965年イギリスのウェールズ地方で生まれた。ローリングはポルトガルのジャーナリストと離婚した後、シングル・マザーとして子供を育てながら『ハリー・ポッター』の原稿を書き上げたという。代理人を通じて出版社を探し、『ハリー・ポッターと賢者の石』が出版されたのは1997年であった[1]。

　その後、同シリーズとして6冊出版され2007年7月21日に最終巻の第7章が発売された。はじめの5冊の本がワーナー・ブロス社から映画化されるなど大きな反響があった作品である。2005年半ばまでで200以上の国で62か国語に渡って2億8万部を売り上げる大ヒット作品になった。出版の1997年から大ヒットとなった『ハリー・ポッター』はその年イギリスの児童文学賞を受賞したのを皮切りに、1998年にアメリカ版が出版されたアメリカでも『パブリック・ウィークリー』ベスト・ブック、米国図書館協会優秀賞、ニューヨーク公立図書館年間最優秀本賞等、次々に出版、本関連の賞を受賞していった[2]。

『ハリー・ポッター』と社会現象

　アメリカでは第7冊目の販売の際、販売元のスカラスティック社が販売日の7月21日以前に本が届いても内容を見ないように図書館と契約するなど異常なほどの熱狂ぶりであった。たとえばユタ州のデイビス郡図書館では管轄下の図書館のために150冊、ソルトレーク郡図書館では652冊のオーダーをした。その際、発売日前に本が届いても開封しない契約をし、同書を取り扱う職員数を制限し、各図書館の館長の連絡先をスカラスティック社に提出しなければならなかった。そのこと自体、『ハリー・ポッター』シリーズへの人気を示していたといえる[3]。

　内容は魔法を毛嫌いする普通の人の叔母の家ダーズリー家で邪魔者扱いされて育ってきた主人公ハリー・ポッターという少年が11歳の誕生日にホグワーツ魔法魔術学校に入学し魔法・魔術を学んでいくというものであった。その中でロン・ウィーズリーやハーマイオニー・グレンジャーとの友情やヴォルデモートという闇の魔法使いとの戦いなどさまざまな経験をしていく内容である。

　アメリカで子供ばかりでなく大人にも人気を博した『ハリー・ポッター』シリーズだが、この本は賞賛されてきただけではなかった。その扱う主要テーマが魔法や魔術を使うハリー・ポッターという少年であったため、魔法という概念を嫌うキリスト教の宗教関係者や一般の人から子供に読ませる本としてふさわしくないとして批判もされてきたのである。単に批判ばかりでなく、実際に学校のリーディングの教材から同書を取り除くことや図書館から蔵書として取り除くか貸し出しの制限を加えるように主張し行動する人たちも現れるようになった。

　米国図書館協会の資料によると『ハリー・ポッター』シリーズは2000年から2005年の間に最も数多く学校教材・図書館からの排除を求められた本の中で毎年全体の1位になった[4]。

　『ハリー・ポッター』への反対は具体的には教会における批判や焚書などの行動によって訴えたり、同書を反対するキリスト教の保護者などが学校に訴え教材や図書館から取り除くことを訴えたりする中にみられた。また教育委員会の関係者が同書を除去する規則を作ったり、図書館の貸し出しに制限を加えたりする例もあった。

キリスト教の教会関係者が直接、『ハリー・ポッター』シリーズを焚書にした例としては、ニュー・メキシコ州で見られた。同州のアラモゴード・キリスト・コミュニティー教会において2001年12月30日にシェイクスピアの本などと一緒に『ハリー・ポッター』シリーズを焚書するイベントが行われた。このイベントは同教会の牧師ジャック・ブロックが呼びかけたもので「聖なる焚き火」と称して開催した。ブロックは『ハリー・ポッター』シリーズについて「神と私に嫌悪を起こさせる」と述べ、「多くの青少年の生命を破壊する」ものだと批判した[5]。

人口わずか3万人のアラモゴード市には当日多くのマス・メディアが集まりこの焚書のイベントを全米に報道した。ここでは会衆派教会の信者400人の人々がこのイベントに参加した一方で、800人にわたる抗議デモの人々も集まった。反対者はさまざまなキリスト教のさまざまの宗派の人を含んでいた。彼らは焚書にする行為はアフガニスタンで起こったタリバンの古代仏像の破壊と変わりない行為だとして反対したのである。また反対デモに参加した人々は寄付金を募り、焚書にされたJ・K・ローリングやシェイクスピアの作品を購入して同市のアラモゴード市立図書館に寄付したりした。また同図書館ではこの教会の焚書のイベントに反対し『ハリー・ポッター』の映画の上映に合わせて開催し始めた同シリーズの館内展示を延長することを決定した[6]。

学校区の教育委員会が『ハリー・ポッター』シリーズを管轄の学校から排除しようとした例もある。たとえば1999年ミシガン州ジーランド市において同学校区教育長ゲリー・フィーンストラが同書を魔法使いを扱っているとして批判し、同書のシリーズを蔵書としてすでにおいてある本以外にさらに購入することはないし、学校の図書館の貸し出しでは保護者の許可を必要とし学校の授業で朗読の時間の教材として使用すべきではないと管轄の学校に通達した。しかしこのことに対して批判の声が上がり、結局翌年2000年にはその決定を撤回している。また2000年にテキサス州ガルベストン市の学校区が同書の貸し出しに制限を加えるなどした。具体的には保護者から同書に対して批判があったとして子供の貸し出しの際、保護者の許可を求めることを決めたのである[7]。

また学校の保護者が『ハリー・ポッター』シリーズの貸し出し制限を積極的に求めたり、学校での同書の朗読に反対する声を上げる例も2000年あたりから各地で増えてきた。たとえば2000年11月にニューハンプシャー州ブリストル市

で保護者が学校区に同シリーズを朗読の時間で読むことを禁じるように要求したりした。ここでは保護者が子供にどの授業を受けさせるかを決める権利として、教師に教材で使う本のリストの提出を求めるなどした。その他2001年12月にもペンシルベニア州のイースタン・ヨーク学校区で保護者が学校区に『ハリー・ポッター』シリーズの排除を求める事件が起こった。しかし、この例では結局教育委員会は学校での教材として同書を残すことを決定している[8]。

　このように『ハリー・ポッター』シリーズは絶大な人気を博する一方で、その出版以来アメリカの各地の学校区で貸し出しの制限が試みられたり、図書館から排除を求められたりしてきた。しかし同書の制限や排除が試みられる度に、表現の自由・読む権利の制限だとして他の保護者や人権団体からこのような制限・排除への批判が上がった。歴史的にもアメリカでは合衆国憲法修正第1条によって表現の自由・読む権利は保護され重要な価値だとアメリカでは信じられてきた。単に憲法にある題目としてでなくアメリカ人の中では表現の自由・読む権利は当然の権利として日常の中でも実践されてきたし、それを制限しようとする動きに対しては徹底的に反対し、権利を守ろうとする人々や団体の運動が起こるのが見られた。

　本稿では『ハリー・ポッター』シリーズをめぐって起こった社会的また政治的事件を取り上げ、アメリカにおいてどのように表現の自由と読む権利が制限され、保護されてきたのかについて考察する。

　まずどのような理由で『ハリー・ポッター』シリーズが学校や図書館から排除を求められたりしたのかを、排除の中心的役割を果たしたキリスト教保守派の見方から考察する。そして実際起こったアーカンソー州での裁判ケースを取り上げ、同書を読む権利が法律的にどのように解釈されたのかを分析する。最後にジョージア州で同書をめぐって起こった事件を取り上げ、同書に反対する保護者の意見に対して政治的にどのような解決が図られたのかを具体的に分析し、アメリカにおける読む権利の保護と制限についての司法的解決と政治的解決の2つの側面について考察する。

『ハリー・ポッター』を批判した市民グループ

　『ハリー・ポッター』シリーズを批判し始めたのは、主にキリスト教系の市民グループや教会のリーダーであった。たとえばジェームズ・ドブソン（James Dobson）によって設立されたフォーカス・オン・ザ・ファミリー（Focus on the Family）などはその代表的な市民グループのひとつであった。ドブソンは現代におけるさまざまな社会問題、とくに青少年のモラル低下の原因として無宗教による精神の空洞があると考え、キリスト教の価値観を確立することで家族の再構築やモラルの発展を目指すことを運動の目的とした。その目的に沿って1977年からラジオ放送などで青少年の性問題、同性愛問題、中絶問題など社会問題を取り上げ、キリスト教の価値観からくる保守的なコメントを人々に伝える活動を展開した。ドブソンの思想はとくに社会的保守の人々に受け入れられ、そのラジオ放送は5万人のリスナーを持つほど社会的な影響力をもつグループとなっていった[9]。

　フォーカス・オン・ザ・ファミリーに『プラグド・イン』（Plugged In）というオンライン雑誌のウェブ・サイトがある。このサイトには『ハリー・ポッター』シリーズへの評論記事が掲載され、『ハリー・ポッター』の各シリーズが出るたびにその評価が掲載された。たとえば『ハリー・ポッターと賢者の石』の評論ではそのストーリーの概要、肯定的な要素、暴力的な要素、ハリーの家庭、学校教育、アルコールの使用、精神的要素などに分けて分析した。肯定的な要素としては魔法使いの銀行についての記述で欲望に対して戒めの大切さが語られたり、賢者の石の謎を解く記述ではハリー、ロン、ハーマイオニーの友情、尊敬、自己犠牲について語られていること、またハリーの母親の無償の愛がハリーを救ったことが記述されていることなどを上げた[10]。

　また暴力的な要素としては魔法・魔術の学校に出てくる教授がハリーを殺害しようとしたこと、最後の場面で最強の闇の魔法使いヴォルデモートとの戦いの場面でハリーを殺すことを教唆するヴォルデモートの言葉などについて書かれていた。ハリーの家庭についてはダーズリー家でのハリーの立場や魔法・魔術学校でのありかたについて肯定も否定もしない記述が掲載され、学校教育の中では、否

定的な部分としてハリー、ロン、ハーマイオニーが学校の規則を破る場面があることなどが指摘されていた。アルコールの使用については森の番人ハグリッドが酒によって大事な秘密を他人に話してしまったことについて紹介するなどした[11]。

そして精神的要素については「魔法と魔法使いはこのストーリーの中で中心的話題である」として、空想で魔術についていろいろな用具が紹介されていることなどを指摘した。そして結論として魔力を使う時の呪文など子供たちが真似をする可能性があることなどを指摘したのである。同書は実害がないとしながらもオカルトが真実であるかを分別できない子供が呪文を真似することに警鐘を鳴らすなどした。そして最後に聖書において魔法の世界に参加することは豊かな生活ではなく死をもたらすと示されていることを上げ、保護者は『ハリー・ポッター』シリーズを読む前によく考慮することを勧めた[12]。

同様にその他のシリーズが出るたびにその概要、肯定的な要素とともにどれだけ暴力的な記述があるのか、学校での規則への非服従についての内容や精神的な影響性について分析した記事を掲載した。たとえば『ハリー・ポッターと秘密の部屋』の論評では最後に「キリスト教の保護者の責任は魔法や世俗的な知恵から真実の適切な源である『聖書』に子供を向かわせることである」と結論づけたり、また『ハリー・ポッターとアズカバンの囚人』の論評では「ローリングの本の基本的な危険性は、魔法や魔法使いが現実味を帯びて記述されていないものの、それらは（少なくとも良い魔法は）肯定的に描かれているという事実である」と結論して、肯定的に魔法の題材を扱っていることに警告を発した内容を掲載した。その後も同様に他のシリーズが出るたびに論評を掲載したが結論的には同書の魔法と魔術の記載に対しては否定したコメントを載せるなどした[13]。

また宗教的権威の意見としてはローマ・カトリック教会のベネディクト16世がローマ法王に就任する以前の2003年3月に書いた書簡で『ハリー・ポッター』シリーズについて青年の心を腐敗させる「微妙な誘惑」であると表した。同書に関心を持つカトリック教徒の社会学者ガブリエール・クービーからの手紙への返答の中で、当時教皇庁の主席枢機卿だったベネディクト16世が書いた言葉で、2005年に明らかにされたものであった。当時のベネディクト16世（その時点ではヨーゼフ・ラッツィンガー主席枢機卿）はその書簡の中で「あなたが『ハリー・ポッター』に焦点を当てたのは良いことです。なぜなら〔青少年の心に〕いつの

間にか影響を及ぼす微妙な誘惑があるからであり、正しく成長する以前に魂においてキリスト教精神を腐敗させるからです」と述べた[14]。

このようにキリスト教の権威や市民グループが『ハリー・ポッター』シリーズを批判したのはとりもなおさず、聖書が明確に魔法を非難し、キリスト教があらゆる種類の悪魔を否定したからであった。そのため敬虔なキリスト教の保護者は魔法を肯定的に取り扱った『ハリー・ポッター』シリーズが子供に悪影響を及ぼすと考えたのである[15]。

また『ハリー・ポッター』シリーズを図書館の蔵書とすることは賛成しても貸し出しに制限をつけるべきだと主張したグループとして、ファミリー・フレンドリー・ライブラリーズ（Family Friendly Libraries）などがあった。このグループはカレン・ジョー・ゴーナードによって設立された。おもに子供の保護者は子供の読む本について責任を持つべきだとした上で、図書館は年齢に応じて相応しい本を見極めて、子供にとって相応しくない本や害ある本は貸し出しを制限すべきだと考えた。またその図書館の貸し出しの基準を決めるのはその地域の人々の価値観やモラル観などが決定要因になるべきだと主張し、学校や公立の図書館の規則、蔵書、計画などに住民の意思が繁栄されるよう支援活動をするとした。同グループでは、その目的を達成するため関心を持つ保護者や図書館に情報提供などを行うなどした。それと保護者が子供の貸し出し記録などを手に入れることは重要だとして、図書館に働きかけるための支援などをしている[16]。

ゴーナードは『ハリー・ポッター』シリーズに関しては、図書館において排除する必要はないものの保護者の許可の下に貸し出しをすべきだとし、また学校の教室においては朗読の時間に使用すべきではないとした。またゴーナードは『ハリー・ポッター』の内容が反キリスト教であるとして否定的な見方をしていた。たとえばゴーナードは「『ハリー・ポッター』が魔術崇拝の象徴をたくさん含んでいることは否定できません。……誰もが魔女であったり魔法使いであり、呪文を唱え、血を飲み、生まれ変わることを信じています」と述べ、魔法や魔術をテーマに書かれている同書に対して批判した。またゴーナードは『ハリー・ポッター』シリーズが「娯楽を通じて魔法を祝しており……結果として同書はオカルト宗教のための強力な宣伝となっているのです」と同書がオカルト宗教を助長させると判断したのである。ゴーナードは結局、内容は子供の読む本として適切ではない

と判断し、学校の朗読時間においては、もし『ハリーポッター』シリーズを教室で朗読するのなら同時間分程キリスト教の作家の本を教室で子供たちに朗読すべきであると主張した[17]。

『ハリー・ポッター』をめぐるアーカンソー州での裁判事件

　2002年に『ハリー・ポッター』シリーズを読む権利をめぐって訴訟が起こった例があった。同年7月3日、アーカンソー州シーダービル市の小学校4年生の女の子の両親が『ハリー・ポッター』シリーズを読むことを制限されたとして市の教育委員会を相手取り連邦地方裁判所に告訴した[18]。この裁判は公立学校の図書館が同書の貸し出しに制限を加えたことに対し、読む権利を奪われたとしてその両親が起こしたのであった。

　裁判は『ハリー・ポッター』シリーズの図書館における制限に対してアメリカで初めて起こったこともあり、裁判では表現の自由を支持する多くの団体が原告の支持を表明するなどした。米国図書館協会も2003年3月3日に裁判所に他の13の団体と共に『ハリー・ポッター』シリーズを一般図書に戻すように意見書を提出するなど賛否両論を巻き込んだ論争になったのである[19]。

　この事件は2001年11月に『ハリー・ポッター』の内容が子供の教育に良くないと考えた同小学校に通う子供をもつ母親アンジー・ヘイニーと同教育委員会の委員で彼女の教会の牧師でもあったマーク・ホッジスがシーダービル市の学校図書館に同書が蔵書にしてあることは問題だとして行動を起こしたことが発端であった[20]。

　ホッジスは教育長のデーブ・スミスとシーダービル高校図書館員エステラ・ロバーツと連絡を取って『ハリー・ポッター』の蔵書の在り方について問い合わせたところ、何らかの不満がある場合は学校の規則によって再考要求書を提出する必要があることを説明された。ヘイニーがその書類を教育委員会に提出し、『ハリー・ポッターと賢者の石』を図書館から取り除くことを要求した。その後、規則に沿って小中高の各学校から校長、図書館員、生徒、PTAから5人ずつ選出され図書委員会が設置された。その委員会で『ハリー・ポッターと賢者の石』に

ついて検定した結果、全会一致で一般図書として何ら制約もなく蔵書としておくことを教育委員会に推薦する決定をした。その決定に基づき図書館員のロバーツが教育委員会で同書について説明をした後、5人からなるシーダービル教育委員会の採決にかけられた[21]。

ところが教育委員会では3対2の投票で図書委員会の推薦を斥け、『ハリー・ポッターと賢者の石』のみならず他の『ハリー・ポッター』シリーズ3冊も貸し出し制限をすることを決定した。この採決を受け、シーダービル高校の校長グレニス・クックはすべての『ハリー・ポッター』シリーズが管轄下の小中高の図書館の一般の本棚から撤去され、「十分に〔視覚的に〕見えるが、貸し出しする場合以外は生徒が手に取れない」書棚に移動することと、生徒が借りたいときは親かもしくは法的擁護者の署名のある許可書を持参しなくてはならないことを命じた[22]。

この規則に対し同小学校に通うダコタ・カウントの両親ビリー・カウントとマリー・カウントが同シリーズを図書館から借りるために両親の許可を必要とすることは娘の憲法修正第1条に定められた読む権利を侵害していると訴えたのであった。ダコタは当時出版されていた同シリーズの4冊の中、3冊を読み終え、残りの1冊は自分の本として持っていた[23]。

アーカンソー州の連邦地方裁判所のジム・ラリー・ヘンドリン判事はこの裁判では原告のカウントの主張を支持し、シーダービル市の教育委員会の新しい本の貸し出しの制限を定めた規則はカウントの娘の表現の自由・読む権利を妨げていると判決を下した[24]。

はじめに被告の教育委員会側がカウントは告訴の当事者適格（つまり裁判を起こす資格）がないと主張したのに対し、ヘンドリン判事はカウントに当事者適格があり告訴できるとした。判例より当事者適格の条件として3つ挙げた。1つは憶測や推測でなく具体的、現実的に法律で保護された権利を剥奪されその害に苦しんでいること、2つ目に原告が受けた害と訴えている対象の間に因果的な関係があること、3つ目に単に推測からでなく実質的に原告の主張が通った時にその害が是正されることとした[25]。つまりカウントが『ハリー・ポッター』シリーズを図書館から借りるのに実際に読む権利を侵害されたか、教育委員会の決定はカウントの受けた侵害を直接引き起こした原因か、教育委員会の決定が覆されたらカウントの読む権利は回復されるかということである。

これに対し被告の教育委員会側はカウントは読む権利を侵害されてはないと主張した。なぜならカウントは『ハリー・ポッター』シリーズのうち、何冊かを所有しており、すでに親の許可も得て残りの『ハリー・ポッター』を借りることもできたので、「拘束のないアクセス」ができたため教育委員会の規則によって害を受けていないと主張した。これに対し、カウントは親の許可を受けること自体すでに自由に本を借りる権利を侵害しているとしたのである。自由に本を読む権利は、情報を自由に獲得できる権利であり、憲法に示された修正第1条と第14条に保護されているとしたのである。修正第1条では表現の自由を保障し、修正第14条では州政府が市民の特権を奪ってはならないことと人々の間に平等を保障することを規定している。そのような意味からカウントは当事者適格があると主張したのである[26]。

　結果的にヘンドリン判事はこれに対して教育委員会の主張を斥け、カウントは当事者適格があると判断した。まず1982年の *Board of Education v. Pico* の最高裁判所の裁判において学校図書館は「生徒の修正第1条の権利が特に認められるべき環境」であるとした判例を引き、図書館にあって生徒の表現の自由・読む権利を侵害してはならないと述べた。その上でカウントのおかれた状況は、『ハリー・ポッター』シリーズは「悪い」本として烙印を押された環境の中でその本を持ち歩いたり、図書館においても図書館員に貸し出しの請求を聞き許可されているかを調べられたりすることは同書を借りようとする人には負担となると述べ、十分にカウントは当事者適格を満たしている判断した。そして教育委員会の主張したこと、つまりカウントが家に『ハリー・ポッター』シリーズの何冊かを持っていることで裁判の資格を測ることは適当でないとした意見を支持しなかった。つまり個人で本を所有していたとしても、図書館で同書を読む権利を争うことは可能であるということである[27]。

　そしてヘンドリン判事は教育委員会の規則がカウントの憲法修正第1条の表現の自由・読む権利を侵害していると述べた。つまり図書館において気軽に同書を手に取りページをめくることすらできず、親の許可があっても必ず図書館員を通してしか同書を手にすることができないという点を指摘した。したがってこのような制限を正当化させるだけの理由を教育委員会が持っていなくてはならないとした[28]。

しかしヘンドリン判事はシーダービル市の学校において生徒の読む権利を制限する教育現場における切迫した緊急を要する理由はなかったと判断した。特に満場一致で『ハリー・ポッター』シリーズを書棚に残すことを決定した図書委員会の推薦を覆した同教育委員会の委員の宣誓証言について判事は注目した。特にマーク・ホッジス、ジェリー・シェリー、ゲリー・クーンスの証言から、その図書館委員会の推薦を反対した理由について分析した。反対したこの3人の中、ホッジスのみが『ハリー・ポッターと賢者の石』を読了していた。しかし彼も含め3人とも『ハリー・ポッター』シリーズをすべて読了していなかったことを指摘した上で、同書のシリーズの貸し出しを制限した教育委員会の理由はおもに2点あったとした。第1点目は『ハリー・ポッター』シリーズが権威に対して非服従、軽視の精神を生徒に植えつけると彼らが見なしたこと、第2点目は同書が魔法使いとオカルトを扱っていると彼らが見なしていることであった[29]。

第1点目の理由に対してはヘンドリン判事は、実質的に学校における活動や規律の妨害を避ける必要がある以外は読む権利の制限が正当化されることはないとした。この件に関してはベトナム戦争の時の反戦の腕章をつけた高校生の表現の自由が争われた最高裁判所の判例を引いて学校が生徒に対して完全な権威を持つことはなく、学校にあっても憲法に定められた基本的人権は保障されるとした[30]。

また他の最高裁判所の判例を引きアメリカにおける学校での特徴として、学校では憲法に保障された表現の自由が保護され、多種多様な意見は尊重されるべきであるとした。特に学校の権威によって押し付けられた意見よりも、多種多様な意見を戦わせて真理を見いだすことでアメリカ社会のリーダーが育まれるという最高裁判所の判決文を引用して、教育委員会によって決められた規則を生徒に押し付けることは憲法の基本的人権に反していると論じた。その上で教育委員会で反対票を投じ、新しい規則を支持した3人の委員は『ハリー・ポッター』シリーズを生徒が読んだことによって実際に学校の権威に対して非服従や軽視の例があった報告を受けたことはなく、まったく憶測によって表現の自由・読む権利を奪ったとした[31]。

次に同書が魔法やオカルトを扱ったことで貸し出しを制限したことに対して説得性のない理由だとしてヘンドリン判事は一蹴した。そして政府が示した考えに生徒が縛られる必要はないとした先の最高裁判所の判例を引き、教育委員会の考

えを生徒に押し付けることはできないとした。この際、ヘンドリン判事はホッジス、シェリー、クーンスの証言を引いて、教育委員会の私的な意見が公的な目的に優先しているとした。たとえばホッジスとクーンスは魔法はそれ自体が宗教であり魔法の宗教を教える本に反対すると述べ、シェリーはキリスト教を宣揚するなら反対しないが魔法を教えることは反対すると述べたことを引用するなどした。個人的に『ハリー・ポッター』シリーズが魔法を教えていると考えてそれを公的な教育委員の立場で規則に反映させることになるため、教育委員会の制限に妥当な根拠はないと判断したのである[32]。

　この事件で見られたことは現場の学校関係者と教育委員会の委員との大きな見解の違いであった。現場の学校関係者からなる図書委員会が全員一致で『ハリー・ポッター』シリーズを一般の図書と同様に取り扱うと推薦したのに対し、多数派を占める3人の教育委員がそれを支持せず貸し出しに制限を加えたことは地域の世論に対する理解を欠いたものであったと言える。実際、図書委員のひとりであったシーダービル高校の図書館員エステラ・ロバーツは委員会の決定は単に『ハリー・ポッター』シリーズの内容が個人的に気に入らなかっただけだと批判した[33]。

　実際、もともと同書を図書館の蔵書から外すことを求める書類を提出したアンジー・ヘイニーは法廷の証言で、彼女の教会の牧師で教育委員会委員でもあったホッジスが教会の説教で同書を批判したことから行動を起こしたと述べていた[34]。そのようなことからもホッジスがもともと同書を排除することを最初から目的としていたことが明らかであったことが裁判官の心証を悪くしたともいえる。しかし同書への反対は宗教的信条からでたこともあり、裁判の判決によって同書への反感がなくなるような性質のことではなかった。

ジョージア州における保護者の『ハリー・ポッター』への反対行動

　『ハリー・ポッター』シリーズを子供に読ませたくない親が学校・図書館に排除を求める声はその後もアメリカ各地で収まることはなかった。

　そのひとつの例として2006年4月に起こったジョージア州グイネット郡公立学校区における事件を考察してみる。JCマッギル小学校に通う児童の母親が同

校に『ハリー・ポッター』シリーズを公立学校の図書館から排除することを求める請願書を提出したのである。4人の子供を持つこの母親は同書を読んではいないものの、その請願書の中で『ハリー・ポッター』シリーズが「邪悪なテーマ、魔法、悪魔の活動、殺人、悪質な血の生贄、呪文」を教えるとして排除すべきだと主張したのである。この請願書に基づき、グイネット郡教育委員会は請願した母親、学校区の職員、住民からの公聴会を開いた[35]。

　福音主義のキリスト教徒のローラ・マロリーは同書に対して反キリスト教だと批判し、同書の学校図書館からの排除を求めて請願書を提出した。4人の子供の中、同学校区のマッギル小学校に3人の子供を通わせているマロリーは市民として税金を払っており学校に授業の内容に意見を出すことは正当だと主張した。彼女は学校の授業の内容について「反キリスト教の偏見があると思います。これを止めさせなくてはなりません。……もし何も言わなければ学校からなされるままになります。税金も払っているのですから、私にこのことで声を上げる権利はあると思います」と新聞のインタビューに答えている。また『ハリー・ポッター』シリーズの悪影響として魔法や魔法使いが寛容に扱われることは良くないと述べた[36]。

　土地柄としてグイネット郡で本の排除が求められてきたのは稀で、もっとも近年の例では1997年にR・L・スタインの『ゴースト・キャンプ』、ジュディー・ブルームの『イッツ・ノット・ザ・エンド・オブ・ザ・ワールド』が排除を求められたことがあったくらいだった。しかもその時にも、結局この2冊を図書館から排除することはなかった[37]。

　そのため『ハリー・ポッター』シリーズを排除する動きがあったことは、グイネットの人々には突然に起きた事件でもあり同書を学校図書館から排除すべきかどうかについては賛否両論が起こった。読者の子供たちからは『ハリー・ポッター』シリーズの排除に反対の声が上がるなどし、たとえば排除反対の声では10歳の少女が同書がフィクションで本当のことを述べているとは思わないし日曜日には教会に行っているし何ら影響がないなどの理由をあげて、新聞報道でマロリーの考えに反論するなどした。一方で他のキリスト教の保守的な保護者からはマロリーの意見に賛同の声が寄せられるなどしたのである[38]。

　4月20日の公聴会では会場に保護者、学校関係者、行政役人等がつめかけ『ハ

リー・ポッター』シリーズを排除するかどうかの議論が交わされた。ある保護者は子供を学校から早退までさせ公聴会につれてくるなどこの問題の関心の高さを示した。この公聴会ではマロリーが「私は悪から子供たちを守りたいだけです。……『ハリー・ポッター』シリーズは子供、大人に魔法はいいんだということを教えているのです」と述べた。また他の子供を含めた4人が同書に反対の意見を述べた。その中でステーシー・トーマスは娘が魔法に夢中になってキリスト教の家族にあって友人を失ったり、財政的にも負担になったり、悪い噂になったりしたことを上げ同書に反対した。その15歳の娘も発言し、同書を読んでからタロット・カード、呪文、降霊会に夢中になったし「以前、『魔女』だった者として、魔法は空想ではないといえます。……私は魔法の束縛から逃れられないように感じました」として、『ハリー・ポッター』シリーズに没頭する以前のように戻るまで数年掛かったと述べた[39]。

　これに対し同書の図書館からの排除に反対する人たちはほとんどの生徒が本の内容が空想だと理解できると述べるなどした。たとえば3人の子供を持つローラ・ボーエンは家族が全員『ハリー・ポッター』シリーズを読んだことを述べた上で、「空想と現実の違いを認識できない子供は同書を読むのにはまだ年齢的に小さすぎるか、未熟なのか、もしくは単に『ハリー・ポッター』シリーズを取り除くだけでは解決しない他の問題を抱えているのです」と反論した。学校システムのメディア情報サービス所長フェイ・カーリーも同書を賞賛する250通の手紙を親や子供たちから受け取ったことを紹介し、これらの手紙は同書が困難を乗り越えること、勇気の大切さ、善と悪の戦いについて書いてあるストーリーであるとの意見があったことを述べた[40]。

　この公聴会に基づき5月11日に公聴会役人スー・エレン・ブレイが教育委員会に『ハリー・ポッター』シリーズを公立図書館に蔵書としておくことを10の理由から推薦した。その中でブレイが述べたことは、まず第1にマロリーが『ハリー・ポッター』シリーズの中で全部読んだ本が1冊もないこと、第2に同シリーズは賞賛を受け子供が読むことを推奨されていること、第3に同書は善悪について善が悪に勝るテーマを目指していること、第4に同書が魔術崇拝を推進するものではないこと、第5に同書を読んだほとんどの生徒は事実と空想の区別を十分に理解できたこと、第6にいくつかのマロリーの反対点は同書の内容とは関係な

いこと、第7に同書を読んだだけで子供たちが異常になると推測する理由はないこと、第8に同様の件で他の2つの学校区の委員会は同書を蔵書としておくことに賛同していること、第9に学校の教師がマロリーの子供に同書を読むことを要求したことはないこと、そして第10にマロリーの要求に従って同書を取り除くことはアメリカ市民の嘲笑の的になるということであった。とくに最後の点においてブレイは、「非常に賞賛を受け人気のある同シリーズを、同シリーズの1冊も全部読んでおらず、同書のテーマを誤って解釈し、その趣旨が読者を悪にすることを教えると主張をする1人の保護者の要求によって、学校メディアセンターから取り除くことはこの優れた学校組織を地域やアメリカ全土の多くの市民の嘲笑の的にしてしまうことになります」と教育委員会に『ハリー・ポッター』シリーズを蔵書として残すことを推薦したのである[41]。

この推薦を受け同日の教育委員会は最終的に全会一致で『ハリー・ポッター』シリーズを同教育委員会管轄下の学校図書館の蔵書として残しておく判断を下した。同委員会のダニエル・セッキンガーとロバート・マックロアーは同委員会の決定が、『ハリー・ポッター』シリーズの人気を基準にした訳ではなく、子供が読むのに相応しいかが決定要因になったと述べた。またマロリーが同書を読んでいなかったことが決定を左右することはなかったとしている。マックロアーは本がわいせつかどうかを知るために「一部分がわいせつであったなら、その人が本のすべて読んだかどうかを問うことは意味がない」としてマロリーの主張にも同調した。また多くの意見が正しくひとりの主張が間違っているという前提で判断はしていないと、あくまで公平な判断で審査したことをマックロアーは主張した[42]。

また他の委員で英文の元教師であったマリー・ケイ・マーフィーは『ハリー・ポッター』シリーズは子供たちに批評的考えを教えるのに適していると意見を述べた。「私は『ハリー・ポッター』シリーズが類推を含めいくつかのレベルにおいて子供たちの想像力や読む力を発達させるのに役に立つと思います」とマーフィーは述べるなどした[43]。また同じく委員であったキャロル・ボイスは彼女の家族も同シリーズを読むことを楽しんでいるとした上で、「この問題の核にあるのは思想の取り締まりです。……私たちの生徒は事実と空想の違いは理解できます。『ハリー・ポッター』シリーズを読みたい人にはそうする機会を与えるべきです」と述べた[44]。

これに対しマロリーはあくまで彼女の宗教的信条から意見を変えることはなかった。宣教師としての経験をもつマロリーは「彼らがどう決定するかは知っていました。しかし自分の信じることのために立ち上がれる国に住んでいることは良いことです。……神は生きていますし、真実です。神はそれ〔魔法〕を忌み嫌うものだとしているのです。どうしてそれがいい読書の教材なのですか」と、その委員会の決定に対して彼女の信教上の信念から感想を述べた[45]。

結局、マロリーはその6月12日に今度は州政府にグイネット郡教育委員会の決定に対して、それを破棄することを請求する申請書を提出した。その目的として「私たちの子供たちに売られている魔法やオカルトに溢れた内容の本についての社会的認識が広まることを期待しています」と述べ、その州教育委員会への申請は『ハリー・ポッター』シリーズが魔法やオカルトに充ちた内容であることをより多くの人々に知らせることを目的としたのである[46]。

2006年10月3日に行われた州教育委員会での公聴会では、マロリーがアメリカで起こる学校での銃事件などを上げ子供たちが聖書を読んでいれば学校での銃事件など起こらないと述べた上で、『ハリー・ポッター』シリーズについて「これらは教育的に適していないし、ある子供たちには害があることは明白です」と述べた。また同書の主人公が作品の中で嘘をついたり、騙したり、盗んだりすることがあるのに罰せられない内容であり、その上、呪文や魔術崇拝の悪い内容であると指摘した。マロリーは「子供は私にとってこの世の中で最も大切です。ですから悪の実践をする宗教を彼らに植え付けてほしくはないのです」と『ハリー・ポッター』シリーズを悪い宗教として批判した[47]。

それに対しグイネット郡教育委員会の弁護士ビクトリア・スイーニは、魔女について記述されている本のすべてを学校から排除するなら、シェイクスピアの『マクベス』や童話の『シンデレラ』も排除しなくてはならないとして、マロリーの主張に反論した。スイーニは『ハリー・ポッター』を蔵書として保持する理由は多くあるとし、たとえば同書が特定の宗教を支持していないことや普遍的に友情や困難を克服することについて書かれていることなどの利点を挙げた。また同シリーズが特定の宗教を教えているような証拠はないとしてマロリーに反論し、同書は学校の図書館ではフィクションの分類で置かれており明確に一般の理解として「空想的フィクション」であると述べた[48]。

その後もマロリーは2007年1月9日にグイネット郡上級裁判所に州の決定を不服として訴訟を起こした。あくまでもマロリーは宗教的な信条から『ハリー・ポッター』シリーズを子供に読ませることは不当であると主張した。「神が私にそうさせたくないなら、私はそうしたくはないのです」とあくまでこれまでの主張を繰り返した。またマロリーに対しても訴訟への金銭的な支援をする人々やグループもでき、単にひとりの偏狭的な主張ではないことは明らかであった[49]。しかし同年5月29日に開かれた裁判においてもマロリーの主張が通ることはなく、『ハリー・ポッター』シリーズを図書館から排除することはなかったのである[50]。

　この事件で見られたのは一部のキリスト教の信者がいかに『ハリー・ポッター』シリーズを宗教的信条から忌み嫌ったかということである。グイネット郡教育委員会の公的な公聴会の場において自らを「以前『魔女』だった」と述べ魔法に夢中になったと述べる少女の証言をどれほどの人が信じながら聞いたのかは定かでないが、少なくとも同書に反対する人々にとって『ハリー・ポッター』シリーズは子供への悪影響を与える本だとしての説得性をもつには十分な発言であった。それは一般の親に限らず知識人にしてもである。ジョージア・ペリメーター大学の文学准教授のロブ・ジェンキンスもグイネット・デイリー・ポスト紙に『ハリー・ポッター』に反対する投稿記事を載せているが、マロリーの行動に賞賛を送り、『ハリー・ポッター』シリーズに表現されている超自然的なものは悪であり、キリスト教に相反するとする内容の文を寄せている[51]。

　しかし同時にマロリーの行動は偏狭的な視野に捉われており、他者の読む権利を侵害していると非難する人たちも多くいた。地方紙のグイネット・デイリー・ポスト紙のコラムニストであるネート・マックローはアメリカでは誰しもが選択の自由を持っているとし、その論拠として憲法修正第1条にある表現の自由や読む権利を挙げた。そしてマックローは「これは『ハリー・ポッター』シリーズの内容の問題ではなく、選択についてなのです」と述べ、マロリーがしようとしていることは他者の選択の自由を奪っていると批判した。その上で、「歴史を通じていえることは、本を禁書にすることは他者を隷属化しようとする者の戦略でした。人が何を読み、見て、聞くのかを支配することは暴君への第一歩だったのです。暴君はどのように考えるべきかをはじめに人々に伝え、他の一切をする者は牢獄に入れ、拷問し、殺害したのです。アメリカ建国の父たちは憲法修正第1条

を設定し、このような戦略を打ち砕いたのです」といかなる理由であれ、人々の読む権利は憲法上、保障されるべきだと強く主張した[52]。

この意見はとりもなおさずアメリカの建国の基本に個人の自由が重視されていることを表したものであったし、実際、『ハリー・ポッター』シリーズをめぐる事件に共通して最終的に重視された価値であったといえる。

まとめ

本稿では『ハリー・ポッター』シリーズをめぐって、どのようにアメリカにおいては読む権利が保護されているのか、また制限されているのかについて考察した。とくに『ハリー・ポッター』シリーズに対して子供たちの読む権利を制限しようとする保護者、宗教者、市民グループはなぜ同書を制限するのか、どのように制限を加えるのか、どう制限を学校や図書館で実現しようとするのかについて、実際アメリカで見られた例を取り上げた。

まず『ハリー・ポッター』シリーズを制限しようとする意図として宗教的教義に反していると考える保護者、キリスト教牧師、市民グループが反対の声を上げるのが見られた。同書が魔法使いの少年とその魔術を習う学校での出来事をモチーフにしており、キリスト教の聖書に禁じられている魔法に対して誤った考えを植え付けると保護者が反対した例がほとんどであった。先にも挙げたがこれは現ローマ法王ベネディクト16世も、主席枢機卿の時代の2003年に青年の心を腐敗させる「微妙な誘惑」であるとして同シリーズを書簡の中で批判しているのをはじめ、アメリカのキリスト教の指導者たちも反対するなど宗派を問わず一部のキリスト教の指導者は、同書が子供に魔法を教えるとして批判した。過激な例ではニュー・メキシコ州のアラモゴード・キリスト・コミュニティー教会において2001年12月30日に他の作者の書籍、CD、DVDと共に『ハリー・ポッター』を焚書するイベントが行われたことが挙げられる。

だが多くの場合は子供に『ハリー・ポッター』シリーズは悪影響を及ぼすと考える保護者が学校や図書館を批判することがほとんどである。たとえば米国図書館協会の発表によると2000年から2005年の間に図書館や学校において書棚や

教材から本の除去を訴えられた事例は3,019件あるが、そのうち保護者から訴えられた例が最も多く1,824件であった。その他では保護者以外の擁護者からの訴えが263件、行政関係からは207件、教育委員会からは72件、教師から62件であった。つまり断然に保護者からの抗議を受けて本の排除を検討し始める例が多いということである[53]。本稿においてもジョージア州において保護者が学校、教育委員会に『ハリー・ポッター』シリーズを学校図書館から排除することを訴えた例を取り上げた。またアーカンソー州では逆に保護者が教育委員会の決定に反対して告訴した例を取り上げた。

どのように『ハリー・ポッター』シリーズに制限を加えようとしたのかといえば、本を図書館の本棚から排除することや教室でのリーディングの教材から排除することなどがほとんどであった。さまざまな例があるため一概にいえないが、宗教関係者による焚書などのような行為は数件見られたが、このような過激な行為に対しては反対する声も上がった。たとえばニュー・メキシコ州アラモゴード市の教会の焚書のイベントでは800人の人々が反対抗議デモを行った。いずれにせよこのような宗教関係者の主導による表現の自由・読む権利の制限はわずかな例であり、保護者が主導し学校や学校図書館に訴える例がほとんどであった。また米国図書館協会の資料では2000年から2005年の間に本の制限を求められた機関としては、3,019件のうち、学校図書館が1,363件でトップを占め、次に学校の926件、そして公立図書館の531件となっている。学校図書館と学校の違いは直接、図書館の蔵書に抗議したか、学校総体として教材として使用されている本について管理者に抗議したかの違いがあれ、ここでも保護者が学校に何らかの本の制限を求めたことが明らかになっている[54]。

その中でも図書館での制限についてはさまざまな意見が見られた。たとえばファミリー・フレンドリー・ライブラリーズの設立者カレン・ジョー・ゴーナードは、『ハリー・ポッター』を図書館の蔵書としておくことは賛成したが、貸し出しには保護者の許可が必要だという考えを示すなどした。アーカンソー州シーダービル市教育委員会の決定では保護者の許可をもって同書を借りることができるとした制限規則に対して裁判が起こされた事件であった。しかし完全に同書を図書館から排除しようとする動きも先に述べたジョージア州グイネット市の事例で見られた。しかしジョージア州の例では同教育委員会の管轄下にあるすべての

学校図書館から同書を排除しようとしただけに、もし排除の決定がなされたらすべての生徒の読む権利を奪うことになったため、結果としては貸し出し制限を加えるのとは大きく異なる例であるといえた。いずれにせよアメリカにおいて『ハリー・ポッター』シリーズの読む権利の制限はさまざまな形で起こったといえる。ただしどのような制限の例においても、『ハリー・ポッター』シリーズの読む権利を制限することは成功していないのも事実である。

　次にどのように学校や図書館で『ハリー・ポッター』シリーズの排除を求めたのかを見ると、同書の排除を求める保護者は学校や図書館などに訴え、行政的な手続きによって、蔵書のルールや貸し出しのルールを変えることを訴えた。それに対して本を読む権利を奪われたとする生徒やその保護者は法的な手段によってその権利を守ろうとするのが見られた。しかし行政的な手続きや法的な手続きにしても、『ハリー・ポッター』シリーズの貸し出しを自由にすることに賛成する人も反対する人も、公聴会や法廷で意見を戦わせて、同書が子供が読む本として相応しいかどうかを決めていった。

　以上のようなことを踏まえ、読む権利をめぐるアメリカの民主主義の特徴を挙げるならば、アメリカ人の法意識が浮き彫りにされる。本を読む権利はアメリカ合衆国憲法修正第1条の表現の自由の中で保障された権利であり、一旦それらの権利に制限が加えられた場合、保護者ばかりでなく図書館関係者、教師や教育委員会の学校関係者から一般の人まであらゆるレベルで議論され、どの程度権利の保護と制限がなされるのかコンセンサスを作り上げていくということが見られた。

　特に『ハリー・ポッター』シリーズに関しては同じく憲法修正第1条で保障された信教の自由が関係するだけに複雑な問題を孕んでいた。さまざまな事例で同書に反対する保護者や学校関係者が信教の自由を盾に声を上げることも見られたためである。その論拠としては『ハリー・ポッター』シリーズを教室で朗読の時間に読むことで子供に反キリスト教的な考えを植えつけたり、魔法など非現実的なことに興味を持たせ信仰心をなくさせるといった理由であった。ある面で、このこともまさに信教の自由を守るといった法意識をもって行動したといえる。ただし『ハリー・ポッター』シリーズの場合は市や郡の公聴会や法廷での議論を考察する限りにおいては、アメリカにおいては信教の自由を阻害すると見なすことはほとんどなく、むしろ本を読む権利を重視する決定が下されることが多かった。

また信教の自由にも関連するが、『ハリー・ポッター』という本をめぐる議論の中でアメリカ人の強い宗教性も見られた。ピュー・リサーチ・センターの調査によるとアメリカ人は他の西欧諸国に比較して宗教を重要だと考える人の割合が多い国である。2002年12月に発表されたデータでは、アメリカでは59％の人が生活の中で宗教が重要だと答えているのに対して、イギリスでは33％、イタリアでは27％、ドイツでは21％、フランスにいたっては11％とどのヨーロッパの国よりも宗教に対する重要性を意識する国民が多い国である。（ちなみにこの調査では日本は12％の人が生活において宗教の重要性を認めている）。その意味でアメリカ人の生活を考える場合、その宗教の人々への影響性を無視することはできない。とくにキリスト教は人口の全体の82％を占め、そのうちプロテスタントが53％、カトリックが23％を占めるアメリカ社会においてキリスト教の政治的影響が強いことは否定できない。また同センターの質問の中で「教会が社会や政治問題に意見を表明すべきか」という質問では、意見を表明すべきだと考える人が49％で、すべきでないと考える人48％とほぼ半々の状況であり、半分の人は教会が社会や政治に影響を与えるべきだとしたのである。とくに中西部や南部ではキリスト教の影響は強く、学校や図書館のあり方に影響しているのが見られるといえる。実際、本稿で上げた事例においても南部のジョージア州とアトランタ州で起こった事件であることは偶然ではない[55]。

　しかし宗教性が強いと言っても、反キリスト教であるとか魔法の内容であるとかによって『ハリー・ポッター』シリーズが学校や図書館から完全に排除された例はない。その意味で一部の保守的なキリスト教の保護者から批判を受け、排除を求める声が上がっても、同書への反対の声が多数派を占めることはなく、その読む権利は保護されてきたということである。

■注

1) イギリスで初めて出版されたときは Harry Potter and the Philosopher's Stone という題名だったが、翌年1998年にアメリカで初めて出版された題名は Harry Potter and the Sorcerer's Stone というものであった。日本語は J. K. ローリング『ハリー・ポッターと賢者の石』（静山社：1999年）松岡佑子訳。

2) *Harry Potter and the Chamber of Secrets* (London: Bloomsbury , 1998), (New York:

Scholastic,1999); *Harry Potter and the Prisoner of Azkaban*, (New York: Scholastic, NY).; *Harry Potter and the Goblet of Fire*, (New York: Scholastic, 2000); *Harry Potter and the Order of the Phoenix,* (New York: Scholastic, 2003); *Harry Potter and the Half-Blood Prince,* (New York: Scholastic, 2005). Contemporary Authors Online, Gale, 2006. Reproduced in *Biography Resource Center.* Farmington Hills, Michi.: Thomas Gale. 2006. http://galnet.galgroup.com/servlet/BioRC

3) "Libraries Must Follow Rules of Secrecy to Get New 'Potter' Book," *AP*, Foxnews.com (April 5, 2007). Harry Potter and the Deathly Hallows (New York: Scholastic, 2007).

4) ALA のウェッブ・ページ http://www.ala.org/ala/oif/bannedbooksweek/bbwlinks/topten2000to2005.htm

5) Lott, Jeremy. "Burning Sensation: How Would-Be Censors Promote Free Speech." *Reason* 33, no. 10 (March 2002): 76.

6) *Ibid.*; "Harry Potter Books Burn as Library Showcases Rowling Titles," *American Libraries*. 2002.

7) "Growing criticism to Harry Potter books policy," *AP* (February 4, 2000.; "Texas school district: No 'Harry Potter' without parental OK," *AP* (October 6, 2000).

8) "Harry Potter critic wants parents to decide what's read aloud in schools," *AP* (November15,2000); "School district panel to discuss bid to ban Harry Potter books," *AP* (December 9, 2001); "Harry Potter to remain on shelves," *AP* (January 4, 2002).

9) "James Dobson." *Religious Leaders of America*, 2nd ed. Gale Group, 1999. Reproduced in *Biography Resource Center*. Farmington Hills, Mich.: Thomson Gale. 2006. http://galnet.galgroup.com/servlet/BioRC

10) "Magic & Morality: Harry Potter and the Sorcerer's Stone" http://www.pluggedinonline.com/articles/a0001775.cfm (viewed on November 23, 2006).

11) *Ibid.*

12) *Ibid.*

13) "Magic & Morality: Harry Potter and the Chamber of Secrets," http://www.pluggedinonline.com/articles/a0001776.cfm (viewed on November 23, 2006); "Magic & Morality: Harry Potter and the Prisoner of Azkaban," http://www.pluggedinonline.com/articles/a0001777.cfm (viewed on November 23, 2006).

14) Gray Kristi, "Pope condemns Potter books," The Press (July 15, 2005); "Potter books 'erode Christianity,' Pope writes," *The Globe and Mail* (July 15, 2005).

15) Lisa Jackson, "The Return of Harry Potter," ChristianityToday.com. http://www.christianitytoday.com/cpt/2000/005/4.44.thml (viewed on November 25, 2006).

16) ファミリー・フレンドリー・ライブラリーズのウェッブ・サイトから。

http://www.fflibraries.org/　米国図書館協会では保護者であっても子供の貸し出し情報を公開することはプライバシーの保護に反しているとしている。

17）Bill Bell, "Holy Rollers Raise Cain," *Daily News* (July 2, 2005); Karen MacPherson, "Not Everyone's Wild About Harry," *Pittsburg Post-Gazette* (February 20, 2000).

18）Goldberg, Beverly. "Parents Resist Restricted Access." *American Libraries* 33, no. 7 (2002): 25.

19）"Wizard's Court Date Swoops Nearer." *American Libraries* 34, no. 4 (2003): 19.

20）*Counts v. Cedarville School District,* 295 F. Supp. 2d 996 (W. D. Ark. 2003).

21）Rowling, J. K. Harry Potter and the Sorcerer's Stone. 1st American ed. New York: A.A. Levine Books, 1998.*Counts v. Cedarville School District, Ibid.*

22）*Ibid.*

23）*Ibid.*

24）*Ibid.*

25）*Ibid.* ヘンドリン判事は当事者適格の条件として *Lujan v. Defenders of Wildlife,* 504 U.S.555 (1992) の判例を挙げている。

26）*Ibid.*

27）*Ibid.*

28）*Ibid.*

29）*Ibid.* 被告側は3人の反対票を投じた一人ひとりの意見よりも、教育委員会の総意として反対になったと主張したが、ヘンドリン判事は5人の委員会の決定が3人の意思によって決まったことに注目した。

30）*Ibid.* この判決は *Tinker v. Des Moines Independent Community School District,* 393 U.S.503(1969) を引用している。

31）*Ibid.* この判決は *Keyishian v. Board of Regents,* 385 U.S. 589 (1967) を引用。

32）*Ibid.*

33）Goldberg, "Parents Resist Restricted Access," *Ibid.*

34）Goldberg, Beverly. "Judge Smites Harry Potter Restrictions." *American Libraries* 34, no. 6 (2003): 21.

35）Madan, Rubina. "Board to Consider Request to Ban 'Harry Potter' Books." *Gwinnett Daily Post* (April 14 2006).　この母親ローラ・マロリーは『ハリー・ポッター』が長い本で4人の子供もいるため一部しか読んでないが、同書のインターネットのファンのサイトを検索した結果として同シリーズが子供に悪影響を及ぼすと判断したと述べている。マロリーは「正直言って、本を全て読むことは私にとって偽善的な行為になります。その本の内容には賛成できません。猥褻な内容をしるためにポルノの本を全部読む必要はないようなものです」と。Rubina Madan. "Hearing to Determine Fate of 'Harry Potter' Books in Gaps." *Gwinnett Daily Post* (April 19 2006).

36）Madan, *Ibid.*

37) Ibid. Judy Blume, It's not the end of the world (New York: Scarsdale, 1972); R. L. Stine, Ghost Camp (New York: Scholastic Inc., 1996).
38) *Ibid.*
39) Rubina Madan, "Trouble with Harry" *Gwinnett Daily Post* (April 21, 2006).
40) *Ibid.* またこの公聴会では『ハリ・ポッター』を教室で読んだ教師がいかに子供たちがこの本に熱中したかと語ったりした。また同新聞では、16歳の生徒が『ハリー・ポッター』が宗教的な論争になっていることを嘆く言葉などを紹介している。
41) Laura Diamond, "Gwinnett school board to focus powers on 'Potter' books tonight," *The Atlanta Journal-Constitution* (May 11, 2006); Rubina Madan, "Hearing officer: 'Potter' should stay on shelves," *Gwinnett Daily Post* (May 11, 2006).
42) Rubina Madan, "Board keeps 'Harry Potter' on shelves," *Gwinnett Daily Post* (May 12, 2006).
43) *Ibid.*
44) Laura Diamond, "Gwinnett votes unanimously to let 'Harry' stay," *The Atlanta Journal-Constitution* (May 12, 2006).
45) *Ibid.*
46) Laura Diamond, "Gwinnett County Schools; Board's Potter vote appealed to state," *The Atlanta Journal-Constitution* (June 13, 2006).
47) "Ban Harry Potter or face more school shootings," *Daily Mail* (October 4, 2006). www.dailymail.co.uk ; Laura Diamond, "Mom: Ban Potter (Hogwarts and all); Lawyer: Sorcery book a reading source," *The Atlanta-Journal Constitution* (October 4, 2006).
48) "Ban Harry Potter or face more school shootings," *Ibid.*; Laura Diamond, "Mom: Ban Potter (Hogwarts and all); Lawyer: Sorcery book a reading source," *Ibid.*; Dave Williams, "Problem with Potter reaches state," *Gwinnett Daily Post* (October 4, 2006).
49) Heather Darenberg, "Trouble with Harry continues," Gwinnett Daily Post (January 19,2007) ; "Harry Potter's Georgia Adventure to Continue," ALA (January 19, 2007); マロリーを支援するグループは www.hisvoicetoday.org というウェブを立ち上げるなどした。Heather Darenberg, "Harry Potter appeal hearing set for May," *Gwinnett Dailey Post* (April 11, 2007).
50) Heather Darenberg, "Potter upheld again – Mother loses latest attempt to remove books," *Gwinnett Daily Post* (May 30, 2007).
51) Ron Jenkins, "Silly muggles, wizardry's for children," *Gwinnett Daily Post* (April 23, 2006).
52) Nate McCullough, "Save your own kids, but leave us alone," *Gwinnett Daily Post* (October 6, 2006).
53) "OIF Censorship Database 2000-2005 Initiator of Challenge," http://www.ala.org/ala/oif/bannedbooksweek/bbwlinks/challengesbyinitiator20002005.pdf (viewed on November 20, 2006). このサ

イトで示されている件数は米国図書館協会に報告された件数のみであり、実際はこの数倍の件数で本に対する排除が求められているという。

54)"OIF Censorship Database 2000-2005 Institution Being Challenged," http://www.ala.org/ala/oif/bannedbooksweek/bbwlinks/challengesbyinstitutions20002005.pdf (viewed on November 20, 2006).

55)"Among Wealthy Nations…US stands alone in its Embrace Religion," The Pew Research Center for the People and the Press (December 19, 2002). http://www.ala.org/ala/oif/bannedbooksweek/bbwlinks/challengesbyinstitutions20002005.pdf (viewed on November 20, 2006).;"Faith-based Funding Backed, But Church-State Doubts Abound," The Pew Research Center for the People and the Press (April 10, 2001) http://people-press.org/reports/display.php3?PageID=116

第8章
同性愛を扱った児童向けの本を読む権利

はじめに

　アメリカ社会における同性愛者への社会的理解については画一的に賛否を判断できるような問題ではない。地域によっては同性愛者への社会的理解が比較的進んでいる地域があれば、まったく受け入れない地域もある。ただし個人において同性愛を理解するしないに関わらず、同性愛者の結婚に関してはほとんどの州政府のレベルで制度としては認めないのが現実の姿である。実際、アメリカにおいて2007年の時点では26の州で州憲法によって同性婚については禁止し、19の州では他の法律で同性婚を禁止していることから法制度としては、同性婚を受け入れているとはいいがたい。唯一、マサチューセッツ州において憲法において同性婚を認めているのみである[1]。

　ただアメリカの個々人の意見として同性愛を受け入れるかについては、全体的な数字を比較して見ると、アメリカ人の約半数は受け入れると答えている。2003年11月に発表されたピュー・リサーチ・インスティチュートの調査によると、同性愛を社会は受け入れるべきかという質問に対して、51%のアメリカ人は受け入れるべきと答え、42%は受け入れるべきではないと答えている[2]。

　この数字をキリスト教の文化背景の類似性が高い西洋の他の国と比べると、アメリカは比較的に保守的な傾向性を示しているといえる。つまり他の西洋諸国に比べるとアメリカでは同性愛は受け入れられていないということである。たとえばイギリスは74%の人々が同性愛者を社会的に受け入れるべきだと考え、22%の人は反対している。ドイツでは83%、フランスでは77%、イタリアでは72%

の人々が同性愛者を社会的に受け入れるべきだと考えている。ただしヨーロッパでも東欧ではチェコやスロベキアが社会的に受け入れるべきと考える層が、それぞれ83％、68％と多いのに対して、他の東欧諸国では受け入れるべきでないと答えた層の方が多い。たとえばロシアでは22％、ポーランドでは40％、ブルガリアでは37％と同性愛者を社会的に受け入れるべきと答える人々の割合は低い。つまりチェコやスロベキアなどの例外を除き、多くの東欧諸国では同性愛者を社会的に受け入れるべきと考える層は少数派だといえるのである[3]。

　これをアメリカと社会文化背景の類似性が低いアフリカや中東諸国と比べると、アメリカは同性愛者に対する考え方はリベラルだといえる。たとえば南アフリカで33％、アンゴラで30％の人々が同性愛者を社会的に受け入れるべきと答えたのに対し、両国とも6割の人々は反対している。他のアフリカ諸国ではウガンダ、ナイジェリア、ガーナはわずか4％の人々が受け入れるべきと考えたのに対し、9割以上は受け入れるべきでないと考えている。中東でもトルコが22％、レバノンが21％、ジョーダンが12％とわずかな人々が同性愛者を社会が受け入れるべきと考え6、7割の人々は受け入れるべきではないと考えているのが実情である。したがってアフリカや中東と比較すれば、アメリカは同性愛者へ対する社会的な寛容度は高いといえる[4]。

　アジアとの比較をしてみても、アメリカはリベラルだと見る傾向が強い。ただしフィリピンと日本は例外的である。フィリピンでは64％、日本では54％が同性愛者を社会的に受け入れるべきだと答える人が多く、アメリカよりも多いのに対して、韓国では25％、ベトナムでは13％、インドでは7％と軒並み同性愛者を社会的に受け入れるべきと考える割合は少ないし、この問題に対してアメリカをリベラルな国だと見る傾向は強いのではないだろうか[5]。

　したがって世界的に比較してみると、文化的に類似性の高い西洋社会と比較するとアメリカは同性愛者の社会的な受け入れに関して保守的な傾向を持つといえる一方で、その他の世界の多くの国と比較するならばリベラルな国だということになる。

　ただし文化背景や社会状況の異なる国からアメリカの同性愛者の状況を見ても、実際どのような状況なのかを知ることは難しい。たとえば先に挙げたピュー・リサー・インスティチュートの結果で見るなら、日本は同性愛者を社会的に受け

入れるべきだと考える人が54%でアメリカの51%に比べわずかに多いくらいで、反対者は日本が34%なのに対しアメリカが42%とアメリカより8%ほど同性愛者を社会的に受け入れるべきでないと答えた人々が少なかった。しかし表面上は似たような数字であるのだが、実際に社会状況を鑑みると、この問題が社会において重要な位置を占めているアメリカと日本では、根本的な考え方の違いがあることが分かる。

　アメリカではサンフランシスコ市が2004年のある期間に結婚証明書を同性愛者に発効し、同市に同性愛者の結婚証明を求めて人々が集まったことがあったり、現職の地方議会の中でも同性愛者の議員がいたり、一方で州の法律で同性愛者の結婚を禁じたり、大統領が一般教書によって同性愛者の結婚を禁じることを示唆したりと、身近なところでこの問題が取り上げられていることが、日本とはまったく異なる。日本ではテレビのスクリーンの中で同性愛者を見ることはあっても、一般市民が、実際に職場や学校で同性愛者に接する機会はほとんどないのではないだろうか。したがって、「同性愛者を社会的に受け入れるべきか」という質問に対して、その受け止め方は日本とアメリカではまったく異なったものになる[6]。

　本章においては特にアメリカの各地域で社会的問題となった同性愛を取り扱った児童向けの本『ヒザーはふたりのママをもつ』と『パパのルームメイト』に着目し、図書館において読む権利はいかに保護されたのか、または制限されたのかについて取り上げアメリカにおけるこの問題を公立学校と図書館で具体的事例から検証する。とくに教育、政治、司法の3つの事例からどのような人々が、如何なる理由によってこれらの本に反対して行動を起こしたのか、またこれらの本を受け入れようとした人々が取った行動はどのようなものであったのか、裁判事件では裁判所はどのような判断を下したのかについて検証し、アメリカにおける同性愛の社会的な受入れと理解について考察する。

同性愛を紹介する児童向けの本

　1990年代にアメリカの各地でアリソン・ワンダーランド出版より出版されたレスリー・ニューマン著の『ヒザーはふたりのママをもつ』(Heather Has Tow Mommies)とマイケル・ウィルホイテ著の『パパのルームメイト』(Daddy's Roommate)という児童向けの本が問題視され図書館からの排除を求められる事件が起こった。この２つの著作は子供向けに同性愛に対する理解を深めるために書かれた。米国図書館協会の調査でも1990年代から現在に至るまでこの２冊は図書館において排除を求められた本の中でも上位を占める本である。とくにキリスト教の牧師や保護者から反対の声が上がり全米のいろいろな図書館などで排除を要請されるなどした[7]。

　ニューマンは『ヒザーはふたりのママをもつ』の出版10周年版の「保護者と先生へ」と題するあとがきにこの本を執筆した理由と出版してからその10年間に起こった反響について書いている。出版した理由として彼女は1980年代後半までに同性愛の親を持つ子供に適した本がなかったことを上げている。マサチューセッツ州に住んでいたニューマンが知り合いのレズビアンの知り合いにたまたま道端で会った時に、そのカップルが養子で受け入れた娘に彼女たちのような同性愛の保護者をもつ家族形態を紹介した本がないことを話したという。彼女自身レズビアンであったこともありこの本の執筆を始めたという[8]。

　初めは出版社が見つからず1989年に自費で出版したものの、次の年にアリソン・パブリケーション社が出版を引き受けたのである。1990年よりアリソン・パブリケーション社はアリソン・ワンダーランドと冠して一連の同性愛の保護者をもつ児童向けの出版シリーズを開始したのである。『パパのルームメイト』も同年、このシリーズの本として出版された。

　『ヒザーはふたりのママをもつ』はヒザーとい

図9　レスリー・ニューマン著
『ヒザーはふたりのママをもつ』の表紙

う女の子がジェーンとケイトというふたりの母親をもつという設定ではじまる。ジェーンは医者でケイトは大工でヒザーはふたりの母親の愛情を受けて育つ。3人でピクニックに行ったり、クッキーを焼いたりする。そのページごとに話に沿った絵が載っている。そしてある日、ヒザーはモーリーズ・ハウスという託児所（または保育園）に連れて行かれ、そこでいろいろ異なった家族構成をもつ子供たちに出会うのである。はじめ父親を持たないヒザーは、そのことで悲しんで泣くのであるが、先生のモーリーがそれぞれの家族は異なることを諭してくれるのである。そしてある子はふたりの父親を持っていると話したり、他の子は両親が離婚して母親と義理の父親を持っているなどと話し始める。そしてある子は母子家庭であったり、ある子は養子として義理の両親を持っていたりとそれぞれが異なった家族形態を持つことをヒザーは知る。そして作者は「それぞれの家族は皆特別です。もっとも家族で大事なことはすべての人が互いに愛し合うことです」と本の中で語って、どんなに多様な家族形態であっても家族が愛し合うことがもっとも大切であると述べているのである[9]。

またマイケル・ウィルホイテ著の『パパのルームメイト』は両親が離婚した息子の視点から話が始まる。両親が離婚した後、父親がフランクというルームメイトと暮らし始めたと話が展開していく。父親とフランクは一緒に家事、食事をするし、寝るのもひげを剃るのも一緒であると簡単な文章とページごとにカラーの漫画のような挿絵が描かれている。週末には母親と一緒に暮らす主人公の少年は父親とフランクの3人でスポーツ観戦したり、動物園やビーチに行ったり、庭仕事をしたりする。そしてウィルホイテはこの本の中で「ゲイであることは単に愛のひとつの形です。……そして愛は幸福の最高の形です」と記している[10]。

ウィルホイテは10周年版のあとがきで出版が予想以上に成功したことと同時に同書がキリスト教保守の攻撃の的になってきたことを述べている[11]。そして禁書、焚書、盗難の対象になってきた事実を明かす。実際、米国図書館協会の調査では1990年から2000年の間で

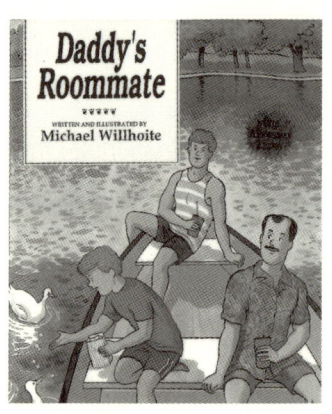

図10　マイケル・ウィルホイテ著『パパのルームメイト』の表紙

図書館、学校などでもっとも抗議を受けた本の中で『パパのルームメイト』は上位から2番目に、そして『ヒザーはふたりのママをもつ』は11位にランクされた。それだけアメリカ社会において、この両書への反響はすごいものがあったのである[12]。

1992年のニューヨーク市における学校のカリキュラムについての論争

　1992年、ニューヨーク市公立学校における「レインボー・カリキュラム」という新しいプログラムに対し、その内容が同性愛を肯定的に教えるものだとして採用しない学校区が出た。もともとこのプログラムは1980年代後半に起こった人種差別による集団暴行また殺人事件にその淵源をもっていた。1986年12月20日ハワード・ビーチにおいて20人以上の白人青年が集団で3人の黒人に暴力をふるいそのうち23歳のマイケル・グリフィスという青年が死亡した事件があった。この事件は1990年11月に判決が下るまでニューヨークの人々の注目を浴びた。また1989年8月23日にベンソンハーストで起こった黒人差別による殺人事件もまた注目を浴びた。この事件でも黒人のヨーセフ・ホーキンスという16才の少年が白人の青年たちに暴行された上、射殺された事件であった。これらの事件は人種差別がその根拠としてあったためニューヨークの社会に多大な影響を与えたのである。そしてこれらの事件を発端に人種間の融和と友好を教える方針の一環として「レインボー・プログラム」が生み出されたのである[13]。

　同プログラムは文化、人種、宗教、性別、出生、性的傾向について多様な背景をもつ人々に対しての寛容性を小学1年生に教えることを目的として作られたものであった。たとえば日本のじゃんけん、ギリシアの新年のパン、中国の新年における巻物、メキシコのダンスについて学んだりする活動が加えられたりした。そしてその中には同性愛の家族についての紹介も含まれていた。その443ページのプログラムを紹介する要綱の中で同性愛の家族の生き方を教える推薦書として『ヒザーはふたりのママをもつ』と『パパのルームメイト』が入っていた[14]。

　しかしこのプログラムは発表されると同時に同性愛の生き方を小学生に教える部分やエイズ教育についての部分を批判され、ニューヨーク市のさまざまな学校

区から反発を受けた。たとえばステートン・アイランド・コミュニティー学校区では7対1の評決により同プログラムで指示された多様文化と性教育に関するコーディネーターを雇用しないことを決定したりした。このコーディネーターは家族生活や性教育におけるカリキュラムを作成する役割をもつものであった。またクイーンズの第24学校区の区長マリー・カミンズは「レインボー・カリキュラム」のエイズ教育と多様文化プログラムは社会のモラルを破壊するとして同プログラムを批判した。そして学校区を統括するニューヨーク市の教育総長のジョゼフ・フェルナンデスに対して、プログラムの目指すところが「子供たちに男色を容認させ、処女を異常なことだと教えようとしている」という書面を送り強く批判した。またカミンズは同区の保護者に対して同プログラムを批判する手紙を送付するなどしたのである[15]。

1992年9月の段階ではニューヨーク市の32の学校区のうちブロンクス、ステートン・アイランド、ブルックリン、クイーンズなどの5つの学校区が「レインボー・プログラム」の性教育に関する部分の実施を拒否する姿勢を示した。また市庁舎パークで市の教育委員会の「レインボー・プラグラム」の決定に対して50人の反対デモが起こるなどした。「同性愛はOKではない」などとサインを掲げる少女なども含まれるなど、完全にこのプログラムは同性愛を主に教える内容であると多くの人が受け止めたのである[16]。

これに対して教育総長のフェルナンデスはこれらプログラムを拒否した5つの学校区に対して市の決定に従ってプログラムを実施するように求め強気の姿勢を示した。たとえばどのように同性愛を偏見なく子供に教えるのかをこれらの学校区に10月末まで回答するように求めるなどした[17]。また同性愛者の団体もフェルナンデスを支援し、レインボー・プログラムに反対する人たちが同プログラムの意図を曲解していると批判したのである。たとえばマンハッタンの「レズビアンとゲイのコミュニティー・サービス・センター」の事務局長リチャード・バーンズは「カリキュラムの基本内容は近隣の人を愛することをなるべく早い学年に教えるということです。……しかしこのプログラムは大きな政治的問題として取り扱われてしまいました」と述べるなどした[18]。

しかし12月になるとフェルナンデスも多くの批判に対応して、プログラムの対象を小学校1年生から5、6年生にすることも許した。またプログラムを受け

入れたほとんどの学校区でもそのようにしたのである。またフェルナンデスは問題視されたプログラムの要綱の言葉を校正または削除させるなどもした。たとえばこの要綱にあった「すべての科目においてレズビアンとゲイに触れた事項を授業で含む」という言葉の削除などしたのである[19]。またフェルナンデスは11月にこのプログラムでもっとも批判を浴びていた多様文化教育のディレクターであったエヴァリン・カリバラを解任し、その修正を図ろうとした[20]。

ところでカリバラは推薦本として『ヒザーはふたりのママがいる』はもともと1年生の読み物としては相応しくないと考えていた。しかし要綱で印刷された段階では、削除されずに推薦図書として同書のタイトルが掲載されたと後に述べている。また要綱の中で1年生に遊び、本、招待者などを通してレズビアンやゲイを普通の人として敬意をもって接することを教えると執筆した小学校教師エリッサ・ウェインドリングも『ヒザーはふたりのママがいる』を推薦図書として参照の中に入れることに賛成しなかったのである。その意味では同書は子供に対して不適切であるとレインボー・プログラムの作成者にも思われていたということである[21]。

だがこの問題が政治的問題に発展した理由は、宗教的な信条から同性愛に反対する人々がカリキュラムにゲイやレズビアンを社会的に受け入れるような教育をすることを許さなかったことであった。実際、レインボー・プログラムへの抗議活動を支援したのはカトリック教会であった。このプログラムにはじめから徹底して反対した第24学校区の教育委員会の委員全員はカトリック教徒であったし、ひとりの委員は教会の牧師でもあった。この地域には多くのヒスパニック系の住民もいたのだが、とくに白人系カトリックの政治的な影響力が強かったといえる。したがってカトリック教の信教的な理由から同性愛への反発は強かったのである[22]。

またフェルナンデスの政治的思想と時代的な背景もこの問題を拡大させた状況を作った。フェンルナンデスが教育総長に就任した際、エイズが社会的に問題であった。そこでリベラルな考えをもつフェルナンデスが行ったことは学校にコンドームを配り、エイズ教育を行うことであった。そしてその上で同性愛者への理解と尊敬を育成することを含め多様文化を教育するためのレインボー・プログラムを推進したのであった。コンドーム配布に関する取り決めの際はニューヨーク

市教育委員会は4対3の評決でそれを採用することに決定した。賛成票を投じたのはニューヨーク市長デービッド・ディンキンスから任命された2人の黒人の委員とブロンクスとマンハッタン代表のヒスパニック系アメリカ人の委員の2人だった。これに対して白人の中流階級の地域からの代表は反対票を投じた[23]。

このコンドームの配布に関してはその案がニューヨーク市教育委員会で僅差で通過し地域でもそれを受け入れたが、レインボー・プログラムに関してはいくつかの学校区は受け入れなかった。それはエイズへの脅威も絡んでいたし、それ以上に子供が同性愛者になってしまうことへの誘引材料になるのではないかという恐怖があったように思われる。たとえば第24学校区のカミンズは「事実はゲイやレズビアンの数は合衆国の人口の1.6%から3.3%の人口に当たります。……私たちはすべての人々の行為のタイプが等しく安全で、健全で、受容できるものとして扱い、教えるようなことはしません。むしろ私たちは子供たちが他人や彼ら自身を傷つける行為をしないように教えなくてはならないのです」と述べ同性愛は人口比率からみて極めて少数で、同性愛への寛容を教える必要性はなく、また同性愛の性行為は極めて危険であると指摘していた[24]。

このレインボー・プログラムを巡る教育総長と学校区の対立は事実上、フェルナンデスの解任によって終焉したのである。正確には3年契約の最後の年にあたる1993年2月10日にニューヨーク市教育委員会は4対3の評決によってフェルナンデスの6月30日で切れる契約の延長を拒否したのである。これに対してフェルナンデスを支持していた市長のデービット・ディンキンスや教員組合会長のサンドラ・フェルドマンは市教育委員会の評決を非難したが、彼らの要望によってフェルナンデスの契約が延長されることはなかった[25]。

オレゴン州の図書館における反対規則

オレゴン州のスプリングフィールド市の図書館において『ヒザーはふたりのママをもつ』や『パパのルームメイト』が蔵書として置かれるのに反対して反同性愛のグループが1992年に政治的な運動を起こした。反同性愛を訴えるオレゴン市

民同盟（Oregon Citizens Alliance）というグループが同年5月の地方選挙に向けて住民投票案として同性愛者、小児愛者、サディスト、マゾヒストを差別から保護し彼らの市民権を守るとした規制を改正することを求め署名を集めた。同グループは個別訪問やショッピング・モールなどで3,200の署名を集め選挙を統括する郡政府に提出した。この署名の目的は明らかに最終的に市憲章を改正して同性愛に対する保護規制の撤廃を求めたものであった。実際、オレゴン市民同盟の署名集めの責任者ロレッタ・ニートは「スプリングフィールドの住民は彼らの家族の価値観を擁護することは常識だと知っています」として、間接的に同性愛の価値観を否定する発言をするなどしていた[26]。

　オレゴン市民同盟のスポークスマンのスコット・ライブリーは「政治的に見るならばこの国において文化的戦争が起こっていることに気がつくでしょう。……これはポップ文化に対する伝統的なアメリカの価値観の戦争なのです。……そして性的に逸脱した行動に対するこの戦いはこの戦争における重要な戦場なのです」と述べて同性愛を逸脱した性行為と定義づけ、伝統的価値観の戦争だと表現したのである。またオレゴン市民同盟を設立したロン・メイホンは明確に同性愛に対する批判をしていた。彼はマイノリティーの市民権は認めても同性愛者の権利は認めないと公言して憚らなかった。そして社会的に同性愛を認めてはならないとした。メイホンは「人の肌の色や性別や出生した国で正邪がある訳ではありません。……しかしその行為に対しては正邪はあるのです」として同性愛を批判した。歴史的な政治実績としてもメイホンのオレゴン市民同盟は1988年に当時のオレゴン州知事だったネイル・ゴールドシュミッツの政府が性的指向によって人々を差別してはならないとする行政命令を覆すことに成功したりした[27]。

　しかしこの反同性愛の法案に対しビル・モリセッテ市長は反対の意向を示した。そのおもな理由はこの同性愛への制限を加える法律が訴訟問題に発展した場合、訴訟費によって市の財政に負担がかかることを懸念したためであった。実際、米国自由人権協会のデイブ・ファイダンケは法律改正は州の憲法に照らして違憲であると選挙以前に警告を発していた[28]。

　しかし市長の警告にも関わらず、1992年5月19日のスプリングフィールド市

の選挙においては反同性愛の案が支持された結果となった。市の憲章では市政府が同性愛者、小児愛者、サディスト、マゾヒストを促進したり擁護したりすることを禁じることとなったのである。しかも市の憲章改正は『ヒザーはふたりのママをもつ』と『パパのルームメイト』の図書館からの排除に及んだ。この法案を提出した市議会議員のラルフ・ウォルターは市憲章の改正後に市の図書館に対して過去半年間においてオーダーされた本のリスト提出を要求することを表明した。彼はその理由として同性愛の親を持つ子供向けの本が図書館にあるかを知るためだと述べた。ウォルターは「私たちは図書館長が法律と地域の価値観に従うことを確認したいのです」と述べたが、『ヒザーはふたりのママをもつ』と『パパのルームメイト』を法的に図書館から排除することを目的としていたことは明らかだった[29]。

　ウォルターはスプリングフィールドの市立図書館に同性愛反対者が押し寄せて同性愛に肯定的な内容の本を取り除くようなことはないとしながらも、先に述べたように自らは図書館の11万冊のタイトルのリストを取り寄せて排除の準備をしたのである。しかしながらウォルターは彼の行動が思想の取り締まりをするものではないと強調し、「これは思想の取り締まりではなく判断の自由の問題なのです。……基本的には良識、常識が地域の基準を保持する手引きとなるのです」と同性愛への反対は良識、常識であることを述べた[30]。

　これに対してスプリングフィールドの市長や一部の宗教関係者を含むこの市憲章の改正に反対した人々は、ウォルターの行動に反対する意見を述べるなどした。市長のモリセッテは同性愛者を排除しようとするキリスト教のグループに対して「キリスト教の少数の人々が持っている家族的価値観を〔地域の原理として〕確立しようとする動きです。……私は〔彼らと異なる〕私の家族の価値観が〔この地域に〕合わないないという示唆には憤りを感じます」と改正された市の憲章がすべての住民の意思を反映してはいないと述べた。またスプリングフィールドの商工会議所会頭のジーン・デヤングは市憲章の改正に危惧の声が寄せられたことを述べるなどした。デヤングはスプリングフィールドにおける買い物を控えるなどの声が上がったことを紹介し、経済への悪影響などを述べた[31]。とくに同性愛者のグループは市の憲章改正に強い批判の声を上げスプリングフィールド市における買い物のボイコットなどを計画するなどしたのである[32]。

市の憲章が改正された1か月後の1992年6月18日に、同改正に反対するグループからスプリングフィールドの市立図書館に『ヒザーはふたりのママをもつ』、『パパのルームメイト』ともう一冊同性愛を扱った本3冊が寄付された。これらの本を寄付したグループは市の憲章がどのように適用されるのか試験的に確かめることを目的として寄付したことを述べた。これに対してオレゴン市民同盟のレーン郡責任者であるラリー・オールワンダーは「彼ら〔同性愛者〕の関心は保護者や子どもたちが気に留めないような同性愛者の権利の促進です。……これらは保守的な人々への攻撃的な行為です」と強く批判した[33]。

この寄付を受けたスプリングフィールドの市立図書館長のアーロ・ジャイルズは『ヒザーはふたりのママをもつ』、『パパのルームメイト』等を蔵書とするかの審査は、毎年寄付される800冊の本と変わりない審査手順で行うと、あくまで公正な判断をすると述べた。審査基準は本の内容、指定された年齢への適性、教育的な利益、全体的なバランスを価値とした。22年の図書館員の経験で3度本の蔵書の排除を求められた経験をもつジャイルズは「これが試験的事例として扱われることは疑いないでしょう」と市の憲章改正が判断に影響を与えることも認めざるを得なかった。手続きとしては決定は10日間以内で行われ、それに不満がある利用者は図書館理事に排除か保持の請求を出し、それでも解決しない場合、スプリングフィールドの市議会で審査されるとした[34]。

結局6月29日に同図書館は『パパのルームメイト』を蔵書にすることを決め、『ヒザーはふたりのママをもつ』は蔵書にしないこととした。一般の手続き基準に従った結果として、児童本専門の図書館員ジュディー・ハロルドは『ヒザーはふたりのママをもつ』を蔵書としなかった理由として内容が素人的な書き方であると指摘した。『パパのルームメイト』を排除しなかったことに関して、オレゴン市民同盟のロン・メイボンはハロルドの決定を遺憾であると表現するに止まった。そして市民がこの決定にどう反応するかを静観する構えを見せた。また市憲章改正案を提出したウォルターも「個人的にあの本〔『パパのルームメイト』〕を受け入れた図書館員の判断に疑問を持ちます」と述べるものの、彼も市民の反応を待つ構えを見せた[35]。一方、米国自由人権協会のデイブ・ファイダンケは市憲章の基準において『パパはルームメイト』が排除されたなら、その違憲性を法廷で争うことを明言した[36]。

この頃になるとオレゴン市民同盟の反同性愛の運動はオレゴン州全体の問題に発展していった。同グループはスプリングフィールド市で通過させた反同性愛の条項を州レベルで成立させるための運動を始めていた。この年の11月の大統領選挙における投票用紙に州憲法改正のための住民投票項目として同性愛の法的保護を取り除く案を入れるための運動を行っていた。つまり州政府が同性愛者、小児愛者、サディスト、マゾヒストをマイノリティーとしては扱わず、アファーマティブ・アクション（マイノリティー優遇措置）や同様の措置の対象とはしないという提案内容であった。また州やその下位の地方政府は同性愛、小児愛、サディズム、マゾヒズムを異常、悪事、不自然、邪道として青少年に教える規制を作ることを求めた。同グループはこの法案を11月の選挙の住民投票で諮るために州において115,629の署名を集めることに成功したのである[37]。この動きは全米でも注目を浴び保守的な利益団体はオレゴン市民同盟を支援するなどが見られた。たとえばキリスト教保守の団体であるパット・ロバートソンのクリスチャン・コアリッションがオレゴン市民同盟に2万ドルの寄付金をするなどした[38]。

「メジャー9」と呼ばれたこの州民投票の法案にはオレゴン州知事や多くの市長などが反対の意向を示した。この法案が通過して州憲法が改正された場合、さまざまな同性愛者への差別的な行動が合法的に行われる可能性があったためである。たとえば同性愛を自ら認めている教師や警察官が解雇される可能性があること、弁護士や医者も同性愛を理由に開業するための許可を得られなくなること、公的な場で同性愛者の集会が禁じられる可能性があることなどであった[39]。

またオレゴン図書館協会もこの法案が図書館の蔵書や購入に対して思想の取り締まりをする内容であるとして警戒を高めた。つまり州憲法として制定された場合、同性愛、小児愛、サディズム、マゾヒズムに関連があると見なされた本に対して、誰しもが排除を求めることが容易になるということであった。そのためオレゴン図書館協会や地域の図書館はこの州民投票の法案に強く反対の意向を示したのである[40]。

スプリングフィールドの市立図書館においてもこの法案は少なからず影響をもたらすことは必至であった。『パパのルームメイト』を蔵書として残すことを決定したことにメイボンやウォルターは反対の意向を示していたが、もし「メジャー9」が通過して州憲法が改正されたならオレゴン市民同盟が同書に関して排除を

求める可能性も出てきたためであった。実際、スプリングフィールド市立図書館のジュディー・ハロルドは「オレゴン市民同盟は抜け目がありませんし、『メジャー9』が投票される前にその本〔『パパのルームメイト』〕に異議を申し立てるのには賢明でないと考えていると思います」と述べ、メイボン等が同書の排除の機会を待っていると考えていた。それに対してメイボンは「それは本当にその通りです。もしメジャー9が通過したら私たちは〔その本に〕異議を申し立てます。私たちは直接にはそうしないでしょう。その本に反対するその地域の保護者を支援することになるでしょう」と明確に『パパのルームメイト』を排除する意図を述べた[41]。

　結局、1992年11月3日の投票の結果、メジャー9は57%対43%の投票結果により却下されたのである。この結果に対してオレゴンの図書館は安堵と歓迎の意向を示した。オレゴン図書館協会の会長デボラ・ジェイコブスはオレゴン市民同盟がこの法案を提出したことは誤りだったと指摘し、「私たちはつねに図書館の蔵書が私たちの地域の多様性を反映することを確認しているのです」と述べた[42]。この選挙ではオレゴン州において同性愛の権利の保護は一応守られた形となり、オレゴン州の図書館においても『パパのルームメイト』や『ヒザーはふたりのママをもつ』は図書館の蔵書から排除される可能性は低くなった。

　しかし同性愛に反対する人々がこれらの本を図書館から排除する運動をこの選挙によって止めたわけではなかった。この問題はきわめて人々の哲学や宗教に絡んだ問題であり一朝一夕に解決するようなことではなかったし、実際他の地域などでは同性愛に反対する声は高くなり、『パパのルームメイト』や『ヒザーはふたりのママをもつ』を公立図書館から排除する声は止まなかった。たとえば1992年11月のコロラド州での選挙では同性愛者の権利を擁護するボールダー、アスペン、デンバーの各市における条項を州政府が廃止できる権限を持つための州憲法修正が認められるなどした。また同時期にノース・カロライナ州のカンバーランド郡公立図書館では『パパのルームメイト』や『ヒザーはふたりのママをもつ』を巡って地域の市民グループから抗議を受けたり、1994年にはヴァージニア州ブラックバーグ市、1995年にカリフォルニア州モデスト市、1997年にワシントン州シアトル市の公立図書館における同書の蔵書または寄付問題など、それ以降も一部を上げただけでも同様の問題は全米レベルで止むことはなかったのである[43]。

同性愛の本にまつわる裁判

　『ヒザーはふたりのママをもつ』と『パパのルームメイト』がテキサス州ウィチカ・フォールス市において同市の公立図書館より排除され、それに反対した保護者から訴訟を受ける事件があった。事の発端は1998年5月にキリスト教のグループがこの2冊の本を同市の公立図書館より排除を求める声を上げるようになったことに発していた[44]。

　ウィチカ・フォールス公立図書館は1997年に『ヒザーはふたりのママをもつ』と『パパのルームメイト』の2冊を図書館の蔵書として購入した。この購入に際して、同図書館のコレクション・マネージャー兼図書館管理職のリンダ・ヒューズは同性愛の親をもつ子供のための本の書評を検討して肯定的な評価が記されていたこの2冊を購入することを決定した。それまで4回以上同書を推薦する声があり、図書館の相互貸借によっても同書のリクエストが何度もあったことも購入の理由であった。図書館がこの2冊を購入する以前に同性愛の保護者をもつ子供向けの本は出版されていなかった。いずれにせよ同性愛のことを紹介する児童向けの本が1997年10月4日に初めて同図書館のコンピュータの目録に登録され本棚に置かれた[45]。

　この2冊の本に対して本格的に批判の声が上がったのは1998年5月頃であった。具体的には1998年5月に同市のファースト・バプテスト教会の牧師ロバート・ジェフレスが『ヒザーはふたりのママをもつ』と『パパのルームメイト』の2冊を借り、そのまま返却を断ったのである。ジェフレスは同性愛に強く反対し、彼の教会のメンバーがこの2冊を借りられないように自ら処分した。そしてジェフレスは同書を再び購入しないことを要求して54ドルの損失費を同図書館に支払った[46]。

　このような状況に対して市議会の推薦によって9人で構成された図書館諮問評議会はこの2冊の本が図書館の蔵書として適当であるか審査を開始した。その審議の結果、1998年6月にこの2冊の本を子供のセクションに残しておくべきであると同諮問評議会が推薦した。このセクションは9歳から13歳の子供向けの本を置いてある場所であった[47]。

これに対してこの2冊の本に反対するジェフレスや他の人々が市議会に同書を図書館から排除することを要求した。しかしこの時は市議会はその要求を一旦は拒否した。

　この間1998年5月の母の日に教会においてロバート・ジェフレスは「神がとがめていることを私たちは許すことはできません」と同性愛について批判し、市議会が図書館からこれらの本を排除しない場合、「選挙の時に市議会の責任を投票によって追及します」と述べ市当局に圧力を掛けるような発言をするなどした。そして地元紙のウィチタ・フォールス・タイムズ・アンド・レコード・ニュース紙の1998年6月24日の記事でもジェフレスは「市議会はこの問題を避けようとしていますが、私たちはそうはさせません。……正式な議題としてこの問題が取り上げられるように要望していきます」と表明するなどしていた。実際、ジェフレスはウィチタ・フォールス市議会議員ウィリアム・オールトマンに会って『ヒザーはふたりのママをもつ』と『パパのルームメイト』を図書館から排除するように要請した[48]。

　この要請を受けてオールトマンは同性愛の本を排除できるよう規制法案を市議会に提出した。そして1999年2月16日にウィチタ・フォールス市議会は4対3の評決にて図書館の蔵書に関する決議案を通過させた。これは正式には「決議16－99（Resolution 16-99）」というものでその作成者の名前をとって「オールトマン決議」と呼ばれた。その内容は市民の300人の署名が集まれば公立図書館の蔵書の本を子供のセクションから大人のセクションに移動することができるとしたのである。対象となる本は12歳以下に向けられて書かれた本で「保護者の承認か、もしくは監視の下で読まれることが適当であるような性質」の内容であると定義された。また一旦、300人の署名が提出されたら図書館は対象となった本を24時間以内に子供向けのセクションから取り除かなくてはならないとした[49]。

　その後1999年7月14日にウィチタ・フォールス図書館のリンダ・ヒューズは『ヒザーはふたりのママをもつ』と『パパのルームメイト』を子供のセクションから移動することを求めたオールトマン決議による署名を受け取った。そして7月15日にこの2冊の本を子供向けのセクションから移動したのである[50]。

同性愛に関する子供向けの本に対する裁判

　この本の排除の翌日の1999年7月16日に幾人かの市民と米国自由人権協会がこの決定は憲法修正第1条、第14条ならびにテキサス州憲法第1条第8項に違憲であるとして、テキサス州にある連邦地方裁判所に告訴した。米国自由人権協会テキサス州の地域長ダイアナ・フィリップは同書に反対する何人かの人が他人の子供の読書について制限を加えることであると批判の声を上げた。フィリップは「子供たちは彼らが必要な本を得るのに図書館の大人のセクションに行ってみたりしません。……この本を市議会の権威で隠すことは古くから行われてきた明白なる思想の取り締まりです」と批判したのである[51]。

　その数日後の7月20日には裁判所は原告の要求に応え、『ヒザーはふたりのママをもつ』と『パパのルームメイト』を一時的に子供向けのセクションに戻すことを命じた[52]。

　公判では原告側の証人は同書を子供が、子供のセクションで利用できるようにすることを求めるなどした。そして誰かが内容に反対し図書館で本を別の場所に移動することは思想の取り締まりになるとしてオールトマン決議に反対するなどした。また他の証人は図書館はあらゆる情報が得られる場として自由に読む権利を保護すべきだと証言した。同性愛の女性も証人として自らの体験を述べ、彼女の子供が親がレズビアンだと言う理由でいじめられた例を上げ、同性愛の親をもつ子供への理解を他の子供たちに広げるためにも、『ヒザーはふたりのママをもつ』と『パパのルームメイト』のような本が必要であることを証言するなどした[53]。

　またウィチタ・フォールス市にあるミッドウェスタン州立大学でカウンセリング教育を教えているマイルドレッド・ゴアが原告側の証人として、同性愛の保護者をもつ子供にとって『ヒザーはふたりのママをもつ』や『パパのルームメイト』などの本が子供向けのセクションから一般のセクションに移動した場合に起きる子供への影響などについて証言した。ゴアは子供は心理的に自分の環境と類似した設定の本を探すとした上で、同性愛についての子供向けの本が子供のセクションから移動されることは心理的にダメージがあると述べた。ゴアは「〔同性愛の親をもつ〕子供が同様な環境にある子供についての本が他の子供向けの本と別々

にされることは、何か間違ったことがその子供やその子供の家族にあるといっているようなもので、恥ずかしさと罪の意識を生み出してしまいます」と述べ、これらの本を子供向けのセクションから移動することに反対する証言を行った[54]。

またテキサス大学オースティン校の図書館情報学を教えているバーバラ・インモロースも原告側の証人としてこの同性愛の本2冊を子供のセクションに置くことが適当であると述べた。一般のセクションに移動することによって利用者がこの本を探すのを困難にしてしまうと指摘した上で、インモロースはこれらの本を一般のセクションに移動することは、隠すのにも等しい行為であると糾弾したのである[55]。

ウィチタ・フォールス公立図書館の責任者の立場で被告側になったリンダ・ヒューズはむしろ原告を支援する証言を行った。ヒューズは図書館の使命として、情報提供の場として人々に奉仕することが目的だとして予算の許すかぎりさまざまなニーズに合わせて情報を提供することが図書館の使命であると述べた。そして『ヒザーはふたりのママをもつ』と『パパのルームメイト』を本来あるべき子供のセクションから移動することは表現の自由を妨げると述べた[56]。

この2冊の本に反対した証人としてはジャニー・ヒルという女性が同性愛が社会を破壊すると強く批判した。彼女はこれらの本が「私たちの国において同性愛を支援し私たちの子供を破壊的な生活スタイルに洗脳するもの」だと述べた。彼女は図書館にも直接批判の手紙を書いたり、新聞に批判記事を載せるなどした[57]。

判　決　文 ― *Sund v. City of Wichita Falls*（2000）―

テキサス州の連邦地方裁判所における判決ではジェリー・バックメイヤー判事がウィチタ・フォールス公立図書館で『ヒザーはふたりのママをもつ』と『パパのルームメイト』を子供向けのセクションから一般のセクションに移動することは違憲であると判断を下した。バックメイヤー判事はおもに4つのことを基準に判断をした。まず第1に原告が主張するような権利があるのか、第2にオールトマン決議による本の移動の差し止めをした場合に原告に修復しがたい害があるのか、第3に原告に予想される被害は、差し止めによって他者に起こりうる害よ

りも甚大であるのか、第4に差し止めが公共の利益に与える影響はどのようなものであるのかということを審査した[58]。

バックメイヤー判事はまず第1の点において原告側が被告のウィチタ・フォール市と同市の公立図書館に対する決定の差し止めをする権利があると述べた。そしてウィチタ・フォール公立図書館で『ヒザーはふたりのママをもつ』と『パパのルームメイト』を子供向けのセクションから一般のセクションに移動することは連邦憲法とテキサス州憲法に違憲であると判断した。この決議と本の子供のセクションからの排除は憲法上で保護された表現の自由（つまりこの場合は読む権利）に反するとしたのである。またバックメイヤー判事は図書館は情報を得るための本質的な場所であることを述べ、とくに公共に開かれた公立図書館においては教育委員会委員や政府関係者が政治、宗教などの理由から自分が嫌悪する特定の本を排除することはできないとしたのである。その上で市がこれらの本を公的な利益のために排除しなくてはならないとする場合、その理由を証明しなくてはならないとした[59]。

この決議の目的は表現された内容ばかりでなく、将来に読者が認知するであろうところまで取り締まろうとしていることを指摘した。つまりこの2冊の本の内容が同性愛を取り扱っている内容だから取り締まるばかりでなく、その内容が子供たちに知られることさえも取り締まろうとしていると判事は指摘した。したがってオールトマン決議は内容においても目的においても差別的なものであると断じたのである。そしてこの決議の背景にある状況として、2冊の本を図書館から取り除くことに直接失敗した人が、間接的にその排除の目的を達成しようとしたのであると述べたのである[60]。

またこの公判においては被告側がこの同性愛を扱った本を置く場所を移動しても図書館内にあることから違法性はないと主張したのに対し、判事はオールトマン決議が原告側の読む権利に負担をかけることは憲法に照らして違憲だとした。これは子供が子供向けに書かれた本を探す場合に、子供のセクションにおいて子供が見つけることができないこと、手にとってみることを難しくすることは、子供の読む権利を制限しているとしたのである。それと被告側は同書がわいせつな内容であり子供のセクションからこれらの本を移動することは十分に公的な利益に即していると主張したのに対し、判事はこれらの本をわいせつとは見なさな

かった[61]。

　法の手続きの保護を守っているかということに関してバックメイヤー判事はオールトマン決議は文面があいまいであり十分に法の手続きの保護がなされていないと判断した。たとえばこの決議は 300 人の署名によって本の移動がなされるがそれは図書館の一定の利用者の任意であり、たとえ差別的な適用であっても決議が実行される可能性があること、本の蔵書としての適正を計る基準がオールトマン決議にはなされていないこと、また決議で対象となった本を図書館が審査する十分な時間が与えられていないことなどを上げて法の手続きの保護に反していると指摘した[62]。

　またテキサス州憲法では州とその地方政府が行政や立法の機能を私的機関に委譲することを禁じていることを上げ、図書館利用者の署名によって公立図書館の本を移動するオールトマン決議は特定の市民に公的機関の権限を委譲することにあたり州憲法に照らして違憲であるとした。つまりオールトマン決議では市の公立図書館の本の選択・排除における市行政の権威を市議会が不法に市民に委譲したということである[63]。

　以上のようなことからバックメイヤー判事は法の手続きの平等の保護と表現の自由の保護を定めている連邦憲法とテキサス州の憲法に照らして違憲であるという判断を下した。

　この判決を受けて原告側の弁護士ジョン・ホーラニーはこの裁判の性質は同性愛や宗教の問題ではなくあくまで表現の自由・読む権利の問題であったと述べた。また米国自由人権協会のテキサス州支部のウィル・ハーレルは「本日バックメイヤー判事は憲法における基本的人権が重要であることを私たちに再確認してくれました。……この国家は多様性から利益を得てきましたし、また憲法の法的運用によって無知と偏見を抑え成り立ってきたのです」とアメリカにおける多様性と憲法の実行の重要性を述べた。またハーレルは「私たちの表現の自由は今回のウィチタ・フォールスの不寛容な 300 の署名のような気まぐれに声を上げる少数派に抵抗しうるのです」と裁判を位置づけた[64]。

同性愛者の結婚は法的に認められるべきか

　同性愛者が社会的に認められるかという質問に対して約半数のアメリカ人は、認められるべきだと答えたものの、同姓愛者の結婚を認めるべきかという質問に対しては、3割の人のみ賛成し、6割の人が反対している。ピュー・リサーチ・センターの2004年12月に調査した結果によると、同姓婚に賛成するアメリカ人は32%で、反対する人は61%であった。とくにこの調査では返答者のうち、共和党支持者の社会的保守の考えを持つ人の84%は同姓婚には反対で、12%のみが賛成であった。共和党支持者よりリベラルだと考えられている民主党支持者のなかでも保守的な民主党員のうち74%は反対し、賛成は19%に留まっていた。一方で民主党支持者で自ら自由主義者（リベラル）と考えた回答者のうち、80%の人が賛成し、15%の人が反対した結果がでて、保守とリベラルの考え方が、好対照をなした[65]。

　実際、現在（2007年12月）の時点ではマサチューセッツ州のみが同性愛者の結婚を法的に認めている。またヴァーモント州、コネティカット州においてはシヴィル・ユニオン制といって「結婚」とは法的に呼ばないものの結婚と同様の法的な保護を与えている。またニュージャージー州の州最高裁判所などでは、2006年10月25日に同性婚を禁じる法律は違憲であるという判決を出し、この裁判の結果を受けて12月14日には州の下院でシヴィル・ユニオン制を認める法律を通過させ、ヴァーモント州、コネティカット州に続いた[66]。

　その反対に26の州で州憲法を修正して同姓婚を違法としている。その他の州は州憲法ではなく他の制定法によって同性婚を禁ずるなどしている。ただしそのような州でも、各州によっても、一定な見解が出ているとはいいがたい状況である。たとえばカリフォルニア州では同居している同性愛のパートナーが仕事に就いていない場合、仕事に就いている方の福利厚生などを認めている。これは一律、異性の同棲で適用されるドメスティック・パートナーシップ（同棲関係）として扱っているためである。しかしこの制度にしても各州によって実態は異なる。2004年11月に、ミシガン州では州憲法で同性婚を禁じたことから、公立学校や政府機関で働く人の同性のパートナーに福利厚生が適用されないと州司法長官が

宣言し訴訟問題に発展した[67]。このようなことからも同性愛者への法的保護の問題が一定の方向に動くまではまだ時間がかかると考えられる。

まとめ

　アリソン・パブリケーション社から『ヒザーはふたりのママをもつ』と『パパのルームメイト』が出版された1990年以来、同書をめぐってさまざまな問題が起こった。本章においては特に1992年にニューヨーク市の教育機関においての同性愛の扱いと同書の排斥問題、同年のオレゴン州における同性愛に反対する市民グループが関わったスプリングフィールド市の市憲章や州憲法の改正運動、1998年から1999年にテキサス州ウィチタ・フォールス市で起こった同書を巡る裁判事件などを検討した。

　はじめにアメリカにおける同性愛の位置づけについて述べたが、実際に各地域において同性愛に関しては複雑な反応が見られた。時代的にみれば1980年代から1990年代初めまでエイズの問題もあり同性愛に対して社会的に厳しい目で見られていたといえる。アメリカでももっともリベラルな地であるニューヨーク市においても1990年代初めは同性愛に対しては神経質な対応が見られた。同市の教育総長ジョセフ・フェルナンデスが多様文化を子供に教える「レインボー・プログラム」を紹介した時、管轄下の32の学校区のうち、5つの学校区はその内容の一部やすべてを拒否する姿勢を見せた。もともとニューヨーク市教育委員会がこのプログラムを開始した理由は、1986年と1989年に起こったマイノリティーに対する殺人事件がきっかけであった。ヘイト・クライムが起こったことに対し、市教育委員会は子供たちに同性愛者を含めたマイノリティーへの尊敬と理解を深めるためにこのプログラムを開始することにし、その中心者となったのがフェルナンデスであった。

　しかしプログラムの内容に小学校1年生の児童に対して同性愛への知識と理解を深める内容も含まれていたことに、同性愛に反対する保守的な保護者のグループが強く反対したのであった。プログラムを紹介する要綱では『ヒザーはふたりのママをもつ』と『パパのルームメイト』が参考文献として紹介されていたため、

同書に対する批判も同時に起こった。このプログラムは同性愛だけを扱っていたわけではなかったのに関わらず、この問題は連日のように新聞に報道され、反対者の活動の成果もあり同性愛を教えるプログラムだと人々が捉えてしまったという感が否めなかった。その時代背景には先にも述べたようにエイズへの脅威とそれに関連した同性愛者への偏見が強く作用したと考えられる。結局フェルナンデスは任期切れの際に再任されず、レインボー・プログラムも内容の変更を求められるなどした。そして『ヒザーはふたりのママをもつ』と『パパのルームメイト』も参考文献から削除されたのである。

次にオレゴン州で起こった同性愛の反対グループの政治的活動について取り上げた。この問題は同性愛に強く反対するオレゴン市民同盟がスプリングフィールド市の市立図書館に『ヒザーはふたりのママをもつ』と『パパのルームメイト』が蔵書とされることを防ぐために市の憲章を改正する運動を行ったことから始まった。

結局、同性愛に反対する市議会の協力もあり、市民投票において同性愛、小児愛、サディズム、マゾヒズムを市政府は促進したり、支援したりしてはならないとする市憲章の改正が行われた。これに対し同性愛の権利を支援するグループは『ヒザーはふたりのママをもつ』と『パパのルームメイト』をスプリングフィールド市立図書館に寄付し、市の憲章がどのように施行されるのかを確かめる試みをした。結果的には市立図書館では他の本と取り扱いが同様の一般の基準に従って『ヒザーはふたりのママをもつ』は蔵書にはせず、『パパのルームメイト』は蔵書と決定した。これに対してオレゴン市民同盟は直接的な行動はしなかったもののこの決定を強く批判するなどした。しかし同グループはスプリングフィールド市で成功した市憲章改正を州憲法レベルでも実現するべく政治行動を行うなど別な次元で積極的な反同性愛の活動を展開した。しかし1992年11月の選挙と同時に行われた州の州民投票においては、同性愛を制限する内容は否決され州政府レベルでは同性愛者の人権は守られる結果となったのである。

最後に『ヒザーはふたりのママをもつ』と『パパのルームメイト』を公立図書館において子供のセクションに保持するかどうかを裁判で争った1999年のテキサス州ウィチカ・フォールス市の例を上げた。ここではキリスト教牧師が信仰上の信念からこの2つの本の内容に反対し、少なくとも子供のセクションから排除

することを求めて政治活動を起こした。ここでは、同市の市議会において「オールトマン決議」が採択され、同市の図書館利用者300人の署名によって排除を求められた児童本を、同図書館は24時間以内に子供向けのセクションから一般のセクションに移動しなくてはならないとした。そして実際、この決議の下に『ヒザーはふたりのママをもつ』と『パパのルームメイト』は署名により子供のセクションから一般のセクションに移動させられたのである。

しかしこの事件で重要なのはこの決議に対して反対する市民が司法の場において「オールトマン決議」の違法性を争ったことである。結局、裁判においては同決議がテキサス州の憲法ならびに連邦憲法に照らして違憲であると判断された。とくに重要なのはこの裁判では同性愛を扱っているというだけで本を排除することは表現の自由に反していると判断した点であった。図書館の性質として多様な文化に応じてあらゆる情報を提供することの重要性も述べ、『ヒザーはふたりのママをもつ』と『パパのルームメイト』の読む権利を支持したのであった。

これらのことをまとめると次のようなことが同性愛を扱った児童本『ヒザーはふたりのママをもつ』と『パパのルームメイト』に関していえる。まず現在のアメリカにおいて保守的な地域においては、まだまだ同性愛自体への反発から、これらの本が公立図書館に蔵書として納められることに反対する人々が多くいるということである。実際、米国図書館協会の調査でもこの2冊は排除を求められた本でもつねに上位を占めていることからも明らかである。また1992年に起きたニューヨーク市のレインボー・プログラムへの反発やオレゴン州スプリングフィールド市の市憲章改正などもこの2冊の本に対して起こった反発といえる。

しかし排除に反対する人や団体も多くいる一方でアメリカ民主主義の原理のひとつである表現の自由、知る権利によって同性愛の本の内容を読む権利を侵害することはできない。それは同性愛者の人権を制限しようとしたオレゴン州の憲法改正が実らなかったことやテキサス州ウィチタ・フォールス市の裁判などでも見られた。後者の裁判ではその同性愛者への差別から表現の自由、読む権利が問題となった時、憲法によって同性愛に関する本の表現の自由と読む権利が保護されたことはアメリカ民主主義の法の支配がどのように働いているかを示す例となった。

いずれにせよ同性愛の関連する問題はアメリカにおいてしばらく続くと思われ

る。それは宗教的信念や哲学から同性愛に反発する人々が多くいるからである。これらの人々やグループは政治、司法で同性愛への権利の制限を求めることを続けることは明白である。彼らにとってはそれがアメリカのモラルや秩序を守ることであると信じて止まないからである。実際に同性愛者の結婚に限っていえば26の州の憲法で禁じているし、他の19の州では法律によって認めていないことからも、このような政治的な活動によって同性愛への法的制限を求めてくる可能性はある。しかし結婚以外の分野においては同性愛者への権利を制限することは連邦憲法の権利の章典に示される人権条項から難しいことも事実である。

■注

1) この数字は Human Rights Campaign のサイトより。http://hrc.org/Template.cfm?Section=Center&CONTENTID=28225&TEMPLATE=/ContentManagement/ContentDisplay.cfm またマサチューセッツ州においては2007年1月の段階で州下院が同性愛を禁じるための州憲法改正の法案を提出しており、状況は変わる可能性がある。

2) ピュー・リサーチ・センターの2003年11月18日の"Religious Beliefs Underpin Oppositionto Homosexuality"という調査発表からの結果。http://people-press.org/reports/print.php3?PageID=765。

3) *Ibid.*

4) *Ibid.*

5) *Ibid.*

6) *Ibid.*

7) 上田伸治著『本と民主主義:アメリカの図書館における「表現の自由」の保護と制限』(大学教育出版:2006年)、54－57頁。米国図書館協会の資料によると1990年から2000年において排除を求められた本で『パパのルームメイト』は2位に『ヒザーはふたりのママをもつ』は11位にランキングされている。ALA のウェッブ・ページ http://www.ala.org/ala/oif/bannedbooksweek/bbwlinks/100mostfrequently.htm より。

8) Leslea Newman, *Heather Has Two Mommies* (Los Angeles: Alyson Publications, 1989). 十周年版は2000年に出版。

9) Newman, *Ibid*. ニューマンはこの文を新版のあとがきで繰り返し引用して著者として伝えたいメッセージであることを強調している。

10) Michael Willhoite, *Daddy's Roommate* (Los Angeles: Alyson Publications, 1990).

11) Willhoite, *Ibid*.

12) "The 100 Most Frequently Challenged Books from 1990 to 2000," ALA web (viewed on February12, 2007). http://www.ala.org/ala/oif/bannedbooksweek/bbwlinks/100mostfrequently.htm

13) Charles B. Rangel, "New York City's Social Crisis," *The New York Times* (December29,1987);Joseph Fried, "Howard Beach Prosecution Ends in Negotiated Sentences," *The New York Times* (November 29, 1990); Robert D. McFadden, "U.S. Decided Not To Pursue Hawkins Case," *The New York Times* (December 21, 1991).; Steven Lee Myers, "How a 'Rainbow Curriculum' Turned Into Fighting Words," *The New York Times* (December 13, 1992).; William Tucker, "Revolt in Queens," *American Spectator,* vol. 26, Issue 2 (February 1993). ただし多様な文化を学校教育で教えようとする動きは1985年ごろからもあった。その当時のニューヨーク市教育総長リチャード・グリーンが推進していたが、1989年にグリーンが急死したため後任としてジョセフ・フェルナンデスが選ばれた。本稿では「レインボー・プログラム」という通称で述べているが、正式には「Children for the Rainbow」というのがプログラム名である。

14) Melinda Henneberger, "Supporters of AIDS Pledge Criticize Other Programs," *The New York Times* (September 6, 1992).; William Tucker, "Revolt in Queens," *American Spectator*, vol.26 Issue 2 (Feb 1993).

15) Henneberger, *Ibid.* カミンズが同学校区の4,000ドルの予算を使って同プログラムを批判する手紙を保護者に送付したことに関して、教職員組合が苦情を出した。それに対してカミンズは「私たちはカリキュラムについて保護者に手紙で知らせる完全な権利があります。私は他に予算を使うこれ以上の方法は知りません」と反論してその行動を正当化した。

16) Henneberger, *Ibid.*

17) "Teaching About Gays and Tolerance," *The New York Times* (September 27, 1992).

18) Steven Lee Myers, "How a 'Rainbow Curriculum' Turned Into Fighting Words," *The New York Times* (December 13, 1992).

19) Myers, *Ibid.*

20) Joseph Berger, "Board Chief Assails Aides To Fernandez," *The New York Times* (December 18, 1992).

21) Berger, *Ibid.*

22) Josh Barbanel, "Under 'Rainbow,' a War," *The New York Times* (December 27, 1992).

23) Josh Barbanel, "Fernandez Modifies Parts of Curriculum About Gay Parents," *The New York Times* (January 27, 1993); Tucker, "Revolt in Queens," *Ibid.*

24) Tucker, *Ibid.*

25) Bethany Kandel, "NYC ousts schools chief," *USA Today* (February 11, 1993).

26) Katheleen Monje, "Signatures Checked as OCA Seeks Spot on Springfield Ballot," *The Oregonian* (February 21, 1992).

27) Mark Matassa, "Shock Tactics In 'Civil War' – Anti-Gay Activists Using Sexuality Explicit Terms In Oregon Campaigns," *The Seattle Times* (May 18, 1992).

28) Matassa, Ibid.

29) Kathleen Monje, "Springfield Vote Win Heartens OCA Head," *The Oregonian* (May 21,1992).
同様の法案が同日に住民投票で問われたコーバリス市では反同性愛法案は大差で却下された。
30) Dana Tims, "Town Takes Measure of Its New Values Law," *The Oregonian* (May 28, 1992).
31) Tims, *Ibid.*
32) 同性愛のグループの一人アラン・ゴセットはスプリングフィールド市の不買運動を推進すると述べた。彼は法案の真意に対して過った情報が市民にもたらされ法案が通過したと主張した。これに対して署名運動を推進したロレッタ・ニートは住民は新聞、テレビ、ラジオで法案の意味するところは十分理解して投票したと反論し、投票の結果は住民の意思の表れであると主張した。また改正された市の憲章は将来に同性愛の興隆を未然に防ぐ防止の意味であり積極的に同性愛を否定する規制ではないと述べるなどした。Dana Tims, "Anti-Gay Rights Issue To Go Unchallenged," *The Oregonian* (May 30, 1992).
33) Dana Tims, "Gift of Books Sets Stage For Test of Anti-Gay Rights Law," *The Oregonian* (June 19, 1992). もう一冊は *The Duke Who Outlawed Jellybeans* というタイトルの本。
34) Dana Tims, "Gift of Books Sets Stage For Test of Anti-Gay Rights Law," *Ibid.* この間、スプリングフィールド市の問題に関してオレゴン州図書館協会は基本的人権として同性愛者の権利を認めるべきであると、全面的に寄付された本を読む権利が保障されることを望む発表をした。またオレゴン州クラックマス郡においてオレゴン市民同盟が反同性愛の署名活動をクラックマス・タウンセンターで行っていたことに対し、郡裁判所は署名活動を禁じる命令を出した。これはタウンセンターの買い物客等がこの署名の経済的影響を考慮し、署名の停止を求めたことに応じたのであった。
35) Kathleen Monje, "Springfield Library Accepts Book," *The Oregonian* (June 30, 1992).
36) G. Anderson, "Oregon anti-gay measure said to target library," *American Libraries*, vol. 23, Issue 7 (July 1992). また『パパのルームメイト』がニューメキシコ州の公立図書館において地元の教会の牧師から排除を求められていることを American Libraries 誌では述べている。
37) Timothy Egan, "Oregon Measure Asks State to Repress Homosexuality," *The New York Times* (August 16, 1992). オレゴン州の他にもコロラド州において同様の法案を住民投票で問うことになった。オレゴン市民同盟のメイボンは法案の目的は魔女狩りではなくむしろ「同性愛は異常であり、不正であることを政府の立場として確立する」ことだと述べた。しかしこの案には同性愛の支持者ばかりでなく、通常同性愛に批判的立場に立つ宗教者からも州憲法で同性愛を否定することに懐疑の声が上がった。たとえばオレゴン・カトリック連盟は所属教会への通達として、「私たちの地域でのヘイト・クライムの増加、とくに同性愛者へのそれを考慮するならば、この提案された憲法改正案は不寛容と敵意を増進することになる可能性があります」と送るなどした。
38) Bettina Boxall, "Battle Lines Drawn Over Oregon's Anti-Gay Measure," *The Los*

Angeles Times (October 22, 1992).

39) Boxall, *Ibid.* しかしメジャー9はこの10月の時点ですでに通過する可能性は低いと見られていた。ポートランドの世論調査員ティム・ヒビットは大差で支持しない結果が出ており、「（メジャー9）は通過しないと思います」と明言していた。

40) Brian T. Meehan, "Measure 9 Sends Ripples of Dread Through Halls of Oregon Libraries," *The Oregonian* (October 6, 1992).

41) Meehan, "Measure 9 Sends Ripples of Dread Through Halls of Oregon Libraries," *Ibid.*

42) Evan St.Lifer and Susan S. DiMattia, "Voters provide libraries with election day triumph & tragedy," *Library Journal*, vol. 117, Issue 21,（December 15, 1992）; Brian T. Meehan, "Measure 9 reveals deep splits among Oregon voters," *The Oregonian* (November 5, 1992).

43) Evan St.Lifer and Susan S. DiMattia, "Voters provide libraries with election day triumph & tragedy," Ibid.; 上田『前掲』54－59頁。

44) *Emiley Sund v. City of Wichita Falls*, 121 F. Supp. 2d 530 (N.D. Tex. 2000).

45) *Sund v. City of Wichita Falls, Ibid.*; "Agreed Proposed Findings of Fact and Conclusions of Law," Civil Action No. 7-99CV-155-R. p.5.

46) *Sund v. City of Wichita Falls, Ibid.*

47) "Agreed Proposed Findings of Fact and Conclusions of Law," *Ibid.*

48) *Sund v. City of Wichita Falls, Ibid.* オールトマンとジェフレスは1998年5月ごろから市議会で「オールトマン決議」を採択した1999年2月の間に本の排除について話し合ったとされている。

49) "Agreed Proposed Findings of Fact and Conclusions of Law," *Ibid.*

50) *Ibid.*

51) "ACLU Sues Texas City for Public Library Censorship," For Immediate Release (July 16, 1999). http://www.aclu.org/lgbt/speech/12018prs19990716.html (viewed on February 6, 2007).

52) "ACLU Claims Fisrt Victory In Texas Public Library," For Immediate Release (July 20, 1999). http://www.aclu.org/lgbt/speech/12016prs19990720.html (viewed on February 6, 2007).

53) *Sund v. City of Wichita Falls, Ibid.* 9歳の子供をもつミッチェル・バウマン、成人した2人の子供と9歳の孫をもつルイス・ゴーレンバウアー、退役軍人のボブ・バゴットが証言する。また教会の牧師もしている同性愛者ナンシー・ホバッフは自分の子供が親がレズビアンということでいじめられたと発言した。

54) *Sund v. City of Wichita Falls, Ibid.* ジェリー・バックメイヤー判事はゴアの証言を重視している。子供のセクションから『ヒザーはふたりのママをもつ』『パパのルームメイト』を一般のセクションに移動することは、同性愛の親をもつ子供に精神的に修復しがたい害を及ぼすと見なしたのである。

55) *Sund v. City of Wichita Falls, Ibid.*

56) *Ibid.*
57) *Ibid.*
58) *Ibid.*
59) *Ibid.*
60) *Ibid.*
61) *Ibid.*
62) *Ibid.*
63) *Ibid.*
64) "On Eve of 'Banned Books Week,' Texas Judge Blocks Censorship of Two Gay Parenting Books in Library," For Immediate Release (September 20, 2000). http://www.aclu.org/lgbt/speech/12289prs20000920.html (viewed on February 6, 2007).
65) ピュー・リサーチ・センターの発表した数字。"*Beyond Red vs. Blue*, The 2005 Political Typology." http://typology.people-press.org/data/index.php?QuestionID=6。
66) David W. Chen, "New Jersey Court Backs Full Rights for Gay Couples," *The New York Times*, Oct 26, 2006. ニュージャージー州の裁判所の見解としては、同性婚をシヴィル・ユニオンと呼ぶかどうかは、州議会が決定することだとしている。しかし州上院で23対12、州下院で56対19でシヴィル・ユニオン制を認める法律を通した。Laura Mansnerus, "Legislators Vote for Gay Unions in N.J.," *The New York Times*, Dec. 15, 2006.
67) ミシガン州では同性婚を禁じる州憲法が制定された後、司法長官マイク・コックスが公務員の同棲関係にある同性パートナーには福利厚生が適用されないと発表した。これに対して米国自由人権協会が裁判を起こしたものの2007年2月2日の上訴裁判所にて州政府の見解を支持した。Stephanie Simon, "Michigan denies same-sex benefits," *The Los Angeles Times* (February 3, 2007).

第４部　国際政治をめぐる本

第9章

キューバを紹介する本を読む自由

はじめに

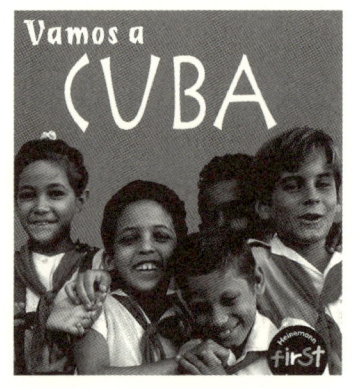

図11 『キューバ訪問』の表紙

アメリカとキューバは政治的に対立している国である。キューバのフィデロ・カストロ議長に対して否定的な新聞報道は多々見られても、肯定的に見る記事は少ない。しかし単に政治的に敵対しているからといって、交流がまったくない訳ではない。むしろ地理的にアメリカとキューバは近いことから合法、違法の移民を通してのキューバの文化や事情は広くアメリカ人に紹介されている。

この章ではキューバの社会事情を紹介した『キューバ訪問』(スペイン語の『Vamos a Cuba』とその英語版『Visit to Cuba』という題名)という児童向けの本をめぐって起こった訴訟事件について考察する。この事件はフロリダ州に住むキューバからの移民が同書を公立図書館から排除することを求めたことが発端になり、訴訟問題に発展した。この移民は同書の内容がキューバの事情を美化しておりその内実を伝えていないと主張し図書館からの排除を求めた。これに対して図書館関係者や人権団体はその訴えは表現の自由、読む権利を奪うものだとして対立したのである。

この問題はキューバというアメリカとはイデオロギーの敵対する国の事情について紹介した本であること、キューバ系の移民が多いフロリダ州の地域の図書館

であったことから政治的な問題まで発展した。本章ではその議論の発端、経緯、裁判などについて考察し、同書の表現の自由、読む権利がいかに保護され、また制限されたかを述べる。

キューバ移民が抗議した子供向けの本

　2006年4月、マージョリー・ストーンマン・ダグラス小学校は同校に通う生徒の保護者からの抗議を受け、スペイン語の『キューバ訪問』を学校の図書館から排除することを発表した。キューバにおいて政治犯として投獄させられた経験をもつキューバからの移民ユアン・アマドアは娘が学校図書館から借りてきた同書の内容が「キューバでは存在しない生活を描写し多くの事実を省略している。……このような本は私たちの子供たちに触れさせるべきでない」と4月4日に学校の手続きに従って抗議文を送付した[1]。マイアミ・デイド郡公立学校の広報はその抗議を起こした保護者のことに触れ、「彼はキューバにおける彼の経験からその本が大変不快感を与えるとし、私どもの学校区における小学校において蔵書として保持することを再審査することを要求してきました」と述べ、その親の抗議に応える形で同書の図書館からの排除に応じることを発表した[2]。

　『キューバ訪問』は小学校2年生から3年生向けに書かれ、キューバ全般にわたる生活、文化、出来事などについて紹介している内容であった。教育長のルードルフ・クルーはマイアミ・デイド郡学校区に対して同書はキューバの社会事情について肯定部分のみ描かれて事実に即していないとして、同学校区管轄下のすべての学校の図書館から同書の排除を要求した[3]。クルーは4月4日に同教育委員会の委員に宛てた書類の中で、「同書は現在の共産主義の政権を考察した内容と写真を含むものである。関係職員はすべての図書館から同書を取り除くために承認された教育委員会の規則に従うことを要求する」として基本的に同書を管轄下の図書館から排除する方向にあることを示した。この時点では同学校区の33の学校に蔵書として置かれてあった。同学校区のスポークスマンによると学校の委員会が本を審査し、生徒にとってバランスのとれた教育に支障がなければ排除することを決定できるということであった[4]。

これに対して米国自由人権協会は同学校区がひとりの保護者の抗議のみで同書を排除することは思想の取り締まりになると警鐘を鳴らした。同協会のハワード・サイモンは「最終的には私たちは憲法に忠実でなくてはなりませんし、子供たちの教育に良い方向に従わなくてはなりません。……この国においては情報を制限することで子供たちを教育することはしないのです」と述べ、憲法修正第1条に保護されている表現の自由がいかなる本にも適用されること、本を排除することで子供に情報を与えないよりはさまざまな情報を与えながら子供に判断させながら教育することがアメリカの教育のあり方であることを示唆した。しかしこれに対して保護者のひとりマリア・ロドリゲスは「もし子供たちが何かを読もうとするなら、真実でなくてはなりません。キューバの子供たちが世界の子供たちと同様に幸せに暮らし、自由で、すべての権利を持っている訳でもないのに、まるでそうであるかのような想像を掻き立てるような内容はいけません」とサイモンの考えを否定した[5]。

いずれにせよ賛否が語られる中で排除を示唆していた教育長クルーも慎重な態度を示すようになり、保護者の抗議内容を検討するための学校教材審査委員会を設置した[6]。そしてこの委員会では『キューバ訪問』が教育委員会の設定する本を選択するための15の選定基準に沿っているかを検討した。小学校教員、図書館員、職員、保護者、生徒の代表からなる8人の委員の検討の結果、7対1の票決により、同書を図書館に保持することを決定した[7]。このうち6人の委員はこの時点で『キューバ訪問』は何らかの政治体制を支持するような内容ではなく非政治的であるという見解を示していた[8]。

この間、教育委員会の委員フランク・ボーラノは正規の手続きを回避してすぐに同書を図書館から排除する提案をした。しかしボーラノの欠席した4月17日の教育委員会の会合では教育委員会の顧問弁護士から同書の排除は最高裁の判例と州法に抵触する可能性があることを示唆され、過半数の教育委員会の委員は正規の手続きに従って同書を審査する方向を示した。また同日、米国自由人権協会もボーラノの提案に反対する書簡を送付し、同書の排除が実施される場合、告訴することを表明した。同協会の書簡では教育委員会が同書を排除するのではなく、異なった視点のキューバに関する本をさらに購入し、保護者に子供たちと現在のキューバにおける政治的現実を話し合う機会を増やすべきであると提案し、たと

え同書の内容が偏見に満ちているものであっても、排除するのはなく他の本と照らし合わせて議論する機会を増やす方が良いと提案したのであった[9]。

しかしボーラノは米国自由人権協会には反対する立場をとった。この本についてボーラノの主張する点は主に4つのことであった。第1点目はボーラノは同書の内容がキューバの実際の食糧事情、雇用状況など「真実とまったくかけ離れている」と提案書に記した。同書の5ページに「キューバの人々は私たちとおなじように食べ、働き、学んでいます」という記述が曲解されていると述べ、キューバの人々は市民権、法の手続きがなく、共産党に反対する意見を述べたり書いたりするだけで10年から20年の投獄がなされる可能性があるということを挙げた。またキューバでは人々は共産党の支持に従わなければ職を失い、子供たちはカストロの偉大さを教室で暗唱させられるとした[10]。

第2点目は同書の12ページに「白米がキューバでは最もよく食されています。黒豆も食されています。アロズコンポイヨ（若鶏の料理）も人気のある料理です」と記されていることも事実に反していると指摘する。実際は食料は配給制で、いつも人々は配給を求めて長時間並ばなくてはならないし、結局食料も得られず無駄になることもある。子供たちは6歳になると牛乳の配給も止められると指摘した[11]。

第3点目は同書の26ページにある「キューバでの最大のお祝いはカーニバルです。それは7月26日です」という記述に対しても事実とかけ離れていると指摘する。実際は7月26日はカストロの共産党が政権を掌握した記念日であり、キューバ人にとっては忌むべき日である。キューバ人はスペインから独立した5月20日と国家の革命指導者ホセ・マルティの誕生日の1月28日を最も祝っているとした[12]。

そして第4点目に27ページにある「キューバでのお祝いはアフリカとカトリック教の伝統が混じったものです」という記述も実際と異なると指摘した。歴史的にキューバではカストロはカトリックや他の宗教も含め宗教的行事を禁じていると述べたのである。たとえば「エホバの証人」の宗教指導者が投獄されている事実もあると指摘した[13]。

これらの理由からボーラノは『キューバ訪問』は事実が曲解されており子供が読むのには相応しくない本だとして、特別の審査委員会を設置するなど正規の手

続きを経ず即刻、学校図書館から排除する提案を行った。しかし翌4月18日の教育委員会の会合ではボーラノの提案は教育委員会で6対3の評決によって斥けられ、すぐに図書館からは排除せず正規の手続きによって『キューバ訪問』を審査することになった。教育委員会の委員は性急な行動によって訴訟が起こった場合、それにかかる経費を無駄にする必要はないなどの意見が多数を占めた[14]。

　この教育委員会の会合の日は、賛成派と反対派が激しく議論しあった。その議論では明らかに個人の政治的思想や意見を反映するものも含まれていた。たとえば委員のひとりマルタ・ペレスは『キューバ訪問』を排除する理由として、図書館員がポルノ本を蔵書にしないのと一緒だとした上で、同書に描かれているキューバの内容はナチやクー・クラックス・クランの青年組織を描いたものにも匹敵する内容だとした意見を述べた。またボーラノも「私はキューバ系アメリカ人です。キューバで生まれました。他の委員が述べたように、私の家族、父、母はそこで働いて得たものをすべて失いました」と個人の家族の経験を述べ同書への事実的誤りについて糾弾した[15]。

　ところでこの教育委員会の会合の日には建物の前で15人の人が『キューバ訪問』を排除することに反対するデモを行うなどした。このデモに反対するキューバで教育を受けたことのある人が「表現の自由は嘘を言う自由ではない」と述べるのに対し、カストロとの対話を推進するキューバ人活動家は同書の排除に反対し「思想取り締まり反対、抑圧に反対」などと応戦するなどした。同書の排除に反対する人の中には、排除そのものはカストロのすることと同じだという意見であった[16]。

　結果的に4月19日には先の学校教材審査委員会が同書を保持する推薦をマージョリー・ストーンマン・ダグラス小学校の校長に伝え、同書の排除を求めた保護者アマドアと教育委員長にも翌々日の21日にその推薦の内容が伝えられた。この推薦内容を知ったアマドアは教育委員会の手続きに従って学校区に『キューバ訪問』の排除の要請書を同日に再び申請した。その要請に従って教育長のルードルフ・クルーは学校区教材審査委員会を設置した。同委員会はクルーによって推薦されたカリキュラム担当副教育長、小学校校長、図書館長、図書館員など17人から構成された。学校区教材審査委員会は5月22日と6月5日に会合を持ち、スペイン語と英語の両方の『キューバ訪問』について教育委員会の教材選考

項目の 15 の選考基準に合っているのか審議した[17]。

　ところで 5 月 22 日の段階で教育長のクルーは副教育長に審議委員会の検討事項としていくつかの争点のメモを送っている。そこでは主に三つのことをクルーは言及していた。1 つ目はキューバにおける生活についてもっと正確な描写をした本を早急に見つけ出し、『キューバ訪問』とともに蔵書として図書館に置くこと、この中には『キューバの子供たち』を含めることとした。2 つ目は『キューバ訪問』の英語版とスペイン語版の表表紙の裏に同書が不完全または不正確であると示し、キューバのことについてもっと正確な記述をしている書物のタイトルを示し図書館で利用できる旨を書いた紙を挿入しておくこととした。3 つ目に『キューバ訪問』は保護者の許可の下に貸し出しされることとした。これはクルーがすでに『キューバ訪問』の内容について疑問をもっていたか、もしくは同書が正確な内容ではないと認識していたことを示す。ただしクルーの推薦した『キューバの子供たち』も後にキューバ移民から内容に誤謬があるとして批判を受けた本であった[18]。

　いずれにせよ学校区教材審査委員会の会合が 5 月 22 日と 6 月 5 日に開かれた。5 月 22 日の会合では『キューバ訪問』について他の国を紹介したその関連シリーズと比較しつつ教育的重要性について語り合われた。小さなグループに分かれ、『キューバ訪問』とは別にそのシリーズの内容、形式、同シリーズについての書評について審議した。『キューバ訪問』についての意見としては、キューバへの渡航は自由でないので題名自体誤っていると述べる人や同書の他のシリーズ本の『ベトナム訪問』より情報の内容が大雑把であると述べる人、29 ページの記述で洞窟の壁画が 1,000 年以上前だとするのは完全な間違いであると指摘する人があったとしている[19]。

　6 月 5 日の会合ではその冒頭にひとりの委員からフアン・クラーク著の「『キューバ訪問』の内容分析」という記事が配布された。その中ではキューバの食生活は 1962 年より配給制になっていること、仕事は私的な事業をもつことは犯罪となること、教育は政治的な制限があること、エリートの子弟に優遇があることが指摘された。また住宅事情は、家のほとんどがやしの幹でできたものであり、同書の中であるように田舎だけがこのような家の造りではないと指摘した。また子供の労働について、同書の学校の時間に労働する云々の記述は誤りで、6 年生から

45日間にわたり田舎での農業での一日中無償労働が課せられ、高校の上級生になると無期限的に農業の無償労働が課せられると指摘した。洞窟の壁画については1,000年以上前のものではなく、1960年代に描かれたもので同書に記されている情報は完全な間違いであることを指摘した[20]。

　しかしこのような意見があったにせよ6月5日に学校区教材審査委員会は教育上の重要性、適当性、正確性、内容、特徴などの基準等を重視し決定がなされた。この間、委員のひとりで州議会議員でもあるデービット・リベラは委員の最終決定がなされる前に、「教育委員長から巧みにコントロールされた」会合のあり方だとして同委員会に対し同日辞任を表明した。同会合の議長を務めたアントワネット・ダンバーは残った委員に、決定の選択として①『キューバ訪問』を図書館に蔵書として保持すること、②蔵書として保持しつつも生徒に代替の教材も紹介すること、③同書の貸し出しを制限すること、④完全に図書館から排除することの4つの選択肢があることを示唆した。その審議の結果、同書は先の教育委員会の定めた基準を満たしているとして管轄下の図書館において制限なしに蔵書として保持しておくことを推薦するよう15対1の評決において決定した。ただしこれは必須的な教材ではなく補足的な読み物として図書館の蔵書として保持することは問題がないと判断したことが補足メモによって示されていた。6月7日に学校区教材審査委員会の推薦内容を教育長クルーが確認し、同書を保持する推薦を教育委員会にした[21]。

　この内容に対し教育委員会の委員のボーラノは再び6月7日に『キューバ訪問』を図書館から排除する提案を行った。この中でボーラノの提案は『キューバ訪問』を排除し、それに代わる正確な記述の本を図書館に蔵書にすることで子供たちに正しい情報を教えるという意見を繰り返し主張した。ボーラノは5歳から9歳の読者が誤った情報を判断できることはなく、同書を図書館から排除することがもっとも適切であると強調した。またクルーより同書の保持の決定を聞いたアマドアも6月8日に教育委員会によって同書が排除されることを求める請求書を再度提出した。またアマドアはその請求書の中で彼が思想取り締まりを求めている訳ではないことを述べ、あくまで子供たちの教育を監視する権利は保護者にあることを述べた。この動きに対して米国自由人権協会は6月13日に同書の排除は憲法修正第1条に保護された表現の自由に抵触することを教育委員会に警告す

る書簡を送った[22]。

　賛否両論が飛び交う中で、結局 6 月 14 日には同教育委員会は学校区教材審査委員会と教育長の推薦を支持せず、6 対 3 の投票によって同書を管轄下の学校図書館から排除することを決定した。マイアミ・デイド郡公立学校の広報のジョゼフ・ガルシアと同書を保持する推薦を出した教育長クルーは決定後のコメントの中で同書のシリーズ排除の決定について、「若い読者に向けて制作されたこれらのシリーズは国々について大変単純な描写をしている。……共産主義のような複雑な題材は記されていない」と強い批判を避けるような発言に留めた[23]。

　教育委員会は『キューバ訪問』をマージョリー・ストーンマン・ダグラス小学校ばかりでなく同学校区管轄下のすべての学校図書館から排除し他のキューバに関して正確な記述の本と交換すること、また同出版社から出ているキューバ以外の国を紹介する同様のシリーズ本すべても排除することを決定した[24]。

米国自由人権協会による学校区への訴訟

　このマイアミ・デイド郡教育委員会の決定を受け米国自由人権協会は激しく教育委員会の決定を批判をし、憲法修正第 1 条に保証された表現の自由に照らして教育委員会の決定は違憲性のある行為であるとして告訴することを発表した。同協会フロリダ支部の支部長ハワード・シモンは同書は課題図書として読むことを強制されている訳でなく、自由に選択できる本であり図書館からの排除は合衆国憲法に保障された表現の自由に照らして違憲であると述べ、告訴することを表明した。シモンはキューバへの政治的な反感が同書の排除に関連していると教育委員会の決定のあり方に疑問を呈した[25]。

　しかし教育委員会のオーグスティン・バレラは教育委員会の決定に政治は関連していないことを強調した。「私たちは同書を今日のキューバにおける事実を語る本に代えたいのです。……キューバは独裁主義であって、私たちの図書館に事実を歪曲するのではなく事実に基づいたものを置きたいのです」とあくまで同書の内容がキューバの事実を伝えていないと述べ、それが同郡管轄の図書館から排除することを決めた理由だとしたのである[26]。

ただし学校区教材審査委員会が同書を図書館に保持することを15対1と大多数で推薦したのに対し、同教育委員会がそれを最終的に拒否して排除を決めた理由に、キューバ人のコミュニティーに対する政治的配慮があったことは否定できない。たとえば同教育委員会で排除に対して反対した委員エヴリン・グリーアはバレラとは反対に委員会の投票結果は政治的な意味合いが強かったことを指摘していた。彼女は「この委員会のメンバーは彼らに圧力がかかる政治上の重要な課題に対応するために、私たちのスタッフ〔学校区教材審査委員会〕の専門的な推薦を拒否したのです」と教育委員会が学校区教材審査委員会の推薦を拒否した理由は、政治的な意味合いが強かったためだと嘆いた。それを裏付けるかのように『キューバ訪問』を蔵書とすることに強く反対していた同教育委員会のボーラノもこの投票の前に他の教育委員会の委員について「彼ら〔教育委員会のメンバー〕は彼ら自身が真実の側つまりキューバ人コミュニティーの側につくのか、または虚偽の側つまり反キューバ人コミュニティーにつくのかを選択するのです」と、この教育委員会の投票はキューバ人コミュニティーへの忠誠を測るかのような発言をしていた。キューバからの移民が多いフロリダ州にあってキューバに関する本に対して教育委員の決定に政治的意味合いは強かったことは否定できなかったと考えるのが妥当であろう[27]。

いずれにせよ米国自由人権協会はマイアミ・デイド郡学生自治会連盟と共にフロリダ州の連邦地方裁判所にマイアミ・デイド郡の教育委員会の『キューバ訪問』の排除決定を不服として告訴した。訴状の中で米国自由人権協会は同教育委員会の決定は『キューバ訪問』が排除されるべき特定の理由を示していないと主張し、この決定は同書の選定に関して政治的な意図が反映されていると指摘した。先に挙げた例とは別に訴状の中では教育委員会の委員がキューバ人コミュニティーにとって攻撃的な内容であること、カストロ政権の事実に対して省略があること、キューバ系アメリカ人の側に立った意見が強かったことが5月22日の教育委員長クルーから副教育委員長アントワネット・ダンバーへの報告書の中でも見られたことを指摘した[28]。

そして教育委員会の決定は『キューバ訪問』をマイアミ・デイド郡の学校全体からすぐに排除すること、審査の対象になっていなかった同出版社のこの本のシリーズ全部を排除することを決定したことに対し、憲法修正第1条における表現

の自由への侵害、修正第14条における法の手続きの保障への侵害だと訴えたのであった。修正第1条への違憲内容として『キューバ訪問』を排除することで同書の読む権利を奪ったとした。またその決定も教育委員の任意とその地域の反対という不公平な見方から同書を排除したことも修正第1条に反すると述べた[29]。

また同教育委員会の『キューバ訪問』の排除の決定は修正第14条の法の手続きに従ってないことを指摘した。教育委員会はマージョリー・ストーンマン・ダグラス小学校ばかりでなく、同書に何ら批判の声も上げなかった他の管轄下の学校から同書を排除することも修正第1条の表現の自由に反しているばかりでなく、その手続きが不適切であるとして修正第14条に違反しているとしたのである。また同シリーズすべてを排除することについては『キューバ訪問』以外は何ら批判の対象にもなっていなかったことから、理由もなく適切な排除の手続きもなくすべての学校から取り除くとことは修正第14条に反していると主張したのである。これらの理由から米国自由人権協会は同教育委員会が『キューバ訪問』とそのシリーズ本すべてを学校から排除するという決定を撤回することを求めた[30]。

米国自由人権協会フロリダ支部の弁護士ジョー・ネル・ニューマンは「マイアミ・デイド郡教育委員会の決定は思想取り締まりを禁じた合衆国の法律に反するものであり、彼らの教育委員長と2つの審議委員会（学校教材審査委員会と学校区教材審査委員会）の推薦を無視したものであり、表現の自由の伝統と教育委員会の定めた法の手続きにも反する行為です」と教育委員会の決定を強く批判した。また「教育委員会が教師や図書館員の意見を無視して決めてしまうなら、本を選択し推薦する手続きを持つこと自体、意味のないものになります」と教育委員会の決定は教師や図書館員の意見を無視し、独善的であることを指摘した[31]。

これに対して一旦は学校区教材審査委員会の委員になったものの途中で委員を辞退した州下院議員デービット・リベラは「米国自由人権協会は訴訟によって不正確なノンフィクションの本を正確な内容の本と見なすことはできません」と『キューバ訪問』の内容は不正確だとして、米国自由人権協会の訴訟を批判し、教育委員会の判断を支持する発言をするなどした[32]。

当初よりこの裁判はマイアミ・デイド郡の教育委員会にとっては不利な条件が揃っていた。たとえば学校区教材審査委員会と教育長の推薦があった際、6月7日に教育委員会の弁護士ジュリー・アン・リコが委員たちに意見書を提出してい

た。その中で教育委員会の規則で本の排除について明確な条文がないこと、本について排除する場合は学校ごとに考慮する必要があること、学校区教材審査委員会と教育長の推薦を十分に考慮する必要があること、もし推薦に反対の場合は合法性があるかを熟考すること、委員会の決定に合理性が必要であることなどを指摘していた[33]。

　この意見書は地元フロリダ州のマイアミ・ヘラルド紙も情報公開の規則に従って入手していたが、その中でリコは教育委員がまず教育委員の規則に従わなければ本の排除は難しいことを指摘していた。これは最高裁の判例によっても、ある程度、専門家の意見として本の内容が適当だと判断されている段階において、教育委員会が明快な論理をもって本の不適切さを指摘できなければならないことを述べていたのである。つまりキューバ人のコミュニティーの多くの人の意見や個人におけるキューバの経験はあくまで個人の狭い見識であり、公職の人々がその狭い見識で専門家である学校区教材審査委員会の意見を覆して決定することはできないということである。従って教育委員会の弁護士の意見書はその時点ですでに教育委員に対して、学校区教材審査委員会と教育委員長の推薦に反する決定を下すことの危険性を示していたのである[34]。

　告訴を受け連邦地方裁判所のアラン・ゴールド判事は教育委員会の決定に対し、7月21日の予審まで本の排除決定の一時停止を命じた。これによってマイアミ・デイド郡の学校は『キューバ訪問』と同シリーズ23冊をひとまず図書館に保持することになった[35]。

　7月21日の予審では米国自由人権協会とマイアミ・デイド郡教育委員会の弁護士や証人が双方の主張を述べた。米国自由人権協会の弁護人ジョー・ネル・ニューマンは「政治家がこの問題に関わったときに同書の排除が決まったのです」と政治的な偏見から本の排除がされた点を指摘した。ニューマンは学校区教材審査委員会と教育委員長の2つの公平な推薦を教育委員会が拒否したことは一般的に見てもこれらの推薦を政治的な意図から拒否したことだと主張したのである。また米国図書館協会の図書館学専門家パット・スケールスも人権協会側の証人として証言し、「すべての本がすべての人を満足させる内容ではありません」と述べ、ある一定の本を排除するよりは多様な視点の本を加えて読者に判断してもらう方が解決方法であると証言するなどした。そしてスケールスは、教育委員会が「自

分の政治的視点を子供の心に押し付けようとしています」と述べ、あくまでこの件は偏った政治的な視点を持つ教育委員会が『キューバ訪問』を排除しようとしたことを強調した[36]。

これに対して教育委員会の弁護人リチャード・オーベルマンは裁判によって問題が解決されるべきでなく、あくまで『キューバ訪問』を排除するかどうかの問題は教育委員会によって判断されるべき問題であると主張した。その上でオーベルマンは同書のシリーズに間違っている情報が含まれていることを再度強調した。「これ〔本の内容〕は物事を画一化し、好ましくないことは省略しようとするアプローチです」と同シリーズが物事を単純化し、歪曲した内容であることが排除の理由であるとしたのである[37]。

地方裁判所での判決

結局2006年7月24日にフロリダ州にある連邦地方裁判所は、原告の米国自由人権協会の主張を受け入れ、マイアミ・デイド郡教育委員会の決定の仮差し止めの命令を出した。はじめにアラン・ゴールド判事は原告側が米国自由人権協会マイアミ支部、マイアミ・デイド郡学生自治会連合、マーク・バルジリと同郡のノース・ビーチ小学校に通う6歳の息子のアイデン・バルジリであること、被告はマイアミ・デイド郡教育委員会と教育委員長のルードルフ・クルーであることを指摘した上でそれまでの事件の経緯を詳細に述べた[38]。

この裁判で原告側は『キューバ訪問』と同シリーズがマイアミ・デイド郡教育委員会管轄下の学校より排除されたことにより、憲法修正第1条に保護された表現の自由と読む権利が侵害されたと訴えた。

まずゴールド判事は米国自由人権協会と共に原告になったバルジリの当事者適格について最初に述べた。その当事者適格を諮る基準として、第1に具体的、現実的に法律で保護された権利を剥奪されたことでその害に苦しんでいること、第2に原告が受けた害と訴えている対象の間に因果的な関係があること、第3に単に推測からでなく実質的に原告の主張が通った時にその害が是正されることを挙げ、バルジリがその基準を満たしているかを論じた[39]。

最初にマーク・バルジリのマイアミ・デイド郡の公立学校に通う6歳の息子アイダンの父親であり、米国自由人権協会の会員であることを述べ、マークはアイダンが学校から『キューバ訪問』を借り息子と一緒に読む権利があるとした。アイダンの通う小学校の規則では学期中以外の時に保護者が一緒に生徒と学校の図書館に入る資格があるという規定があった。またマイアミ・デイド郡の学校では保護者が生徒と共に図書館を利用することを奨励している事実があった。その上、読みたい本がなければ図書館間の貸借制度を利用して他の図書館から借り入れることもできるようになっていた。これは同郡内の小学校校長マリア・タベルーヴィジエドが証言もしていた。そのようなことからマーク・バルジリには訴訟をする当事者適格が適用されるとしたのである。

　つまりバルジリと息子のアイダンは『キューバ訪問』を読むことを望んでいたが、教育委員会の最終命令によって学校の図書館から借りる権利を奪われた。これは教育委員会によって引き起こされた直接的な害であり、裁判所の命令の差し止めによって同書が各図書館に返還されればその害は取り除かれるとしたのである。またバルジリは教育委員会の決定は教育委員会の規則にも従わず、法の手続きにも反している行為であると主張した。つまり『キューバ訪問』以外のシリーズをすべての学校区の図書館から排除したために図書館間の貸借制度も利用できなくなったことを指摘したのである[40]。

　これに対し教育委員会側の弁護人は保護者の学校図書館へのアクセスを制限したカンザス州の判例を引きマーク・バルジリの当事者適格はないと主張したが、ゴールド判事はその判例の状況とマイアミ・デイド郡の状況の違いを述べ、バルジリに当事者適格があるとした。つまりその判例で争われた時のカンザス州の法律とこの事件におけるフロリダ州の法律自体が異なり、カンザス州の判例を適用することはできないとした。またゴールド判事は同郡に3,500人の会員を持つ原告の米国自由人権協会も当事者適格があるとした[41]。

　さらに学校区の本の排除を差し止めることに関しては判例より4つの基準に適っていることが必要であるとゴールドは述べた。1つ目は仮差し止めを請求する側（原告の米国自由人権協会、マイアミ・デイド学生自治会連盟、バルジリ）は仮差し止めが成功したことによって実質的な利益があること、2つ目は差し止めることによって修復し難い害を防ぐことができること、3つ目は本の排除に

よって受ける請求者（原告）の害はそれを差し止めることによって請求を受ける側（マイアミ・デイド郡教育委員会）に生ずる害よりも大きいこと、4つ目は仮差し止めが公共の利益に反しないこととした[42]。

　ゴールド判事はこれら一つひとつのことで原告側の米国自由人権協会、マイアミ・デイド学生自治会連盟、バルジリに有利な判断を下した。まずマイアミ・デイド郡教育委員会による『キューバ訪問』とその他のシリーズを同郡管轄下の学校図書館から排除した決定を覆すことで米国自由人権協会等の原告は本を読む権利を保護できるという利益があるという見解をゴールド判事は示した。これは原告側の憲法修正第1条で保護されている表現の自由と読む権利、また憲法修正第14条で保護されている法の手続きの保護という憲法上の権利があることを認めたのであった。また次にこれらの本を同学校の生徒たちが借りることができる状態を回復することは修復しがたい害を差し止めると見解を示した。ゴールド判事はこれらの本を図書館から排除決定をしたときから生徒は同書を借りて読むことができず、不利益を被っていると述べたのである。読む権利の侵害は特に金銭的に修復できる性質のものではないとしてただちに修復することを命じた。最終的に『キューバ訪問』を含む同書のシリーズを学校図書館の本棚に戻すことを命じたのである[43]。

　第3の点についても被告側の受ける害は原告側のそれより小さいとゴールド判事は述べた。実際、2001年より『キューバ訪問』やその他のシリーズはマイアミ・デイド郡の学校で購入されてきたが、この事例があるまで保護者などから抗議を受けたことはないことを示し、同書が排除されて生徒が受ける害よりも同書を図書館に戻すことのほうが害は少ないと判断した。

　第4の点について原告の憲法上の権利を守ることは公共の利益を損なうことにはならず、本の排除を一時差し止めることの方が公共の利益になることを示した[44]。

　結局、この裁判ではマイアミ・デイド郡の教育委員会の『キューバ訪問』と同シリーズの排除は違憲行為だと判断され、同書を各学校の図書館に戻すことを命じたのである。

　この判決の中でゴールド判事は『キューバ訪問』の本の重要性について次のように分析した。まず同書は学校の中で教科書または教材として生徒が読むことを要求されている本ではなく、生徒が自由に読むことを選択できる図書館に保持さ

れている蔵書であることである。そのことで生徒が同書を読むことを強制されているわけではない点を明確にした。また学校の図書館が本を排除する理由として内容がわいせつであるとか、品格を欠いた言葉であるとか、教育上問題のあるものであるとかではなく、外国において人々がどのように生活しているのかについての事実関係について問題視した点を指摘し、本の排除の理由として十分でないとゴールド判事は述べた[45]。

またゴールド判事は教育委員会側が本の排除の過程においてこの他にも違法性のあるような決定をしていたことを指摘した。たとえば『キューバ訪問』と同シリーズの本の使われ方がひとつの焦点となった。本が学校の教科書のように教材として生徒が読まざるを得ない類の本として使われるのか、または図書館の蔵書として自由に生徒の判断で読まれるのかは過去の連邦裁判所の判例で大きな焦点になったからである。ある判例では本の排除が違憲でないとされ、別の例では合憲とされた。教育という場の自主性に関しては裁判所などが通常は干渉するべきではなく地方の教育委員会の自主性を尊重するという前提の一方で、憲法修正第1条の表現の自由への侵害に関しては学校といえども反してはならず裁判所もその点については判断するという事情がある。また表現の自由に関しても学校内においては学校運営の方針によっては制限できるという考えもあれば、制限できないという考えもあるからである[46]。

1982年の *Board of Education v. Pico*（1982）の連邦最高裁判所の判決はそれ以前の他の判例にもあったように地域の教育委員会がそのコミュニティーの価値観に沿って学校のカリキュラムを作成することを認めている。また権威に対する尊敬や伝統的価値観を促進するような教育委員会の意向によってカリキュラムを設定することも認めている。しかし同時にこの連邦最高裁判所の判断では教育委員会は憲法修正第1条に反してはならないとし生徒の本を読む権利を尊重し、学校関係者が本に含まれている内容を政治的な理由等から嫌悪するというだけでその本を排除することは違憲であると判断したのである。そこで重要になったのが学校区による本の排除の動機はどのようなものであったのかということであった[47]。

本の内容を個人の趣向から嫌って排除するというのは、たとえば民主党支持の教育委員会の委員が党派主義によって共和党を支持する著者の本を排除するようなことや、白人だけで構成されている教育委員会が差別的に黒人作家の本を排除

することなどである。このような動機の場合、図書館からそのような本の排除は許されないということである。またこのような状況を防ぐためにも教育委員会は正当な手続きを示した規則を作る必要があるし、実際、どこの学校区にも学校運営に関する規則がある。ゴールド判事は過去の裁判所の判例を述べ、それらの判例から学校の決定は「正当な教育上の懸念に合理的に関連して」行われたのかという基準点に注目した。たとえば学校側が生徒の表現の自由を制限した理由が生徒の新聞で示された見解を否定したのではなく、その内容が低学年の生徒には教育上適当ではないと判断して新聞の発刊を禁じた場合、学校の運営上いたしかたなく制限したとして憲法上問題ないとしたのである[48]。

　ゴールド判事は『キューバ訪問』はカリキュラム上授業で使われていない本でその重要性はまず低い点を示し、生徒が必ず読むことを学校の授業や課題として強要されていない同書を排除するためには学校区は正当な理由を示さなくてはならないとした。

　これに関して教育委員会の弁護人は、教育委員会で排除された本は各国の描写において誤謬が多く教育上の適当でないと主張した。また図書館の本の選択自体が学校運営の一部とするなら、誤謬の多い本を交換しようとすることは道理に適った教育上の懸念事項にあたり問題ないとしたのである。その上、教育委員会の弁護人は2004年の連邦巡回控訴裁判所の判例を引き教育委員会によって適用されたシステムの中で小学校の図書館から本を排除したりすることは非公開のカリキュラム作成の一部であり問題ないとした[49]。

　ゴールド判事はこれらの理由は本の排除を正当化するのに十分ではないと判断した。まず図書館に蔵書として保持されていた『キューバ訪問』は授業で教師から指導を受ける類の重要性はなく、内容自体も誤謬はあれ、教育委員会の意図は誤謬を含んでいた内容よりもその本の書かれた視点を嫌って排除を望んだという点を重視した。

　また教育委員会の弁護人の引用した判例自体が今回の教育委員会の内容とは異なるため当てはまらないとした。たとえば弁護人が引用した2004年の事件では学校の美化計画のために描かれた壁画から宗教的な言葉を排除することを生徒に要求したところ、それが拒否されたために起こった事件であった。この事件では壁画自体は学校の美化計画によって描かれたものであり、宗教的表現を描いた宗

教的言葉は修正第1条に反する可能性もあり学校の管理者としては学校の決定は「正当な教育上の懸念に合理的に関連して」行われたのであった。したがって美化計画における決定はあくまで学校の付随的な行事であり、学校の通常業務の一環として学校区教材審査委員会で本の適正を審議した本件とは性質が異なると指摘した[50]。

結局、この地方裁判では『キューバ訪問』と同シリーズの23冊の本が各学校図書館に一週間で返還されることが命じられた。

フロリダ州の社会的な事情

この地方裁判所の判決後、マイアミ・デイド郡の教育委員会は控訴することを8月22日に5対2の評決で決定した。しかし同教育委員会の弁護士そして米国自由人権協会の弁護士も控訴審で判決の内容が変わる可能性は低いと考えていた。しかも第一審の裁判で教育委員会は12万3,000ドルの裁判費用を使っており、控訴審で争えばさらにこれ以上の費用を使うことは必至であった。しかも敗訴した場合、米国自由人権協会の裁判費用も負担する可能性があったため控訴審は非常に大きな政治的な決断であったことは否めない[51]。

控訴審においてこの時点で勝つ見込みが五分五分で、裁判費用がかかることは自明の理であったにも関わらず、教育委員会が控訴に踏み切った背景には政治的な理由があった。キューバからの移民が多いフロリダ州にあって、この問題はキューバ系移民の政治的関心からまったく切り離すことは難しいことであった。ひとつはキューバ系移民の多いフロリダ州では反カストロ・反共産主義の風潮が強かったことが上げられる。そしてまた教育委員会の委員の現職のいく人かの選挙が間近に迫っており、キューバ移民の有権者からの集票の目的があったことが上げられる。

実際、教育委員会のボーラノは6月の教育委員会の審議の際は「彼ら〔教育委員会のメンバー〕は彼ら自身が真実の側つまりキューバ人コミュニティーの側につくのか、または虚偽の側つまり反キューバ人コミュニティーにつくのかを選択するのです」と述べたり、地方裁判所の決定の後も「教育委員会はこの立場を守

るために控訴も含め強く主張し続けなくてはならない」と強気の発言をしていたが、それは彼自身のキューバ移民としての反カストロの立場と自身の州上院議員の選挙を見据えてのキューバ移民への印象づけのふたつの意味合いをもった発言であったとも考えられた[52]。

教育委員会の議長オーグスティン・バレラも9月5日にヒスパニック系の住民の多い選挙区において選挙を控えており、それが教育委員会の評決に与えた影響は少なからずあった。またアナ・リバス・ローガンも同様にヒスパニック系の住民の多い選挙区におり教育委員会での彼女の投票に影響を与えたと考えることは妥当である。教育委員会が控訴を決定したことに関して、米国自由人権協会のバージニア・ローゼンは「彼らは〔教育委員会〕は何度もこれ〔本の排除の試み〕を繰り返しているが、それは特定の政治イデオロギーから来るものである」と批判した。いずれにせよ教育委員会の評決の背景として選挙によって選出される教育委員会の委員がキューバからの移民の多い選挙区にあって有権者の声を反映しなければならないという避けがたい事実があったことが上げられる[53]。

また先に述べたことにも関連するが、フロリダ州の土地柄においてキューバの政治文化を語ることは、キューバからの移民が多いだけに容易な問題ではなかった。たとえば『キューバ訪問』の裁判の予審の直前の7月6日にはマイアミ・デイド郡で他のキューバに関する写真集『キューバの子供たち』（Cuban Kids）という本が抗議を受ける事件が起こった。この写真集は『キューバ訪問』の事件の時と同様にキューバで政治犯として投獄を受けた経験のあるキューバ移民がマイアミ・デイド郡の図書館から『キューバの子供たち』は誤った情報を子供に与えるとしてその本の排除を求めたものであった。もともとこの本は『キューバ訪問』が問題になった時に代替の本として候補に挙がったものであるが、政治活動家のデービット・ローゼンサールは『キューバの子供たち』が「誤謬と曲解の情報だらけであり、全体主義のキューバのカストロ政権について子供たち、保護者、親戚、友人たちに誤った認識を与える意図で出版された」ものであると批判し、「教育教材の中から露骨な嘘を含んだ本を取り除くことは非難でも何でもありません。……むしろこのような本を取り除くことは明晰な判断であるし必要なことなのです」と排除を主張したのである[54]。

『キューバの子供たち』は小学3年生から5年生対象に作られた40ページの

本で、内容としては主に無料の健康医療、住居、教育に関しての情報を与えるもので、いくつかの写真や文章ではキューバの貧困についても間接的に述べられている内容であった。著者の写真家ジョージ・アンコナは1955年と1999年にキューバを訪問している。アンコナは「カストロの前にキューバを訪問したことがあるし、その地に戻ってみたいと思っていた。……いくつかのことは印象深いことがあったし、いくつかのことにはがっかりした。でも肯定的な部分を強調したかった」とその写真集の内容について述べた[55]。

　同書に関しては『キューバ訪問』のときのように新刊を紹介する専門誌には出版時に批判するようなものはなかった。スクール・ライブラリー・ジャーナル誌には「楽天的で肯定的な写真エッセイ集」として「文章の中では〔キューバでの〕生活でのいくつかの問題について述べられている。写真はキューバの人々が直面するいくつかの挑戦を示し調和させている」と紹介されている。他にもブックリスト誌には「現代のキューバについて大変すばらしい描写」であると紹介されており、専門誌の中では誤謬に満ちた内容等の批判はなかった[56]。

　このローゼンタールの批判によって同書が排除されることはなかったが、キューバの政治犯としての経験をもつエミリーオ・イズクエルドという人物とその娘が7月17日に『キューバの子供たち』を排除するようにマイアミ・デイド郡管轄下の別々の2つの小学校に要請するなどこの書物に対する批判は止まなかった。イズクエルドは同書の中にある写真の中でキューバや他の国で共産主義を確立するためにゲリラ活動したチェ・ゲバラをキューバ共産党の制服を着た子供たちが賞賛している内容に強い批判を行った。イズクエルドは多くのキューバ移民にとってはゲバラは苦痛な思い出であり、キューバの子供たちが「私たちはチェ［・ゲバラ］のようになる」と暗唱していることは受け入れがたいことだと主張した[57]。

　キューバからの亡命者や移民が多いフロリダ州の住民にとってはキューバを肯定的に描く本に反対する声は多く、それが政治的な圧力になることは想像に難くない。実際、『キューバ訪問』や『キューバの子供たち』はカストロ政権を強く批判するような内容ではなく、むしろ同国のあり方を肯定するような内容であるため容易な問題ではなかった。なぜならアメリカにおいては表現の自由は重要な原理である一方で、教育行政は地域の住民の声を反映するのが理想と考えられて

いるため、これらの価値観が対立したとき何らかの妥協点を見いださなくてはならなかったためである。

まとめ

　この問題では図書館員による本の選択の難しさが浮き彫りにされた。毎年、何万冊も出版される本の注文において一冊一冊を検証しながら購入することは難しいということを図書館員自身も認める結果となった。マイアミ州のノーティラス中学校メディア・センターの図書館員ロベルタ・ケイサーは「毎年500冊新しい本が来る中で、それは非現実的です」と内容を吟味しながら良書と悪書を賢明に選別して本を購入する難しさを述べている。本の購入には学校の校長、教師、そしてまれに生徒、保護者との話し合いがあるが、ほとんど図書館員の購入内容に関しては吟味されることはない[58]。

　実際、『キューバ訪問』に関しても35の学校の図書館に蔵書されており、多くの図書館で同書の内容を吟味した上で購入されたとはいえなかった。マイアミ・デイド郡の図書館では本の購入に関し15の選択基準があった。教育委員会は図書館員にこの基準に合わせて本を購入することを課していた。図書館員は専門誌を見て新刊の本の購入をするが、どこまで内容がそれぞれの地域の問題を考慮しているかは予測不可能であるというのが図書館員の立場であった。その上で図書館員はその学校のカリキュラムにあった本を購入することが前提であることを主張した。たとえば授業の科目の一部として温室を学校に建てることを学ぶのであれば、庭手入れに関する本を購入するなど関連性が重要であるということを目指した[59]。

　これに対し教育委員会のボラーノは図書館員による本の選択そのものに疑問を呈した。彼は「まずそのコミュニティーにおいてもっとも重要なトピックを確認し、優先事項としていくことからはじめなくてはなりません」と本の選択はその地域性にあわせたものでなくてはならないことをあくまで主張した。そして購入の段階で図書館が地域のニーズに合わせた適当な本を購入できないのであれば、地域の人々の代表として教育委員会が責任を持って本の選択をできるという立場

を取った。そして『キューバ訪問』に関しては教育委員が決める15の基準をもともと満たしていない内容で、排除は妥当であると主張したのである[60]。

しかし本の選択に関しては地域の住人によっても考え方はまちまちであった。たとえば郡のPTAの新しい会長であるアイブリッセ・カストロは学校や図書館ではなく、あくまで保護者に本の選択権があることを主張した。しかしこの他の意見では現実的な問題として保護者が子供の本の読書の傾向を監視することも難しいということから、図書館を管理する教育委員会が責任を持つべきであるという意見もあった。たとえば「子供の人権のための委員会」という草の根グループの会長であり児童精神科医のリディア・ウサテグイは「家族や生徒は、生徒に適切で良い教材を学校が購入していると信じているのです。……この段階において間違いの余地などないのです。カタログだけでよいというだけで購入することなどできないのです」と学校の責任において良書は選択されるべきであると述べるなどした[61]。

事実、図書館員ばかりでなく地域の人々にとっても本の内容に対しての監視は難しいと言えた。2001年に同書が出版されたのであるから、5年を経てこの問題がクローズ・アップされたことを鑑みても、実際は多くの人の目に触れても内容を疑問視する人は少なかったか、疑問視しても本の排除を求めるまで行動を起こさなかったのが現実であったためである。

また『キューバ訪問』に関する図書館からの排除における政治的な解決はキューバからの移民が多いフロリダ州においては容易に解決するような問題ではなかった。教育委員会の委員にしても選挙によって選出されるため、多数いる有権者の意思の影響から完全に自由であることはありえなかった。また裁判所の判例においても教育においては地域の意思決定を尊重することは伝統的に守られてきたため問題は複雑化した。ただし憲法修正第1条に記された表現の自由という原則によって政治的解決を法廷また教育委員会の審議においてもなされたのは事実である。その意味において『キューバ訪問』は地域の政治的影響をかなり受けつつも、最終的には表現の自由、読む権利を軸にして論じられたといえるのである。

■注

1) Terry Aguayo, "Miami-Dade School Board Bans Cuba Book," *The New York Times* (June 16, 2006).
2) "Book About Cuba Raises Concern From Parent," *Local10.com* (April 6, 2006). www.local10.com (viewed on December 15, 2006).
3) *Ibid.*
4) Peter Bailey, "Dade district plans to yank book about Cuban children." The Miami Herald (April 6, 2006).
5) "Book About Cuba Raises Concern From Parent," Ibid.
6) 学校教材審査委員会（School Materials Review Committee – "SMRC"）という教材の第1段階の審査委員会。
7) "Complaint for Declaratory and Injunctive Relief," American Civil Liberties Union of Florida v. Miami-Dade county School. http://www.aclufl.org/pdfs/vamosacubacomplaint.pdf
8) American Civil Liberties Union v. Miami-Dade County School Board, 439 F. Supp. 2d 1242 (S.D. of Fl. 2006).
9) Matthew I. Pinzur, "Dade to consider ban of children's book," *The Miami Herald* (April18,2006). この新聞では同区の学校図書館すべてで『キューバ訪問』は49冊蔵書として保持され、マイアミ・デイドの公立図書館では20冊以上、他のフロリダ州の学校図書館に160冊保持されていると述べている。
10) "Complaint for Declaratory and Injunctive Relief," *American Civil Liberties Union of Florida v. Miami-Dade county School. Ibid.*
11) *Ibid.*
12) *Ibid.*
13) *Ibid.* ただしキューバにおいて完全に宗教活動が禁じられている訳でもないのでボーラノが正しいとは言い切れない。
14) Pinzur, "Dade to consider ban of children's book," Ibid.; Matthew I. Pinzur, "Book on Cuba to stay, for now," *The Miami Herald* (April 19, 2006).
15) American Civil Liberties Union v. Miami-Dade County School Board, Ibid.
16) Pinzur, "Book on Cuba to stay, for now," *Ibid.*
17) "Complaint for Declaratory and Injunctive Relief," *American Civil Liberties Union of Florida v.Miami-Dade county School. Ibid.* 学校区教材審査委員会（District Materials Review Commission – "DMRC"）が第2段階の教材の審査委員会であった。
18) American Civil Liberties Union v. Miami-Dade County School Board, *Ibid.*
19) Pinzur, "Book on Cuba to stay, for now," *Ibid.*

20) American Civil Liberties Union v. Miami-Dade County School Board, *Ibid.*
21) *Ibid.*
22) "For Now, Controversial Children's Book Will Remain On Shelves," Local10.com (June 6, 2006). www.local10.com (viewed on December 15, 2006); "Complaint for Declaratory and Injunctive Relief," *American Civil Liberties Union of Florida v. Miami-Dade county School. Ibid.*
23) "Complaint for Declaratory and Injunctive Relief," *American Civil Liberties Union of Florida v. Miami-Dade county School. Ibid.*; American Civil Liberties Union v. Miami-Dade County School Board, *Ibid.*
24) Terry Aguayo, "Miami-Dade School Board Bans Cuba Book," *Ibid.*
25) "Complaint for Declaratory and Injunctive Relief," American Civil Liberties Union of Florida v. Miami-Dade county School. *Ibid.*
26) *Ibid.*; "ACLU of Florida Disappointed by Miami-Dade School Board's Vote to Ban Book on Cuba," ACLU (June 14, 2006). http://www.aclu.org/freespeech/censorship/25976prs20060614.html
27) Aguayo, *Ibid.*
28) Matthew I. Pinzur, "Miami-Dade Schools ban book on Cuba," *The Miami Herald* (June 15, 2006).
29) "Complaint for Declaratory and Injunctive Relief," American Civil Liberties Union of Florida v. Miami-Dade county School. *Ibid.*
30) *Ibid.*
31) *Ibid.*
32) "ACLU of Florida Sues to Stop Book Censorship by Miami-Dade County School Board," ACLU's *Immediate Release* (June 21, 2006). http://www.aclu.org/freespeech/censorship/26010prs20060621.html
33) Matthew I. Pinzur, "ACLU opposes Cuban book ban," *The Miami Herald* (June 22, 2006).
34) "Complaint for Declaratory and Injunctive Relief," *American Civil Liberties Union of Florida v. Miami-Dade county School. Ibid.*
35) Matthew I. Pinzur, "Board's attorney warned of trouble with book ban," *The Miami Herald* (June 23, 2006).
36) "Judge: A Visit to Cuba Stays in Schools for Now," ALA News (June 30, 2006). www.ala.org (viewed on July 5, 2006).
37) Stephanie Garry, "Judge hears case on banning Cuba book," *The Miami Herald* (July 22, 2006).

38) *Ibid.*
39) *American Civil Liberties Union of Florida v. Miami-Dade County School. Ibid.; American Civil Liberties Union v. Miami-Dade County School Board, Ibid.* マイアミ・デイド郡には約3,500人の会員がおりその子弟も含め郡の教育委員会の決定に影響を受ける人がいるという理由が原告の当事者適格に当たるとしている。
40) *Sierra Club v. Johnson*, 436 F. 3d 1269, 1276 (11th Cir. 2006), *Lujan v. Defenders of Wildlife*, 504 U.S. 555. 560-61 などを引用している。
41) *American Civil Liberties Union of Florida v. Miami-Dade county School. Ibid.* 大学図書館では全米の大学図書館から本の貸借ができるため、アメリカで出版された本を借りられないような不便が起こることはあまりない。
42) *Ibid.* 学校区側の弁護人は *Case v. Unified Sch. Dist*. No. 233, 908 F. Supp. 864, 874 (D. Kan. 1995) を引用して保護者の学校図書館へのアクセスは制限されていることを主張し、マーク・バルジリに当事者適格はないとした。しかしゴールド判事はその判例で争われた時のカンザス州の法律とこの事件におけるフロリダ州の法律自体が異なり、*Case* の判例を適用することはできないとした。
43) *Ibid. Sierra Club v. Georgia Power Co.*, 180 F. 3d 1309, 1311 (11th Cir. 1999)から引用した。
44) *American Civil Liberties Union of Florida v. Miami-Dade County School. Ibid.*
45) *Ibid.*
46) *Ibid.*
47) 連邦最高裁判所の判例では学校の運営に関しては地域の教育委員会の自由裁量が尊重される例が多くあった。Meyer v. Nebraska, 262 U.S. 390 (1923); Pierce v. Society of Sisters, 268 U.S. 510 (1925); *Epperson v. Arkansas,* 393 U.S. 97 (1968) などがそのような判決を下している。ただしこれは大前提であり、その中で表現の自由が絡んできた場合に裁判所がそれを判断することはあった。*Tinker v. Des Moines School Dist.*, 393 U.S. 503 (1969) などである。
48) *Board of Education v. Pico*, 457 U.S. 853 (1982).
49) *Hazelwood School Dist. v. Kuhlmeier*, 484 U.S. 260 (1988) では学校の校長が生徒の新聞の発刊を指し止めたことが違憲がどうかが争われた。つまり新聞上の生徒の意見は憲法修正第1条で表現の自由が保護されるのか、学校という特殊性を認め校長の行為を認めるのかについて判断された。その際、校長の行為は「正当な教育上の懸念に合理的に関連して」行われたかが検討されたのである。
50) *American Civil Liberties Union of Florida v. Miami-Dade County School. Ibid.; Bannon v.School District of Palm Beach County*, 387 F. 3d 1208 (11th Cir. 2004). この他、教育委員会の弁護人は同様の事件における判例（Pico）は7つの異なる意見が出ており参考にならないとしたが、ゴールド判事は最高裁の判断は判例になると論じた。

51）*American Civil Liberties Union of Florida v. Miami-Dade County School. Ibid.*
52）*Matthew I. Pinzur,* "Book ruling to be appealed," *The Miami Herald* (August 23, 2006).;Matthew I. Pinzur, "Miami-Dade board to vote on whether to fight for Cuba book ban," *The Miami Herald* (August 21, 2006).
53）Pinzur, "Miami-Dade Schools ban book on Cuba," *Ibid.*; Matthew I. Pinzur, "Banned books ordered back on shelves," *The Miami Herald* (July 25, 2006). 控訴をするかどうかの評決ではエバリン・グリーア、ロバート・イングラムは評決に出席しなかった。マーティン・カープとソロモン・スティントンは反対票を投じた。賛成票を投じたのはフランク・ボーラノ、オーグスティン・バレラ、パーラ・タバレス・ハントマン、アナ・リバス・ローガン、マルタ・ペレスの5人であった。Pinzur, "Book ruling to be appealed," *Ibid.*
54）Matthew I. Pinzur, "Another book draws criticism," *The Miami Herald* (July 6, 2006).
55）*Ibid.*
56）*Ibid.*
57）*Ibid.*
58）Matthew I. Pinzur, "A page – turning school debate," *The Miami Herald* (May 7, 2006).
59）*Ibid.*
60）*Ibid.*
61）*Ibid.*

第10章

ま と め
―読む権利に見られるアメリカ民主主義―

　読む権利は法の下の統治が前提条件としてある。つまり読む権利は読む自由とは異なり、法律がなければ成り立たないものである。ここでは哲学的な意味での自然法と自然権のことを述べているのではなく、国家、地方などの政府を持つ現実の人間社会について述べているのである。自由は法律で保障されてはじめて権利として機能する。そして法律の下で読む権利が保障されているのに関わらずそれを侵害された時に、人々がその読む権利を回復するために政府の機関である裁判所に訴えることができるのである。

　ところが読む自由を含め「自由」はそれだけでは哲学的な概念または原理であり、時には単なるスローガンでしかなかった言葉である。それは統治者または主権者によってその解釈が異なってくるためである。人々が主権者の民主主義国家においては自由は重要な人権の原理または指標となるが、人権を抑圧する暴君や圧制者が「人民に自由が保障されている」と使えば単なるスローガンとなる概念でしかない。たとえば全体主義の国家において憲法の文面に自由が認められているように書かれていても、実質的に人々の権利が抑圧されてきた例もある訳である。本を読む自由もそうであった。

　歴史的に見れば日本も例外ではなかった。『昭和書籍雑誌新聞発禁年表』（小田切秀雄編）を見ても日本においては反体制と見られた書物（とくに共産主義関係の書物）が第二次世界大戦が終わるまで思想の取り締まりの対象となっていた。当時の大日本帝国憲法においては第28条に「日本臣民ハ安寧秩序ヲ妨ケス及臣民タルノ義務ニ背カサル限ニ於テ信教ノ自由ヲ有ス」とあり安寧秩序を妨げず臣民の義務に背かない限り信教の自由があった。また第29条においては「日本臣民ハ法律ノ範囲内ニ於テ言論著作印行集会及結社ノ自由ヲ有ス」と法律の範囲において言論、著作等の自由が認められていた。しかし政府の当局が反体制と見な

せばいくらでも信教や表現の自由が制限され、実質的には条件付で国民の権利が認められていたにすぎない。法律の文面で条件付自由というスローガンを掲げていただけでなく、実質的に権威主義的な政治体制そのものが個人の権利を国家より重視する原理を持っていなかった。国民が主権者ではない体制の下では自由は制限されたものであったのである。本を読む自由も国家安寧の前では価値として認めておらず、法律においても読む権利は制限されていたということである。

アメリカの民主主義においては基本的には国民は主権者であり、個人の自由が重視される。そして国家権力から個人の自由と私有財産の権利を保護するために法律があると考える。そして信教の自由、表現の自由に関しては合衆国憲法修正第1条によって保障されている。また慣習的に表現の自由は言論の自由ばかりでなく学問の自由、知る自由、読む自由なども含めて解釈されてきた。しかし読む権利が明言されていたわけではなく、国家や地域の秩序という価値と衝突した時にはじめて権利の保護を主張するのが見られた。もちろん自由の国アメリカにおいても国家機密を個人が自由に知る権利は制限されているし、企業においても企業機密を社員が自由に知る権利は制限されているし、それを他人に知らせる権利はまずない。

また一般の家庭においても保護者が子供の読む自由を制限することはまま見られる。とくに親にとっては教育上の理由から子供の読む自由を制限するのは普通である。また家庭において子供が何でも自由に読む権利があるとは考えない。それは家庭においては国家におけるような法の統治が行われている訳でないからである。

しかし社会の法秩序の中にあっては子供にも権利というものが生じる。本書ではその権利について特に注目した。とくに公的機関である公立学校と公立図書館において本を読む権利について制限が加えられた時にどのように政治的解決また司法的解決がなされたのかについて考察した。

そしてそこではアメリカの民主主義に関連して4つの特徴が見られた。それは第1にアメリカの政治社会では地方自治がかなり独立していること、第2にアメリカにおける法の統治が浸透していること、第3にアメリカ民主主義における政治アクターは主に一般の人々であること、第4にアメリカの民主主義では宗教（とくに一神教であるユダヤ・キリスト教）の影響力が大きいことである。

第 10 章　まとめ―読む権利に見られるアメリカ民主主義―　253

　まず第 1 にアメリカにおける地方自治の独立性である。連邦主義において地方政府は教育行政の決定にかなりの権限を持つ。その結果、子供の読む権利の保護と制限の度合いは地域ごとに異なるのが見られた。保守的な地域にあっては教育委員会が反社会的、反宗教的、わいせつ等々の理由から本を読む権利をする例が見られ、地域もその決定を支持する傾向があるのに対して、リベラルな地域にあっては子供の読む権利を認める傾向が見られた。

　アメリカでは家庭において保護者が子供の読む自由を制限するように、学校において子供の読む自由を制限できるのかという問題があった。とくに市民の税金で成り立っている公立学校、学校図書館、公立図書館において、保護者が本の排除を求める権利はあるのかが問題となった例が多くあった。

　そしてそこでは多くの場合、教育委員会が重要な役割を果たした。ある事例は保護者の要望に応じて教育委員会が学校の教材やその図書館から本を排除する決定を下すなどした。たとえば『キューバ訪問』の例ではその傾向が見られた。それに対して保護者からの本の排除要求を受けてもそれを表現の自由に反するとして拒否した例も見られた。2006 年のジョージア州グイネット郡で起こった『ハリー・ポッター』シリーズを排除する保護者の要求に対しては教育委員会は同書の排除をしなかった。1949 年のニューヨークにおける『ヴェニスの商人』や 1971 年のミシガン州の『スローターハウス 5』の件でも同様に教育委員会は教材として残すことを決定した。

　ところが『ハリー・ポッター』シリーズ、『ヴェニスの商人』、『スローターハウス 5』などにしても他の異なった地域（とくに南部や中西部）の教育委員会では、保護者の要求を受けて学校の教材や図書館の蔵書から排除する決定をすることもあった。つまり地方自治の独立性の高いアメリカにおいては、子供の読む権利はその地域ごとに異なり、そこの住民の意思が強く反映されていたということである。また基本的に裁判でも子供の読む権利は各州や地方自治体の決定を重視することを慣習として捉え司法は干渉しない姿勢を示してきた。つまり教育委員会がある本を不適切だと判断して排除したり貸し出し制限を加えたなら、司法はその決定を尊重するという立場が基本的にあった。

　第 2 にアメリカにおける法の支配の徹底性が見られた。公立学校と図書館での読む権利における法の支配の絶対性は地方政府の教育行政の決定よりも優位に立

つということである。裁判では先に述べたように基本的には州や地方政府の教育行政の決定には干渉しないのが慣例であるが、一旦本の排除を求めたり、排除の反対を求めたりする人々から訴えがあった場合、唯一判断したことは教育委員会の決定が憲法に抵触していないかどうかということであった。本著で取り上げた例では、憲法修正第1条における表現の自由や政教分離の原則に照らして違憲でないか、また修正第14条における法の手続きの平等が満たされているかなどが主に判断された。

　これらの裁判で重要になったことは公立学校において本の内容が地域のモラル基準に反していると見なされた場合、子供の読む権利がどれだけ認められるかということ、本の排除がルールに則った形で行われたかということであった。ユダヤ・キリスト教の一神教の伝統をもつアメリカにおいて、道徳教育にその影響があることは避けられなかった。しかし一神教とは異なる多様な文化背景をもつ子供を排除することなく平等に知識を与える目的をもつ公立学校において、非宗教的な教育をすることは憲法上重要なことであった。たとえば生物科学の時間にダーウィンの進化論を教えること、または天地創造説を教えること、生物科学の理論として知性的計画説を教えること、非宗教的な人間主義を排除することはとくに憲法によってその是非が判断された例であった。これらの問題は一神教の伝統が根付いているアメリカの南部州において特に見られる傾向があり司法による解決が諮られてきた。

　ただし司法の法の解釈が不変性をもっていたかは別の問題である。本書に挙げた例を鑑みて見る分には実際に時代によって法の解釈が変わり拡大されてきた。明らかに司法は地方の教育行政に関して時代とともに干渉するようになったといえる。たとえば1925年のモンキー裁判においては憲法の修正第1条に合憲であるかどうかを判断することすらなかった。その理由は司法が地方の教育行政の権限に干渉することを嫌ったからである。またその背後には進化論によって一神教の教義が否定されることを裁判で認めることを避けたいという意思が裁判官に働いていたということもあった。しかし1968年になると反進化論の法律について憲法に抵触するかがはじめて判断された。それは時代の流れと共に進化論を否定しつづけることは不可能になったことを明かしていた。

　そしてそれ以降、キリスト教の保守派は天地創造説や知性的計画説を公立学校

の生物科学の授業で進化論と共に教えることを求めたが、その度に司法においては最終的に憲法の国教樹立禁止令に違憲であると判断された。また逆にキリスト教の保守派は非宗教的な人間主義に対してキリスト教を否定する「宗教」として位置づけ、この人間主義を公立学校で教えることに反対した。これに関しては司法に判断が委ねられたものの、非宗教的な人間主義が「宗教」かどうかは最終的には判断されず憲法に抵触するかも判断されなかった。

また1982年のアイランド・トゥリース学校区の最高裁判所判決では学校教材としての本を読む権利と学校図書館における本を読む権利は区別され、はじめて図書館における子供の読む権利が憲法で認めると判断された。つまり教育委員会は学校の教材においては子供の読む権利を制限することはできても、学校図書館の蔵書を読む権利を制限する権限はないと判断したのである。この裁判では憲法で示された表現の自由がどこまで公立学校に通う子供の読む権利を含むのかが明確にされた意味では大きな影響をもった。この判決によってその後ほとんどのような本も図書館では読む権利が保障されると判断されたからである。いずれにせよ法の支配の絶対性はあるが、司法の法の解釈に関しては不変ではなく司法の行政への干渉も拡大されてきたといえる。

第3にアメリカの一般市民が民主主義の重要な政治アクターとして本を読む権利に関わってきたということである。本章で示してきたように多くの事例で本の読む権利を求めたのも一般の市民である一方で本の排除を求めたのも一般の市民であった。その意味でアメリカにおいては一般の市民がつねに民主主義の中心にあった。つまりアメリカの民主主義の重要な権利のひとつである読む権利の保護と制限は民衆の実際の人々の行動によってバランスがとられてきたということである。多くの場合、学校や教育委員会によって本を読む権利を侵害されたとする人々が政治的に活動したり、法によって解決を求めるなどした。また逆に本の内容に反対して学校の教材、図書館の蔵書から排除しようとするのもおもに一般の市民であった。

もちろん教育委員会の決定においても一般市民の意思が強く反映していた。1970年代にミシシッピ州において人種差別や黒人の政治的役割について書いた教科書を認可しなかった原因として当時の社会的な状況に影響を受けたことは否定できない。公民権運動の過渡期において、まだ人種差別が根強かった南部のミ

シシッピ州においてローウェンの『ミシシッピ』を受け入れる土壌はまだ整っていなかったのである。それは裁判において勝利した1980年代初めにしてもそうであった。結局、『ミシシッピ』が認可されても、教科書として採用する学校区は150以上のうちわずか2つの学校区だけであったことからも伺える。

政治問題が絡んだ『キューバ訪問』や同性愛の児童向けの本『ヒザーはふたりのママをもつ』、『パパのルームメイト』にしても教育委員会がこれらの本の採用に反対したり賛成したりした時に、つねにその背後には教育委員の各人がその地域住民の意思を反映しようとする意識が働いた。それはアメリカにおいて多くの教育委員会の委員が選挙によって選出されるという事情があったからである。そして十分に住民の意思を反映できない教育委員は次の選挙で破れるなどの事実が見られた。知性的計画を推し進めたフィラデルフィア州の教育委員の問題が大々的に全米で報じられ、裁判でその決定の違憲判決が出る前に選挙で敗れてほとんどの現職が再選されなかった例などがそれを示している。いずれにせよ教育委員会の決定にも一般のアメリカ市民の影響は強かったといえる。その意味でアメリカの民主主義を支えているのは民衆の行動であり、読む権利の基準にしてもその保護を求める人と制限を求める人との対立と妥協の中からバランスがとられてきたといえる。

また最後にアメリカ民主主義における宗教の役割が大きいことが上げられる。本著においては進化論と天地創造説の対立の例を上げ宗教からくるモラル観が学問の自由、知る権利、読む権利と対立した面を多く述べたが、歴史的に見るならば一神教への信仰心がアメリカ民主主義の基盤にあり重要な役割を果たしてきた。

アメリカの建国において、イギリスや他の国からの移民の全員が信教の自由を求めてアメリカ大陸に渡ってきたわけではないものの、多くの人々が信教の自由を求めたことは事実であった。また初期においてはイギリス植民地として社会を統一していく上でキリスト教の教会が人々の団結とコミュニティーの形成に大きな役割を果した。また同時に信教への自由を求めてきた人々であったからこそ、社会が大きくなるにつれ植民地政府がキリスト教のひとつの宗派を保護するのを嫌い、他の地域に信仰の自由を求め新たなコミュニティーを形成した歴史があった。ヴァージニア州などではトーマス・ジェファーソンの下、政教分離の原則と

信教の自由を擁護した州法が作られるなどした。また独立宣言に見られる文言にも神の下に人間の平等が謳われ、如何なる権力（この場合、イギリス国王）からも個人の自由は奪われないとしたのである。またキリスト教への信仰心は公立学校での祈祷の時間、国旗への忠誠の言葉、大統領就任式の宣誓の誓い、「われらは神を信じる」と文字が刻まれたアメリカの貨幣等あらゆる場で忠誠心、愛国心、団結の核になってきた。つまり宗教がアメリカの民主主義原理の基盤であったのである。

　したがってアメリカ社会の歴史を見るなら、信仰心を基礎としない平等や自由をアメリカ人は表面的な考え方だと見なし反対してきた事実が浮かび上がってくる。第二次世界大戦後の冷戦下において共産主義を敵視したのは、単に経済の結果の平等を嫌ったばかりでなく、その反宗教性を嫌ったことが大きな要因であった。同様に本著において非宗教的な人間主義に基づいた教科書を嫌ったキリスト教の保守的な保護者には、信仰心に基づかない人間主義はモラルがなく歯止めが利かない個人主義・物質主義と見なしたのである。その意味でアメリカ民主主義は個人の宗教的な信仰から来る自制心を前提とした自由と権利から成り立ってきたのである。それはまさにハリウッド映画には見られない保守のアメリカを形成してきたともいえる。

　同時に、多様な人種の暮らすアメリカにおいては、マイノリティーの人権の保護も重視したが、それもやはり信教の自由を求めてきた人々であったからこそ他者の思想、信条、信教の自由も認めてきたという背景があった。本著においてはミシシッピ州などで公民権運動の後も1970年代から1980年代まで人種差別は社会的に強かったことを示したが、同時にアメリカは独立宣言にある神の下の平等という普遍的原理があったが故に人種差別撤廃が進んだ歴史があることを忘れてはならない。マーティン・ルーサー・キング Jr. をはじめとする黒人指導者は人間は平等であり自由であることをそのキリスト教の信仰心から知っていたし、迫害を加えた人々も最終的にはそれを認めざるを得なかったのは宗教そのものが平等と自由を認めていたからである。その意味でアメリカの民主主義は一神教の信仰がその国家の基礎にあるものの多様な信仰、人種、文化も受け入れる基盤があったということである。

　いずれにせよ読む権利をはじめアメリカ民主主義の原理はユダヤ・キリスト教

の宗教的精神をその基盤として成り立ってきた一方で、本著の中で示したようにその読む権利を制限したのも宗教的教義から来ることも多々あった。その意味で宗教はアメリカ民主主義に様々な面で大きな影響をもっているといえる。

おわりに

　渡米して14年が経ち当初アメリカに来たときのさまざまな新鮮な驚きや苦闘したアメリカでの大学院時代がずいぶん昔のように感じられる。当初、渡米の目標がアメリカ民主主義について学ぶことであり大学院でも政治学の学位を取得した。その後、縁あって現在勤務する大学図書館で働くようになった。職場ではアメリカ人のみならず、人種、文化、宗教、思想、母国語が異なるイラン、中国、韓国、ポーランド出身の同僚と世界中から集った学生が使う大学図書館で、日々の仕事に追われて、家庭では毎日4歳の息子の世話に振りまわされている。このようなことは渡米当時は予想もしなかったが、現実の生活の中でアメリカの政治や社会についてより学べた部分も多々あった。

　実際、図書館で働く者の視点からアメリカ民主主義について考察しまとめたのが拙著『本と民主主義―アメリカの図書館における「表現の自由」の保護と制限』（大学教育出版、2006年）であった。その中ではアメリカの民主主義の核となる政治アクターはアメリカの人々であるということを図書館で起こった表現の自由に関わる事例から考察した。その後、同書の第1章と第2章で取り上げた本の思想の取り締まりについて実際、裁判でどのように判断されたのかを本書において詳述した。

　図書館とアメリカ民主主義を扱った本書を書くにあたって多くの人の助力があったことはいうまでもない。とくに日本の創価大学時代に国際政治、政治学を教えていただいた高村忠成教授とアメリカのクレアモント大学でお世話になったアルフレッド・バリッツァー教授には感謝の念で一杯である。両教授の下で政治学を学べたのは本当に私自身にとって幸運であり、財産となっている。

　高村先生には学問の基礎をつけていただくとともにその姿勢を学ばせていただいた。いつも激務の中でもつねにゼミ生の主催するイベントには足を運んでくださった。またお忙しい中でつねに研究執筆されていた姿に研究者を目指す学生と

して学んだことは多々あった。また高村先生がロサンゼルスに来られた際に他のアメリカ在住のゼミ出身の友とロサンゼルスをご案内できたことは楽しい思い出であった。私が院生時代に結婚した際は親族友人30人ほどの質素な式の仲人を快諾していただき、渡米してからも陰に陽に激励をしていただいた。

またクレアモント・マッケナ大学を退官されたバリツァー教授にも私がサウス・カロライナからロサンゼルスに引っ越した時以来アパート探しから、免許取得などにいたるまでお世話になった。学問においてもアメリカ政治をバリツァー教授の下で学べたことは幸運であった。レーガン政権時代、ブルネイ王国の特任大使をされた教授は教職のみならず政治コンサルタントとしても日々激務であったが、つねに学生を大切にされ、時間を空けては学生と食事をして相談を受けていらっしゃった。普段はフローズン・ヨーグルト（アイスクリームのより糖分が少ないデザート）を好まれ、ユーモアがあって周りの人を和ませるのだが、仕事と学問には厳しかった。実際に学問の訓練のみならずアメリカ社会で政治の一端でも経験できたのはバリツァー教授のおかげとしかいいようがない。

現在の私があるのは高村先生とバリツァー教授のようなすばらしい学問の師にめぐり合えたからである。本当に感謝の思いで一杯である。

また他にも多くの方の助力があった。すべての方の名前を記述することはできないが、一部の方の名前を挙げるなら、家族ぐるみで世話になった創価大学の石神豊教授・弘子夫人、ロサンゼルス市警察会計監査長のジュリエット・チャン、レオ夫妻、海老沢好和夫妻には本当に感謝している。また創価大学の学生時代には高木功教授、白石正樹教授、宮下輝雄教授、松岡誠教授に、またクレアモント大学のジーン・シュローデル教授、チャールズ・ケスラー教授、ジェームズ・ニコルス教授、ジョセフ・ビセッテ教授、ラルフ・ロッサム教授、アラン・ヘスラップ教授には大いに知的啓発を受けた。サウスカロライナ州立大学のトモ・カワグチ博士、ロサンゼルスの元ジャパン・アメリカ・テレビジョン社社長で現在日本大学で講師をされている北岡和義氏、同志社大学の渡辺武達教授、大阪大学の杉田米行准教授にも、研究・仕事の進める上で助言をいただくなどさまざまな面でお世話になった。また鹿児島県立短期大学で教鞭をとられていた故境井孝行氏と元野村総合研究所副社長をされた故徳山二郎先生は忘れられない方々である。両氏にも多くのことを学んだ。

それと図書館について書いた本書ではアメリカ創価大学図書館の同僚には教えてもらったことが多々あった。ジョイ・ワングさん、リサ・ポーファーさん、ミヒュン・アンさん、サイード・マクリファブリ氏、ヒロコ・トモノさん、ゴーシャ・ドマガラさん、ユアン・リアン氏である。部署は違うがエリック・キムラ氏、ユミコ・ディットマーさん、大山彰久氏、心理学の高久聖司教授には感謝したい。また吐前知佳夫妻、村上正幸氏、祁道院英嗣氏、工藤映氏、寒河江光徳氏、二宮伸之氏、小林善昭氏、加治木一彦氏、太田誠氏、安田誠氏、杉浦智氏、長谷川政宣氏、行田朝仁氏、山下澄夫氏、板越佑二郎氏、大東唯子さん、山中雅一夫妻、ジャーミー・ロドリゲス氏、デヴィン・カステル氏、マリアン・ハイトさん、ジェーン・ジェイブスさん、イエコ・シオードさん、マーク・トミタカ夫妻、ケン・ライリー夫妻、エド・ジョンソン夫妻、ボブ・ウィラー夫妻、ビル・ロー夫妻、ヒロ・ミズオチ夫妻、スージー・フォーリーさん、テッド・ゴーヴァー夫妻、ピーター・グレコ夫妻、トニー・ミカミ夫妻、トアコ・ジョンソンさん、アキコ・ディアさん、タカコ・グルセルスキーさん、ミヨコ・アサイさん、また何よりも大学教育出版の佐藤守氏、安田愛さんにはいろいろとお世話になった。これら多くの方々の激励と友情に感謝したい。

　また私の人生の師である創価大学・アメリカ創価大学の創立者池田大作先生、私の学問を支えてくれた兄妹、そして、いつも陰で支えてくれている妻の美穂には感謝のしようがないほどである。最後にいつも応援してくれている両親に感謝したい。私の両親は若いころ仙台の高校をそれぞれ卒業したが、家計の大変な中、長男・長女として家族のために大学進学をあきらめざるを得なかった。そのこともあってか私たち兄弟には経済的に大変な中、大学に通わせてくれた。とくにアメリカまで留学し、学生結婚までした私は苦労のかけ通しであった。父は若い時に、また母も3年前に大病を患ったが、今は東北の地で毎日元気に過ごしている。いつも他人の幸福を願い行動する「偉大なる庶民」である両親をもてたことは最大の幸福であり誇りである。今だに十分に孝行もできない愚息であるが、せめて父と母の健康と長寿を祈りつつ本書を捧げたい。

2008年5月
　　　　　アリソ・ビエホのアメリカ創価大学のキャンパスより　　上田　伸治

■著者紹介

上田　伸治（うえだ　しんじ）

1967 年　宮城県生まれ
1992 年　創価大学法学部卒
1994 年　同大学大学院法学研究科博士前期課程修了
2002 年　クレアモント大学大学院修了、政治学博士（Ph.D.）
1995 年よりの研究者を経て、2001 年よりアメリカ創価大学図書館職員として勤務。
専門：比較政治思想・アメリカ政治専攻
主な著書：
『本と民主主義　アメリカの図書館における「表現の自由」の保護と制限』岡山：大学教育出版、2006 年。
『アメリカ〈帝国〉の失われた覇権』（杉田米行編）（共著）東京：三和書籍、2007 年。
『アメリカ社会への多面的アプローチ』（杉田米行編）（共著）岡山：大学教育出版、2005 年　他。
主な論文：
"Japanese Imperialism - Political Philosophy Based on the Shinto-Emperor Ideology." *Journal of Asia-Pacific Affairs* 5, no. 2 (2004): 89-113.; *What Influence Did the American-Made Japanese Constitution after World War II Have on the Development of Religious Freedom Including the Separation of Church and State in Japan?* Ann Arbor: UMI Dissertation Services, 2002. 他

アメリカで裁かれた本
―― 公立学校と図書館における本を読む自由 ――

2008 年 7 月 1 日　初版第 1 刷発行

■著　　者────上田伸治
■発 行 者────佐藤　守
■発 行 所────株式会社　大学教育出版
　　　　　　　〒700-0953　岡山市西市 855-4
　　　　　　　電話（086）244-1268㈹　FAX（086）246-0294
■印刷製本────サンコー印刷㈱
■装　　丁────ティーボーンデザイン事務所

©Shinji Ueda 2008, Printed in japan
検印省略　　落丁・乱丁本はお取り替えいたします。
無断で本書の一部または全部を複写・複製することは禁じられています。

ISBN978 － 4 － 88730 － 798 － 8